产业集群风险传导与扩散理论研究

本书由杭州电子科技大学资助出版

余荣华 姜明君 于晓飞◎著

CHANYE JIQUN FENGXIAN
CHUANDAO YU
KUOSAN LILUN YANJIU

人民出版社

目　录

中 篇

下 篇

附录

目　录

前　言

　　"风险",1979年版《新华词典》的解释为"喻指难以逆料的不平常的危险"。关于"风险"一词的原创出处,较为流行的说法是,早在远古时期,以海上捕捞为生的渔民就认识到,出海捕捞最难以预测的危险是"风","风"即意味着"险"。因此渔民们每次出海前都要祈求神灵保佑自己出海时能够风平浪静;久而久之,"风"与"险"同义演绎,"风险"一词也由此生成。国内也有不少学者认为"风险"一词纯属舶来品,只是到底由哪里传入我国说法不同,有人认为来自阿拉伯语,有人认为来源于西班牙语或拉丁语,比较权威的说法认为是源于意大利语的"RISQUE"一词。并且据学者们考证,"RISQUE"一词最初也是指客观的危险,主要是指自然现象或者航海遇到礁石、风暴等事件。大约到了19世纪,在英文的使用中,风险一词常常用法文拼写,主要是用于与保险有关的事情上。

　　现代意义上的风险一词,已经大大超越了"遇到危险"的狭义含义,而是越来越被用于预示人类生产实践活动的复杂性和不可预测性。"风险"一词,随着时代发展,其内涵和外延的不断拓宽拓深,其本身说明了一个道理:人类社会发展的本身,也为各种"风险"的生成创造了环境,"风险"成了人类社会发展的伴生物。"风险"生成系数与人类社会发展成正相关关系。以至于"风险"成了学者们关注的重要研究领域,"风险学"应运而生。

　　"风险"研究以及风险在当代社会发展中的影响的争论是当前社会发展理论研究中的一个热门话题。在西方,风险研究成了一个专门的学术领域,并在广泛深入研究的基础上,形成了不同流派。如社会发展领域的四大流派:风险社会理论、风险文化理论、风险的复杂自系统理论和风险的"治理性"理论等。可见在全球化的情景下,无论在哪个领域,风险研究都是发展研究不可忽视的新课题。

　　产业集群风险是现代社会诸风险中的一种特殊风险。在经济全球化的背景下,产业集群表现出很强的竞争力,世界各地都出现了很多成功集群的案例,如美国的硅谷、意大利东北部产业区、德国普姆沙伊德的工具制造业集群、法国布雷勒河谷的香水瓶集群、我国的浙江鹿城打火机集群、大唐袜业集群和北京的中关村,等等。鉴于产业集群的成功示范效应,集群现象日益受到国内外学者的广泛关注,集群政策也日益成为许多地区制定经济政策的工具,联合国工业发展组织(UNIDO)和经济合作与发展组织(OECD)也极力提倡并推广集群战略。

对产业集群的研究,在先行工业化国家由来已久,最早可以追溯到马歇尔关于产业区位理论和韦伯聚集经济理论。随后,包括经济地理学家、战略管理学家、产业经济学家等在内的大量学者从不同角度对产业集群作了深入的研究。产业集群研究的代表人物之一,美国的波特(Porter,2002)教授在其《国家竞争优势》一书中正式提出产业集群的概念。波特认为,产业集群是一组在地理上靠近的相互联系的公司和关联的机构,它们同处或相关于一个特定的产业领域,由于具有共性和互补性而联系在一起。

在产业集群发展的实际进程中,产业因集群能够创造持久竞争优势,但同时也伴随着风险,并且因此而导致衰败。曾经著名的底特律汽车城,由于未能经受住全球汽车工业危机的冲击,如今已衰落成所谓的"老工业区";美国的"128公路",由于群内企业出现规模集中,有限的几家大企业取代数量众多的中小企业,导致集群失去活性,现已成为衰落产业集群的代名词。类似的情况也出现在我国,东北三省作为我国的装备工业基地,拥有强大的重工装备制造集群,20世纪80年代以来,由于产业结构老化、产品不适应市场、技术落后、体制陈旧等原因,已成为我国的"老工业区";浙江省最早的产业集群之一——1979年开始发展起来的温州桥头纽扣集群近年来陷入了发展的困境,已经走向了衰落;浙江永康保温杯集群也只是昙花一现。这些都说明产业集群也存在老化与灭亡的风险,可持续发展不是一个成功集群显而易见的附带特征(Bergman,2002)。

而事实上,波特(2000)早在《簇群与新竞争经济学》一文中就曾指出,集群产生以后就处于动态演化中,集群一旦开始形成,就具有自我强化的特征,但集群需要升级,集群可能因为外部威胁等以及内部僵化而失去竞争力,甚至衰亡。显然产业集群虽然是一种相对稳定的组织形式,但同时也存在着风险。

关于产业集群风险的研究,我国虽然滞后于西方,但基于全球化背景和我国各区域经济面临结构调整和升级,特别是由美国次贷危机演变为全球金融危机,对我国产业发展造成的深度冲击,我国学术界和实业界都更加关注对产业集群风险的研究。其涉及的领域和界面都已非常宽,有影响的学术成果已非鲜见。本书选择的产业集群风险传导原理与扩散原理,旨在为集群产业在风险预警、风险防范、风险阻断、风险疏导提供一种可供选择的理论工具。本书以浙江省的两个块状经济为案例研究对象。文章主要通过理论模型建构研究和案例研究,在一般适用意义上就产业集群风险传导原理与扩散原理建构理论分析模型,以求为我国在这一领域提供可以借鉴的理论工具,案例研究的目的主要是想通过浙江这一发展先行区域的经验和问题,为理论和我国其他区域在这一问题上的研究和风险防范设计提供范例:(1)以理论研究为主,对产业集群风险成因、特征、影响等进行了理论性探索研究,并从产业集群风险传导因素、传导特征、扩散系统、扩散方式入手,对产业集群风险的传导原理和扩散原理进行了理论研究;(2)通过理论研究和案例研究相结合,以浙江省几个较典型的产业集群为案例,研究相应的风险传导与扩散、产业集群危机、对策等;(3)根据前述的理论研究和案例研究,根据浙江省当前形势,结合产业集群升级面临的风险及其演化趋势,通过对产业集群风险的传导扩散的研究,揭示浙江省产业集群升级面临的主要问题,相应地提出控制产业集群风险,促进产业集群升级的对策。

本书力图通过对风险传导与扩散机制的研究,为产业风险的预防、规避和控制提供一种可以借鉴的思路和理论模型。为政府和企业在产业集群发展过程中的风险防范设计提供帮助。

本书将产业集群风险理论研究从风险类型的研究拓展到对其传导与扩散机制的研究;推动产业集群风险控制的研究从静态化研究向动态化、网络化方向发展。本书在下述方面有一定的创新性:本书有较强的理性。

一是深化完善发产业集群风险的动态传导原理。从风险源、风险传导节点、风险传导途径、风险接受者四个方面研究产业集群风险传导原理,提出控制产业集群风险传导的对策。

二是根据产业集群风险扩散原理构建相应的产业集群风险控制的框架。从扩散节点、扩散途径、风险扩散路径三个方面进一步研究产业集群风险的扩散原理,提出控制产业集群风险扩散的对策。

本书采用篇章格式,全书共分三篇,共八章。

上篇为为本书的理论综述部分。

中篇为本书的理论研究部分。

下篇为本书的实证研究与对策建议部分。

本书的两个附录,为产业集群升级、产业集群风险传导扩散的案例研究。我们的目的是想通过温州打火机产业集群、台州缝制设备产业集群案例更直观地展示产业集群风险、产业集群风险的传导与扩散、产业集群风险对产业集群升级的影响等问题,并结合中篇的理论研究,对产业集群风险的传导原理、扩散原理、产业集群风险、产业集群升级等问题进行深入研究,为控制产业集群风险传导与扩散的对策提供现实借鉴。

本书收集国家和部分省市的产业集群规划也是出于同样的目的,以期进一步丰满本书的实证支撑。并在此对相关省市部门表示感谢。

最后需要说明的是,本书的出版由杭州电子科技大学资助,并得到人民出版社的大力支持;本书在写作过程中转引了国内外学者的有关观点,我们都已注明出处,书中也收集了部分实证案例,在此,我们一并表示感谢!

余荣华

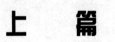

第一章　国内外研究概述

产业集群(Industrial Clusters),是由美国学者迈克尔·波特(M. E. Porter)在1990年出版的《国家竞争优势》一书中正式提出的。他把产业集群定义为在某一特定领域内互相联系的、在地理位置上集中的公司和机构集合,它包括一批对竞争起着重要作用的、相互联系的产业和其他实体,经常向下延伸至销售渠道和客户,并侧面扩展到辅助性产品的制造商,以及与技能技术或投入相关的产业公司,还包括专业化培训、教育、信息研究和技术支持的政府和其他机构。从产业集群对一地的经济贡献来看,产业集群的形成实现了企业之间的深度分工,有效地提高了产品竞争力和产业竞争力,增加了企业的创新能力和促进企业增长。

随着世界经济一体化进程加快,出于"形成经济全球化条件下参与国际经济合作和竞争新优势"的需要,以区域专业化分工为根本的产业集群在经济活动中的地位不断得到提升。理论界围绕产业集群的动力机制与发展阶段、创新优势及竞争优势等产业集群的优势方面展开大量研究。与此同时,国内外学者也注意到产业集群的弊端,对产业集群升级、产业集群风险的相关研究逐渐兴起。

国外对产业集群升级和产业集群风险的研究起步较早,主要集中在产业集群面临的技术生命周期、技术锁定、网络风险、内部威胁和外部冲击等现实的、潜在的风险等方面,偏重于实证分析基础上的归纳,在产业集群风险传导与扩散机制方面的研究比较少。其研究趋势从集群内部影响因素到集群外部因素,从产业集群发展的制约因素到产业集群对区域经济的危害,从理论研究到案例研究,表现出一定的深度、广度和体系化。而国内学者在产业集群风险的研究上起步较晚,在引入国外研究成果的基础上,结合我国工业发展阶段和经济转型等实际情况,深入研究了我国部分产业集群的发展现状,从多个角度研究了产业集群升级和产业集群风险,积极寻求有效的防范措施。

第一节　产业集群成因的研究概述

国外最早研究产业集群的学者可以追溯到英国著名经济学家马歇尔。他从劳动力市场共享(labor force pooling)、中间产品投入和技术外溢(technology spillover)三个要素出发,对具有分工性质的工业在特定地区的产业集聚现象进行了研究与阐释(马歇尔,1920)。马歇尔将这一"特定地区"叫做"产业区",将产业集聚发生的机制归结于企业为了追求外部规模经济。即大量种类相似的中小型企业集聚在产业区内,他们规模较小,但专业化分工程度较高,协作联系较为密切,因此能够在企业规模报酬不变的情况下,实现社会层面的集群规模报酬递增。

随后,阿尔弗雷德·韦伯从工业区位论的角度,也对产业聚集进行了一番深入的研究,并首次提出了"聚集经济"这一概念。韦伯在《工业区位论》(1929)一书中用了大量的篇幅对聚集经济的形成、分类及其生产优势作了详尽的分析。根据阿尔弗雷德·韦伯的区位理论,产业集聚分为两个阶段。第一阶段是企业自身的简单规模扩张,从而引起产业集中化,这是产业集聚的低级阶段。第二阶段主要是靠大企业以完善的组织方式集中于某一地方,并引发更多的同类企业出现,这时,大规模生产的显著经济优势就是有效的地方性集聚效应。产业集群的发展依赖于技术设备、劳动力组织、市场化、经常性开支成本四个方面的因素的发展程度。

科斯运用交易费用理论较好地解释了产业聚集的成因(科斯,1937)。他认为,由于产业集群内企业众多,可以增加交易频率,降低区位成本,使交易的空间范围和交易对象相对稳定,这些均有助于减少企业的交易费用;同时聚集区内企业的地理接近,有利于提高信息的对称性,克服交易中的机会主义行为,并节省企业搜寻市场信息的时间和成本,大大降低交易费用。

20世纪70年代末,意大利的社会学家Becattini将意大利的东北部和中部地区(又称"第三意大利")的"马歇尔式的产业区"与当年马歇尔时代的"产业区"进行对比研究后认为,"马歇尔式的产业区"的产生与发展得益于本地劳动分工基础上实现的经济外部性以及当地社会文化背景支持下企业之间的相互协同作用。美国学者Piore和Sabel进一步研究指出,"第三意大利"的形成依赖于中小企业的柔性专业化(Flexible Specialization),具有运行机制灵活、专业化程度高、企业间协同作用强等特点，与简单的"产业区"相比，能够更容易地、专业化地组织生产，从而迅速提升了"马歇尔式的产业区"的竞争力，能够与以大企业为核心的区域进行竞争。

以克鲁格曼为代表的新经济地理学理论为产业集聚的产生提供了新的解释。他以规模报酬递增、不完全竞争的市场结构为假设前提，在 Dixit-Stiglitz 垄断竞争模型的基础上进行深入研究，认为产业集聚的形成原因是由企业的规模报酬递增、运输成本和生产要素移动通过市场传导的相互作用而产生的。他比较强调大型公司的内部增长和组织间能量化的市场联系，认为产业集聚的形成应是企业内部规模经济和企业外部规模经济（包括市场、劳动和资本的规模收益递增）相互作用的结果。企业层面上的规模收益递增应该指的是企业内部的规模经济，它是一个涉及企业规模大小的有度的概念，只有在企业节约的交易费用大于其内部组织成本时，企业规模才会扩大。企业规模扩大的界限是：企业将倾向于扩张到企业内部组织一笔额外交易的成本等于通过公开市场上完成同一笔交易的成本或在另一个企业中组织同样交易的成本为止。企业通过外部经济内部化来扩大规模其实是市场向企业转化的规模，超过一定的限度，企业的规模经济就变为规模不经济了。

美国的 Saxenian、Remigio 等学者，以美国硅谷地区为研究对象，认为产业集群的形成和发展首先应该归功于由大大小小的企业、大学、研究机构、商业协会等形成的区域创新网络发展，尤其是社会关系网络和人际关系网络更为重要。换言之，产业集群的发展依赖于区域创新网络，而区域创新网络则是根植于区域内社会文化背景之下。新产业区的发展离不开区域创新环境的改善，区域创新环境的改善离不开区域社会关系网络、人际关系网络，即区域创新网络与区域创新环境之间的关系是有机的互动和互相促进的关系，并且共同推动新产业区的发展。

波特吸收了集聚经济、经济外部性、新社会经济学等思想，也涉及或引用了区域创新网络、专业化分工等新产业区理论，紧密地联结了网络理论、社会资本、集聚经济与企业竞争理论，进而把这些理论延伸到产业集群的范围之内。他认为，竞争力"钻石模型"是产业集群形成的动因，是推动一个国家的产业竞争优势趋向集群式分布的原因。产业集群的创新优势体现在三个方面：首先是集群内企业或集群产业的生产率的提高，使创新成为需要；其次是集群创新方向明确化，增强了集群创新的合力；最后是新老企业的创新成长，推动了集群创新形成一种集群优势和竞争力。通过新企业诞生、分工协作、分包或转包等形式,以知识、信息、技术、价值等形式,从一个企业向另一个企业转移和扩散,最终形成产业区的创新优势。这就可以引起新的竞争者、合作者的进入,最终形成产业集群。他指出产业集群通过营造创新环境来推动本地企业的发展,从而比国外的竞争对手更有竞争力和更能快速创新等问题。

Patrick Francois 通过建立优选演化模型对信任、社会资本与区域经济发展之间的关系进行了研究,探索社会资本的特征以及"可信任性"在产业集群形成中的作用(Patrick Francois,2005)。

第二节 产业集群升级研究概述

一般认为,产业集群升级是指,通过创新实现集群整体附加值的提高和在全球价值链上的竞争力的增强。产业集群升级有四种途径。一是流程升级,通过重组生产系统或引入高级技术使投入产出更有效。二是产品升级,通过转向更高端生产线增加产品单位价值。三是功能升级,进入价值链的较佳环节,如从单纯生产进入研发和营销,或者沿着基本加工→贴牌生产→自主设计制造→自有品牌制造的方向提升。四是部门升级,将从一个领域获得的能力应用到新领域或进入新的全球价值链。

产业集群升级离不开经济绩效与创新绩效的提高,而经济绩效与创新绩效则由集群内外各因素所决定。国内外关于产业集群升级的研究就主要集中在内部治理和外部联系上。

成功的产业区,离不开地方政府的政策支持和公众社会的配合(Hudson,1998)。关于产业集群内部治理和产业集群升级研究的有 Brusco、Schmitz、Meyer-Stamer、Dei Ottaiti 等学者,他们通过实证分析,证实了内部治理有助于产业集群升级的实现。Gereffi、Humphrey、Schmitz 等学者还认为,外部联系对产业集群升级也十分重要。Propris、Eright、Brown、Gilsing、Humphrey、Schmitz 等学者还研究了产业集群升级的内涵与动因。

此外,在案例研究方面,Gereffi 研究东亚国家和地区的服装产业在价值链上的升级所遇到的重重障碍后,认为嵌入全球价值链既给发展中国家的产业集群升级带来了机遇,也带来了风险(Gereffi,1999)。

Humphrey 等通过研究中国台湾 PC 产业集群升级,认为 20 世纪 80 年代,中国台湾 PC 产业实现了从原始生产到 OEM 的升级,90 年代实现了从 OEM 到 ODM 的升级。其中,知识创新、外部联系在这一过程中起到了重要作用(Humphrey,2000)。

Cooke 等学者研究了区域创新与集群政策的关系后,提出在保证区域利益的前提下,政府可以出台促进合作创新的区域政策,并以区域政策为引导,推动集体学习,从而增强区域创新系统的竞争优势(Cooke,2000)。Landabaso 认为无论从个体角度还是从集体水平上,区域创新和集群政策决定着知识、学习和能力建设的方向(Landabaso,2000)。

LuiZa 等学者在研究巴西 Sinos 鞋谷集群升级时发现,集群中的大型生产商担心失去美国大型采购商的大订单,为了维持其相对稳定的利润,他们将自己锁定在低附加值的生产环节,并利用在鞋类制造商协会中的地位,影响巴西鞋业发展战略规划的执行,阻碍了产业集群的升级(LuiZa,2001)。

Humphrey 等学者认为,集群升级的目的主要在于增加利润和提高创新能力。要实现这一目的,就必须在升级的过程中消除产业集群风险(Humphrey,2002)。这是因为产业集群风险会增加成本和弱化创新能力,减弱产业集群升级带来的好处。而消除产业集群风险,则可以增强企业生产的协作能力,深化产业集群的专业化分工程度,提高产业集群的运行效率。

Todtling 等认为,如果产业集群通过嵌入全球价值链实现产业集群升级的过程中,过分依赖外部关联,忽视内部关联,阻碍内部网络关系建设,将影响到产业集群的健康可持续发展,并失去集群优势,最终无法实现产业集群升级(Todtling,2004)。张辉(2006)也在江苏通州、浙江宁波和广东佛山等地实地调研中发现,一些地方服装企业也正在通过并购一些颇具规模的香港贸易公司,来达到控制产品的销售渠道的目的。这表明虽然后起国家或地区在全球价值链中的制造环节建立全球竞争优势的进程加速了,但由于老牌或新兴工业化国家把持着其通往产品最终市场的中间环节,导致这些后起国家实际的产业升级周期被拉长。

Claudio Roveda 认为,"远见"已经广泛应用于许多领域上,通过早期对变动趋势的监测和评估进行预测、决策,但是在产业集群内缺乏实质性的分析(Claudio Roveda,2008)。他们通过研究意大利莱科地区的金属加工制造、机械产业和科莫地区的纺织产业,描述并且评估"远见"在产业集群改革能力中所扮演的角色,认为"远见"是能够促进产业集群技术发展、知识发展的一个有价值的工具。

国内学者就地方产业集群升级展开了一系列研究。李文秀提出应该在实现有效的集群内部治理基础上,利用全球价值链治理。克服产业集群发展障碍,实现集群的升级发展(李文秀,2006)。张辉从价值环节跳跃式布局和蔓延式布局两个角度,构建了全球价值链下地方产业集群升级的基本模式。其他一些学者则研究了地方产业集群升级的内涵及路径问题(张杰,2006;梅丽霞,2005)。

第三节 产业集群风险研究概述

关于产业集群风险的研究,是在国内外学者对产业集群的质疑声中开始的,但是与产业集群的研究相比,尚没有系统的研究,散见于各学者对产业集群的研究之内。

从马歇尔开始,他就认为同企业的发展一样,产业集群的发展也是有极限的。当集群内的企业发展到一定程度时,土地、资本和劳动力价格会由于供给不足而上涨,集群内企业的进一步发展就会受到限制,集群本身就走向衰落或灭亡。而"搭便车"行为的存在则会使集群内成员产生创新惰性,削弱了产业集群的创新能力,使得集群在低水平的生产中徘徊不前,加速了产业集群的衰落(马歇尔,1920)。

克鲁格曼也认为产业集聚规模有一个最佳限度,其大小与产业集聚区的承载力及可开发性、基础设施等因素有关。产业集群的发展取决于向心力和离心力的对比。离心力包括不可流动的因素(土地、远距离的市场、国外劳动力)、高昂的地价(随着当地劳动生产率的提高而上涨)以及纯的外部不经济性(过分拥挤)。产业链前后企业之间的联系、企业迁移的惰性和市场机制的自发作用都会产生向心力。企业的集聚与分散受到向心力与离心力之间的强弱抗衡。因此产业集聚也就并不必然是一种稳定状态。

德国经济学家认为产业集群由于工业区位的分散因素而具有迁移的风险,并从运输指向和劳动力指向两个不同的途径去分析产业集群能够达到的最大规模(Weber,1929)。

K. G. Myrdal 提出了"地理上的二元经济"理论,并且利用"扩散效应"(各生产要素从发达区域向不发达区域流动,使区域发展差异得到缩小)和"回流

（回波）效应"（各生产要素从不发达区域向发达区域流动,使区域经济差异不断扩大）两个概念,说明了经济发达地区优先发展对其他落后地区的促进作用和不利影响（K. G. Myrdal,1957）。

A. O. Hirschman 进一步研究区域发展水平极化问题,提出"极化效应"（Polarized Effect）（A. O. Hirschman,1958）。他认为工业化过程中某些带有自然必然性特征的环节是超越不了的,它会像价值规律一样强行为自己开辟道路,人为控制可以减少风险传导的盲目性,却无法消除其必然性。

Porter 认为,产业集群虽然由于协同效应能够维持一定的长期竞争力（Michael E. Porter, 2002）,但是也会因为外界威胁因素和内部僵化等因素丧失竞争地位。如消费者的需求变化、内在的僵化、过度合并、群体思维和技术间断等,其中,技术间断也许是外界威胁中最重要的因素,它可能会同时抵消许多原有优势（Michael E. Porter, 1998）。

Prouder 认为,随着时间的变迁,构成热点区域创新环境的聚集经济、制度力量、管理者心智模式等要素,创造了一个类同的氛围（Prouder,1996）。这种类同氛围,使得热点区域的竞争者比非热点区域的竞争者更容易受环境动荡的影响,更容易趋向分散化。

Markusen 指出产业集群越成功,则越倾向于发展成一个封闭的系统,进而逐步丧失应对市场变化的能力,导致其竞争力不断下降,因此就越容易走向衰败（Markusen,1996）。因为它会吸纳与其发展高度相关的资源,而排斥那些不匹配的资源,最终集群变成一个封闭系统,促进集群创新和开发新产品必要的新信息和资源不能进入集群内部。如果此时集群遭遇周期性风险或结构性风险,集群将极有可能一蹶不振甚至消亡。

奥地利著名的区域经济学家 Tichy G. 提出区域产品生命周期理论（Tichy G.,1998）。在该理论中,他首次提出集群存在结构风险,企业集群老化或衰亡会对区域经济的危害。当集群走向成熟甚至衰退时期,企业集群由于资源高度集中于一个产业或单一产品,可能拖垮整个区域经济,变成难以复苏的"老工业区"。O. M. Fritz 等在 Tichy G. 的基础上进一步研究后提出,产业集群还存在周期性风险,这主要是受宏观经济周期影响造成的（O. M. Fritz, 1998）。这种周期性风险是一种突发的、不能人为控制的周期性波动风险,可能出现在集群生命周期的任一段时期,会造成区域经济的不稳定。Bent Dalum 也以北欧的无线通信工具集群为研究对象,对产业集群发展的技术生命周期风险进行研究并证实这一观点。当集群走向成熟甚至衰退时,集群由于其资源高度集中于一个产业或单一产品"就很可能导致整个区域经济的迅速衰退"变成难以复苏的(老工业区)(Bent Dalum,2002)。

Harrison 认为,一方面,在国际竞争加剧的背景下,信任作为产业集群的一个存在基础,可能是暂时性的,并有可能会成为保护传统方法的力量,从而抑制创新。另一方面,充满活力的中小企业在竞争和合作的博弈过程中,逐渐形成了地方根植性网络(Harrison,1998)。信息可以在网络中快速扩散,风险也能迅速扩散开来。

Tilman Altenburg 等学者通过研究拉丁美洲三种类型的产业集群及其相关政策后,认为造成拉美产业集群竞争力低的原因在于发展水平的非均匀性和缺乏竞争、创新能力缺乏、企业之间的合作和专业化程度低三个方面(Tilman Altenburg,1999)。

Meyer-Stamer 分析了产业集群内企业合作的模式,研究企业合作的典型障碍,探讨了如何克服文化对合作的不利影响(Meyer-Stamer,2002),提出了通过企业合作来营造创新环境,从而提高产业集群的创新能力和竞争优势途径。

王缉慈研究了产业集群发展中的产业空洞化问题(王缉慈,2004)。他认为,随着自由布局型产业迅速在全球转移,产业空洞化可能瞬间发生,因此对于浙江制造业来说,加紧传统产业的创新,提升传统产业,向高附加值产业转移等问题迫在眉睫。

吴晓波、耿帅从区域集群风险与可持续发展的角度出发,创造性地提出了产业集群存在着"自稳性"风险(吴晓波、耿帅,2003),根据所构建区域集群"自稳性"风险成因模型,指出区域集群风险产生的根本原因在于其自身的特性;最后通过阐明"自稳性"集群风险与周期性和结构性集群风险之间的联系,旨为区域集群风险化解,进而可持续发展的相关研究与实践提供有意义的借鉴。朱瑞博在吴晓波等人研究基础上引入模块化理论(朱瑞博,2004),分别对产业集群"自稳性"的四大风险进行分析,分析模块集群抗集群内生性风险的机理,提出模块集群具有信息异化、共同进化的系统结构以及"背对背"竞争特征,能够从制度安排上内生地化解一般产业集群的"自稳性"风险、资产专用性风险、战略趋同风险、封闭自守的风险和创新惰性风险,认为可以通过集群的模块化设计和改造实现产业集群的可持续发展。

仇保兴则以浙江省永康市保温杯作为具体案例,利用信息经济学的原理,分析了产业集群面临着产品质量信息不对称的"柠檬市场"风险(仇保兴,1999)。

王雷研究了我国中小企业集群面临的潜在风险(王雷,2004),主要包括企业网络稳定性风险、网络结构性风险、组织性风险、资产专用性风险、优势资源依赖性风险、企业资信带来的金融风险等,其深层次的原因包括家族企业文化的局限性、我国中小企业技术相对落后、管理人员和劳动力素质不高、产业集群的开放性不足、产权制度不明晰,产权结构不合理以及我国市场经济体制的不健全。而防范我国集群风险关键在于加强集群内中介服务组织的建设、增强企业集群的持续创新能力、完善政府的公共服务措施、改善家族企业文化的封闭性和保守性以及培育竞争性的市场结构。

在分析了温岭产业集群发展过程中面临的风险后,胡旭辉提出,产业集群不仅存在外源性风险(周期性风险、同业竞争性风险和群外政策性风险),而且存在内源性风险即网络性风险(胡旭辉,2004)。

王缉慈提出全球价值链下产业集群的升级并非坦途,面临着内生性风险与外生性风险(王缉慈,2004)。尤其是在经济全球化背景下,发展中国家只有通过融入跨国企业控制的世界分工体系才不至于被全球化的浪潮所抛弃。

张建峰认为产业集群风险形成机理在于先发优势的丧失、过度竞争导致"柠檬市场"出现、技术创新受阻等方面(张建峰,2004),并构建了风险化解机制。

文嫱等人研究认为,我国的建筑陶瓷集群通过嵌入全球价值链,在一定程度上实现了过程与产品升级,但仍然面临着挑战(文嫱,2004)。例如,对外部联系形成过分依赖,丧失功能性升级和交叉链升级的动力等。

蒋迪娜等结合我国产业集群所处的发展阶段与现状,总结我国中小企业产业集群发展过程中存在着四种风险:创新惰性风险、柠檬市场风险、锁定性风险、品牌缺失风险(蒋迪娜,2005),并提出相应的防范对策。

陈金波则将生态学中近交衰退和传染病的概念引入集群风险的研究,分别分析了企业集群的近交衰退风险和传染病风险(陈金波,2005),指出近交衰退风险的集中表现就是整个集群普遍陷入低效状态,整体上应对市场环境变化的能力弱化,而传染病风险则主要表现在产品的以次充好的"柠檬问题"、信任缺失等。

殷鸣在全球价值链的分析框架下研究了全球价值链分工与发展中国家产业集群风险形成的关联机制,对全球价值链的分工可能给发展中国家集群带来风险的因素进行了系统分析(殷鸣,2006)。

孟华兴、赵瑞君认为产业集群的集群信任主要是基于个人的信任(孟华兴,2007),这种基于"人情圈"扩散而形成的信任是比较脆弱的,由这种脆弱的信任所建立起来的产业集群的运行秩序更是容易受到个别企业或个人的败德行为的破坏。

张国亭提出由于集群品牌的公共物品属性,集群内企业对其维护与发展的投入不足,加之某些企业的投资行为,可能会产生"多米诺骨牌"效应,因而易造成"公共地"风险(张国亭,2006)。

王缉慈认为需要用客观理性的视角来看待当前产业转移的一些风险问题(王缉慈,2008)。即一方面如果没有其他产业的支撑,核心企业的外迁会造成地区的经济萧条。另一方面,产业转移对迁出地能够盘活土地资源,改善环境条件,实现产业升级;对于迁入地,能够直接带动当地经济发展;从宏观上看,能够促进地区互动,减少经济发展不平衡产业升级需循序渐进。

第四节　产业集群风险传导与扩散研究概述

还有一些学者深入探讨了产业集群风险的传导与扩散问题。

Jason J. Jung 研究了产业集群知识畸变风险的扩散问题(Jason J. Jung,2008)。他认为产业集群的知识扩散网络类似于 P 2P 网络,一旦某些用户采取恶意行为,将引起 P 2P 网络中的交叉信息(知识)发生畸变。根据给定的数据集,建立起一个稳健信息扩散模型,通过多种统计数据分析,如纵向(Mooney & Roddick, 2002)、连续(Mooney, de Vries, & Roddick, 2006)和周期性方法(Vlachos, Yu, Castelli, & Meek, 2006)查出风险(即信息畸变)在P 2P网络中的源头,从而追踪这一风险的扩散流程。

蔡宁等学者提出产业集群风险之间存在着相互增强的机制(蔡宁,2008)。他从网络视角指出,集群中企业相互依赖的网络也有可能成为企业集群僵化、失去弹性的源泉,从而使得集群中企业比非集群中的竞争对手对外界动荡的反应能力变得迟缓。最后,通过一个分析集群网络风险的分析框架,认为结构性风险、周期性风险和网络风险之间存在着相互增强的作用机制,这一机制最终可能会导致产业集群走向衰败。结合实地调研的结果,分析具有不同结构的两个产业集聚所表现的不同风险形式,对研究、识别浙江省产业集聚的网络性风险,分析产业集聚网络性可能形成的内在机理提供了分析思路和框架,并提出了风险防范的相应对策。

王发明运用组织生态学的有关理论,从组织变革与结构惰性、选择的限制和生存与竞争三个方面,指出组织结构存在无法任意改变的维持旧有形态的惰性,因而无法适时调整,带来集群组织的衰退风险,先天性的自然限制也使集群在环境发生变化时,不能采取有效的反应(王发明,2006)。因此,在一定时间内,风险在产业集群内进行传导与扩散就成为可能。

石磊认为,主导产业对产业结构变动具有传导作用,并产生明显的区域差异和阶段性差异(石磊,1994)。主导产业的发展应该立足于区域发展不均衡和主导产业非均质传导的现实,通过完善产业体系的关联机制,增强要素的流动性和调整弹性,推动区域经济的相对均衡发展。

仇保兴发现外部变动对产业集群风险传导与扩散起到增强作用(仇保兴,1999)。当面临外部市场剧烈竞争的情况时,极易诱使小企业集群发生内部过度竞争,进而出现竞相偷工减料、伪劣产品泛滥的局面,这就损害了全体业主的利益,并进一步使小企业集群所在地地区形象受损,从而影响产业集群的长期发展。陈金波在仇保兴研究的基础上,进一步提出一些产业集群风险具有传导性(陈金波,2005),也可称之为"传染病"。"柠檬问题"就是典型以次充好行为的"传染病"问题,又指出另一种常见的"传染病"则发生在那些在集群中处于产业链上游的企业中,集群内有些企业就会倚仗本集群的优势市场地位损害集群外部供应商的正常利益,这一行为的传染,导致采用这种病态策略的企业数量逐渐增多,整个集群在有关市场的信誉就会遭受到极大破坏,外部供应商就会很快失去与集群内企业进行交易的兴趣和动力,终止对其提供优质原料或只提供劣质原料,进而会波及集群中处于产业中下游的众多企业,并对整个企业集群造成沉重打击。

王雷指出,群内企业间存在的紧密的协同合作关系将会加快产业集群风险的传导与扩散(王雷,2004)。企业间资金往来密切,利益相互关联,个别企业一旦出现信誉危机和财务危机,便会很快地传递给其他企业,产生类似"多米诺骨牌"效应的连锁反应,恶化整个区域的资信和财务状况。可见,这种累积性的金融风险一旦出现,将会给区域性金融体系带来更大的破坏。

叶建木等学者从企业层面研究了风险的动态传导问题(叶建木,2005)。他们认为企业之间如果存在利益链关系,企业间风险就表现出动态传递性,并探索性地分析了企业风险传导及其特征和影响,剖析了风险传导的内在原因,提出了基于风险传导机理的风险控制思路。在运用古诺特模型博弈对战略风险传导问题进行分析后,他们发现(叶建木,2008),处于企业利益链条上的某一企业的战略风险不仅会使企业竞争能力下降,同时会对关联企业产生影响或作用,即产生战略风险的传导。战略风险传导具有方向性、时间性、强度性以及复杂性等特点。

石友蓉从企业的层面出发讨论了风险传导机理、风险传导物理量和风险能量模型等问题(石友蓉,2006),并结合风险投资企业的情况进行了实证分析。

北京大学的 Yongan Zhang 等人就产业集群共谋风险的扩散问题(Yongan Zhang,2006)。根据价值链建立了产业集群模型系统,分析认为如同群体内的传染病扩散一样,产业集群风险也具有扩散性,从而解释了共谋是怎样产生的,以及共谋如何在集群内扩散。

周雄飞构建了产业集群风险的形式过程及机理分析图(周雄飞,2008)。他认为国内外对产业集群的形成机理、作用机制以及动力机制研究较多,对集群风险的生成及扩散过程缺乏深入研究,进而在对产业集群风险的生成机理解析基础上,构建了产业集群风险的形式过程及机理分析图,初步相应地提出了规避和化解产业集群风险的相应解决措施和思路,但是并没有深入探究风险传导与扩散的机理。

第五节　小　结

在研究产业集群成因、产业集群升级、产业集群风险、产业集群风险的传导与扩散机制上,国内外的学者已经作了大量的前期研究,主要包括以下几个方面。

(1)在产业集群风险方面,主要研究了产业集群风险的影响因素、表现形态、影响范围、风险防范。

——产业集群风险的影响因素有:①产业、产品、市场、竞争方面有产品技术趋同、产业/产品转换成本过高、技术相对落后、本地竞争过度、产业市场的过度拥挤和竞争、过度专业化、产品单一或者产业单一。②关于产业集群自身方面：有氛围类同、内部僵化、知识溢出、战略趋同、系统封闭、家族企业文化的局限性、开放性不足、构成集群基础的私人关系维系的非扩展信任、趋同、组织结构刚性、集群品牌的公共物品属性。③关于制度方面：主要指出了社会政策机制不健全、产权制度不明晰、产权结构不合理。④关于劳动力方面：劳动力成本上升，劳动力素质不高。⑤关于企业行为方面：道德风险、机会主义、偷懒、"搭便车"行为。⑥宏观经济方面：周期性经济因素。

——产业集群风险的表现形态有：技术锁定风险、制度锁定风险；结构性风险、周期性风险、资产专用性风险、网络性风险、创新惰性风险、"自稳性"风险；品牌缺失风险、信任风险、近交衰退风险、传染病风险、战略趋同风险、封闭自守风险。

——产业集群风险的影响范围：集群本身的衰落、区域经济的震荡。

——产业集群风险的防范措施：避免集群内部企业的过度竞争，防止集群产品的雷同，不断提高集群的持续创新能力，突破锁定，对现有的产业进行升级，保持产业集群持续创新优势。

(2)在产业升级方面，主要研究产业集群升级的目的、途径及产业集群风险的关系等。

——集群升级的目的主要在于增加利润和提高创新能力，通过嵌入全球价值链进行升级的途径有工艺流程升级、产品升级、功能升级、价值链升级。

——产业集群升级既给发展中国家的产业集群升级带来了机遇，也面临着风险。

——必须在升级的过程中消除产业集群风险。这是因为产业集群风险会增加成本增加和弱化创新能力，减弱产业集群升级带来的好处。

(3)总的来看，产业集群风险的研究趋势是：①内—外—内，即从研究产业集群内部风险开始，到研究产业集群的外部风险，最后回到产业集群产业集群升级。②理论解释—理论模型—案例研究—理论研究，即是以经济学的理论为研究基础解释产业集群风险的成因，建立新的理论模型解释产业集群特有的风险，通过案例对产业集群风险的影响因素和结果进行实证研究，借鉴生物、组织生态等学科的理论对产业集群应对风险机制进行研究。③产业集群风险与产业集群升级相伴随。产业集群风险推动着产业集群不断的进行升级，产业集群升级的同时也在不断解决产业集群风险问题。

总之,国内外学者通过大量理论分析和实证分析,就产业集群风险、产业集群升级这两个问题进行了较为详尽的研究。一方面对产业集群升级的目的、途径、面临的风险以及产业集群风险的成因、表现形式、防范措施及等一系列问题进行了深入分析。另一方面对风险的影响机制、影响范围也进行了一定程度的研究。但总的来看,仍然比较注重于从风险成因与风险规避的角度研究,较少有学者从传导与扩散机制的角度来研究产业集群风险控制、产业集群升级问题。产业集群风险的传导与扩散是控制产业集群风险、促进产业集群升级过程中的一个值得研究的领域。

第二章　风险传导与扩散理论

产业集群风险的传导与扩散，是风险传导与扩散理论在区域经济领域的延伸。研究产业集群风险的传导与扩散，还必须从风险传导与扩散理论开始研究。

第一节　传染病的扩散模型

医学领域内的传染病的传导与扩散和产业集群风险有类似之处。(1)风险的传导者。产业集群风险的传导者是企业，传染病的传播者是人群。(2)传导者有所不同。传染病流行范围内的人群分成三类：S类，易感者(Susceptible)，指未得病者，但缺乏免疫能力，与感病者接触后容易受到感染；I类，感病者(Infective)，指染上传染病的人，它可以传播给S类成员；R类，移出者(Removal)，指被隔离，或因病愈而具有免疫力的人。产业集群风险扩散范围内的企业也各有不同，他们能够承受不同程度的风险，其风险转移能力也有所不同。(3)风险的传导与扩散都与社会、经济、文化、风俗习惯等因素有关。社会、经济、文化、风俗习惯等因素都会影响传染病的传播，而最直接的因素是：传染者的数量及其在人群中的分布、被传染者的数量、传播形式、传播能力、免疫能力等。他们也能影响产业集群风险的传导，表现为产业集群内企业的根植性。

传染病的扩散模型源于 Daniel Bernoulli 对天花的分析，他在1760年就建立了一个天花传播的模型，以此来评估天花病毒侵入健康人群的有效性。Hamer 于1906年建立并分析了一个离散时间模型尝试着理解麻疹病的死灰复燃。1911年，Ross 博士利用微分方程模型对疟疾在蚊子与人群之间传播的动态行为进行了研究，结果表明，如果将蚊虫的数量减少到一个临界值以下，那么疟疾的流行将会得以控制。1926年，Kermack 与 McKendrick 为了研究

1665—1666 年黑死病在伦敦的流行规律,构造了著名的 SIR 模型,又在 1932 年提出了 SIS 模型。

流行病传播过程还可以被看做病毒的渗透过程,因此一些物理学家、计算机专业也对这一类模型感兴趣。Pastor-Satorras 和 Vespignani 对真实计算机病毒传播的数据进行分析,通过大规模的数值模拟来研究无标度网络上的 SIS 模型。他们发现传播阈值以及与之相关联的临界行为的缺失,彻底改变了流行病建模中得到的许多标准的结论,并指出不管个体的传播速率如何,无标度网络都适于病毒的传播和生存。此外,传染病模型还能应用到其他种类的社会和自然科学问题,如生物的群体分布、新技术的传播、社会上谣言的传播等。

一般来说,可以根据传染病流行范围的人群,建立以下五种传染病模型,他们也是许多跨领域研究的基本模型。

一、SI 模型

该模型中,易感者被传染后变为感病者,且经久不愈。如果不考虑移出者,人员流动图为:

$$S \rightarrow I$$

假设:

1. 每个病人在单位时间内传染的人数为常数 k_0;

2. 一人得病后,经久不愈;

3. 人在传染期内不会死亡。

记开始时刻为 t_0,有 i_0 个传染病人,时刻 t 的病患人数增加为 $i(t)$,在 Δt 的时间内,所增加的病患人数为:

$$i(t + \Delta t) - i(t) = k_0 i(t) \Delta t$$

于是得:

$$\begin{cases} \dfrac{di(t)}{dt} = k_0 i(t) \\ i(0) = i_0 \end{cases}$$

其解为:$i(t) = i_0 e^{k_0 t}$

从该模型的结果来看,与传染病初期比较吻合,但从病人人数来看,模型表明病患将按指数规律无限增加,这显然与实际生活中的大多数传染病是不相符的。事实上,一个地区的总人数大致可视为常数(不考虑传染病传播时期出生和迁移的人数),在非特大疫情传播期间,一个病人单位时间内能传染

的人数 k_0 是随着所处时期和不同的治疗情况改变的。在初期，k_0 较大，随着病人的增多，健康者减少，被传染机会也将减少，于是 k_0 就会变小。

二、SI 人口模型

记时刻 t 的健康者人数为 $s(t)$，假设

1. 总人数为常数 n，且 $i(t) + s(t) = n$；

2. 单位时间内一个病人的传染强度（能传染的人数）与当时健康者人数成正比，比例系数为 k；

3. 一人得病后，经久不愈；

4. 人在传染期内不会死亡。

可得方程：

$$\begin{cases} \dfrac{di(t)}{dt} = ks(t)i(t) \\ i(0) = i_0 \end{cases}, \quad 即 \begin{cases} \dfrac{di(t)}{dt} = ks(n - i) \\ i(0) = i_0 \end{cases}$$

解得：$i(t) = \dfrac{n}{1 + \left(\dfrac{n}{i_0} - 1\right) e^{-knt}}$

从模型中，还可以解得 $\dfrac{di}{dt}$ 的极大值点，即传染病高峰时刻为：$t_1 = \dfrac{\ln\left(\dfrac{n}{i_0} - 1\right)}{kn}$。当传染强度 k 增加时，t_1 将变小，传染高峰在疫情发生不久就降临。这一推论与实际情况吻合。但当 $t \to \infty$ 时，$i(t) \to n$，即传染的结果是最终人人都将被传染，这一推论仍然与实际不符。

三、宣传下的 SI 模型

假设：

1. 单位时间内正常人被传染的比率为常数 r；

2. 一人得病后，经久不愈；

3. 人在传染期内不会死亡。

可得方程：$\begin{cases} \dfrac{di(t)}{dt} = r(n - i) \\ i(0) = i_0 \end{cases}$

解得：$i(t) = n\left[1 - \left(1 - \dfrac{i_0}{n}\right) e^{-rt}\right]$

我们知道,当 $t \rightarrow \infty$ 时, $i(t) \rightarrow n$,即最终每个人都要传染上疾病。

进一步假设:通过开展有效的宣传运动,加强疾病防御意识,这将使被传染上疾病的人数减少,假设减少的速度与总人数始终成正比,并且这一比例常数取决于宣传强度。若从 t 时刻($t = t_0 > 0$)开始,开展一场持续的宣传运动,宣传强度为 α ,则建立数学模型如下:

$$\begin{cases} \dfrac{di}{dt} = r(n - i) - anH(t - t_0) \\ i(0) = i_0 \end{cases}$$

其中: $H(t - t_0) = \begin{cases} 1, & t \geq t_0 \\ 0, & t < t_0 \end{cases}$,是一个 Heaviside 函数。

解得: $i(t) = n[1 - (1 - \dfrac{i_0}{n})e^{-rt}] - \dfrac{an}{r}H(t - t_0)[1 - e^{-r(t - t_0)}]$

$\lim\limits_{t \rightarrow +\infty} i(t) = n(1 - \dfrac{a}{r}) < n$,这一结果表明,通过持续的宣传作用,能够减少发病率。

如果宣传运动是短暂进行的,这在日常生活中是常见的,例如,仅仅是听一个报告或街头散发传单等,即在 $t = t_1, t_2, \cdots, t_m$ 等 m 个时刻进行 m 次宣传,宣传强度分别为 $a_1, a_2, \cdots, a_m$,则模型变为:

解得: $i(t) = i_0 e^{-rt} + n[1 - e^{-rt}] - n\sum\limits_{j=1}^{m} a_j H(t - t_j)e^{-r(t - t_j)}$

这表明短暂的宣传是不起作用的,最终还是所有的人都染上了疾病。

四、SIS 模型

SIS 模型是指易感者被传染后变为感病者,感病者可以被治愈,但不会产生免疫力,所以仍为易感者。人员流动图为:S→I→S。

有些传染病如伤风、痢疾等愈后的免疫力很低,可以假定无免疫性。于是,痊愈的病人仍然可以再次感染疾病,也就是说痊愈的感染者仍有可能再次进入易感者的人群。

假定:

1. 总人数为常数 n ,且 $i(t) + s(t) + r(t) = n$;

2. 单位时间内一个病人能传染的人数与当时健康者人数成正比,比例系数为(传染强度);

3. 感病者以固定的比率 h 痊愈,而重新成为易感者。

可得模型：

可解得：(1) 当 $h \neq nk$ 时，$i(t) = \dfrac{1}{\dfrac{k}{nk-h} + \left(\dfrac{1}{i_0} - \dfrac{k}{nk-h}\right) e^{(h-nk)t}}$，

(2) 当 $h = nk$ 时，$i(t) = \dfrac{i_0}{kt + \dfrac{1}{i_0}}$。

模型分析：当 $\dfrac{nk}{h} > 1$ 时，$\lim\limits_{n \to \infty} i(t) = \dfrac{nk-h}{k}$；当 $\dfrac{nk}{h} \leq 1$ 时，$\lim\limits_{n \to \infty} i(t) = 0$。

这与实际很符合，即人口越多，传染率越高，从得病到治愈时间越长，传染病越容易流行。

五、SIR 模型

SIR 模型是指易感者被传染后变为感病者，感病者可以被治愈，并会产生免疫力，变为移出者。人员流动图为：S→I→R。

大多数传染病如天花、流感、肝炎、麻疹等治愈后均有很强的免疫力，所以病愈的人既非易感者，也非感病者，因此他们将被移出传染系统，我们称之为移出者，记为 R 类。

假设：

1. 总人数为常数 n，且；$i(t) + s(t) + r(t) = n$；

2. 单位时间内一个病人能传染的人数与当时健康者人数成正比，比例系数为 k（传染强度）；

3. 单位时间内病愈免疫的人数与当时的病人人数成正比，比例系数为 l，称为恢复系数。

可得方程：

$$\begin{cases} \dfrac{di}{dt} = ksi - li \\[2mm] \dfrac{ds}{dt} = -ksi \end{cases}$$

取初值：

$$\begin{cases} i(0) = i_0 > 0 \\ s(0) = s_0 > 0 \\ r(0) = r_0 = 0 \end{cases}$$

由以上方程组得：$\dfrac{di}{ds} = \dfrac{\rho}{s} - 1$，$\rho = \dfrac{l}{k}$，所以 $i = \rho\ln\dfrac{s}{s_0} - s + n$，从而推出，$\lim\limits_{n\to\infty} i(t) = 0$；而当 $s_0 \leqslant \rho$ 时，$i(t)$ 单调下降趋于零；$s_0 > \rho$ 时，$i(t)$ 先单调上升到最高峰，然后再单调下降趋于零。从以上意义可知，应该降低传染率，提高恢复率，即提高卫生医疗水平。

可得：$\rho\ln\dfrac{s_\infty}{s_0} - s_\infty + n = 0$，假定 $s_0 \approx n$，可得：

$$s_0 - s_\infty \approx \frac{2s_0(s_0 - \rho)}{\rho}$$

所以若记 $\delta << \rho$，当 $s_0 = \rho + \delta$ 时，$s_0 - s_\infty \approx 2\delta$，即在同一个地区，无论何种传染病流行，被传染的人数大致不变，这与实际情况是符合的。

第二节　传导传热理论

产业集群风险，不仅表现为风险的扩散过程，其中还包括能量的传导过程。热传导的过程就是一种能量传递的过程。

一、热传递的方式

热量传递的基本方式有传导传热、对流传热和辐射传热三种。

（一）传导传热

系统温度较高部分的粒子(气体、液体的分子，固体的原子，导电固体的自由电子)因热运动与相邻的粒子碰撞将热量传递给温度较低粒子的过程称为传导传热，简称热传导或导热。

热传导过程的特点是，粒子只是在平衡位置附近振动而不发生宏观位移。

（二）对流传热

对流传热也称热对流，是指流体中粒子发生相对宏观位移和混合，将热量由一处传至另一处的过程。工程上，对流传热是指流体流经固体表面与该表面发生的热量交换，又称给热。

根据流体粒子产生相对宏观位移的原因不同，可以把流体的对流分为两种，一种是由于流体内部各处温度不同而造成密度差异所引起的粒子宏观位移，称为自然对流；另一种是由于外界机械能量的介入迫使其粒子宏观位移，称为强制对流。强制对流较自然对流传热效果好。

（三）辐射传热

辐射传热亦称热辐射，是一种热量以电磁波传递的方式。当物体受热而引起内部原子激发，热能变为辐射能以电磁波形式向周围空间发射，射到另一物体时辐射能部分或全部被吸收又重新变为热能，这种能量传播过程称为热辐射。

热辐射的特点是不需要任何传热介质，而可在真空中传递。

物体的温度只要在绝对零度以上，都可以发射电磁波形式的热射线。高温物体向低温物体发射热射线，低温物体也同时向高温物体发射热射线，只不过高温物体向低温物体辐射的能量多而已。实验证明，物体的温度高于400℃才有明显的热辐射，而化工生产中一般间壁式换热器中的传热过程温度都不是很高，传热过程中因辐射而传递的热量大多情况下可忽略不计。

二、传导传热

当均匀物体两侧有温度差时，热量以传导的方式通过物体由高温向低温传递。实验证明：单位时间物体的导热量 $\frac{dQ}{d\tau}$ 与导热面积 A 和温度梯度 $\frac{dt}{d\delta}$ 呈正比。记为等式：

$$\frac{dQ}{d\tau} = -\lambda A \frac{dt}{d\delta}$$

该式为热传导基本方程，也称为傅里叶（Fourier）定律。定态传热时：

$$\varphi = \frac{Q}{\tau} - \lambda A \frac{dt}{d\delta}$$

式中 $dt/d\delta$——温度梯度，单位为 $K \cdot m^{-1}$，表示传热方向上因距离而引起温度变化的程度，其方向垂直于传热面，并以温度增加的方向为正，由于热量传递方向与温度梯度相反，故在式中加一个负号；

A——导热面积，m^2；

λ——比例系数，热导率，也称为导热系数，$W \cdot m^{-1} \cdot K^{-1}$。

热导率是表征物质导热能力的一个参数，为物质性质之一。热导率越大，物质的导热能力越强。热导率的大小与物质的组成、结构、状态（温度、湿度、压强）等因素有关。各种物质的热导率由实验测定，一般而言，金属的热导率大，非金属固体材料的热导率小，液体的热导率更小，气体的热导率最小（约为液体的1/10）。

第三节　金融危机传染理论

产业集群风险还与经济周期、市场有密切的关系,这一点与金融危机和金融风险传导是类似的。同时,与产业集群危机一样,金融危机是金融风险累积到一定程度的产物,是金融风险的极端表现。因此,金融危机的传染理论对于研究产业集群风险的传导机理,也具有借鉴意义。

一般认为,金融市场的关联性和互动性是金融危机和金融风险传导的重要根源。随着全球经济一体化和金融自由化的发展,金融市场间的关联性在增强。金融资产价格的波动会通过金融市场进行传导。这一次国际金融危机的发生很大程度上也是受到次贷市场的影响。金融危机最开始表现为固定汇率的瓦解,或者称为货币危机,而后则呈现出外汇市场、银行、房地产市场、股票市场同时出现崩溃的复杂症状。

20 世纪 90 年代以来,在金融全球化不断推进的背景下,随着货币危机爆发频率的提高和危害程度的强化,激励着学者们对货币危机认识的深化。其中较有影响的理论解释主要有五种:(1)1978 年,Salant、Henderson 提出的金本位下的黄金投机理论,这一理论后来于 1979 年由克鲁格曼应用到固定汇率体系,最后为 Flood、Garber(1986)加以完善,形成了所谓的货币危机第一代模型。克鲁格曼(1979)认为,货币危机产生的根源是由于政府的宏观经济政策与稳定的汇率政策之间的不协调造成对固定汇率制的冲击,从而造成本币贬值,央行为了维持固定汇率不得不动用大量外汇储备购买本币,但外汇储备耗尽时,固定汇率制崩溃,货币危机发生。(2)Dooley(1997)、克鲁格曼(1997)和 Makinon(1997)等人,针对亚洲国家银行、企业和政府这三个主体之间所存在的特殊关系而提出的道德风险模型。(3)1996 年,由 Obstfield 等人就1992—1993 年欧洲汇率机制解体而提出的所谓货币危机的第二代模型。与强调经济基本面因素的第一代货币危机模型不同,第二代货币危机模型强调预期在货币危机中所起的作用。(4)1998 年,Sachs 等人就墨西哥和亚洲金融危机提出的银行挤兑和流动性危机模型。(5)Banerjee(1992)、Calvo、Mendoza(1996)等提出的羊群行为(herding behavior)模型。

一、货币危机的第一代模型

这类模型认为货币危机的发生是因为政府宏观经济管理政策失当导致实

际经济基础恶化,投资者根据实际经济基础的变化情况,在预计到现有的固定汇率体制难以维持的情况下对其货币发动攻击,从而引起固定汇率体制的解体。这类模型的根本特点就是强调实际经济基础的变化决定了货币危机的发生,而且危机的发生是可以预见的。

（一）基本模型

第一代货币危机理论的产生源于墨西哥（1973—1982 年）和阿根廷（1978—1981 年）等国家所发生的货币危机。通常危机发生前,这些国家国内的宏观经济政策有过度扩张的趋向。第一代模型阐明了固定汇率政策和国内经济的过度扩张之间的矛盾,以及力图从这种政策矛盾中获利的私人部门是如何将整个汇率体系推向危机之中的。假定一个开放的小国将其货币与一个较大的外部贸易伙伴的货币的汇率固定,固定汇率的责任由小国的国内货币管理当局承担。国内货币市场的均衡由下式给出：

$$m - p = -\alpha(i), \qquad a > 0 \tag{2.1}$$

式(2.1)是货币市场均衡的对数表达形式,m 为国内货币供给,i 是利率水平。国内货币供给由中央银行资产中的国内贷款和国内储备构成,其对数形式分别以 d 和 r 表示：

$$m = d + r \tag{2.2}$$

假设国内货币利率和价格水平满足国际套利的条件,价格水平满足购买力平价条件：

$$p = p^* + s \tag{2.3}$$

其中 p^* 为国外价格水平的对数,假定它的值保持不变,s 为以国内货币表示的外国货币的价格的对数,即汇率的对数。国内利率和国外利率之间满足无抛补的利率平价条件：

$$i = i^* + \dot{s} \tag{2.4}$$

其中 i^* 为国外货币的利率,$\dot{s}$ 表示预期和实际汇率的变化率。

假定不存在不确定性且汇率固定,$s = \bar{s}$（固定）,$\dot{s} = 0$,$i = i^*$。假设政府的赤字融资要求国内贷款以一个稳定的速度增长,且 i^*、p^* 保持不变。将(2.2)、(2.3)、(2.4)式代入(2.1)式可得：

$$r + d - p^* - \bar{S} = -\alpha(i^*) \tag{2.5}$$

由式(2.5)可以看出,在国外价格及利率水平固定的情况下 d 以 μ 的速度增长会使 r 以相同的速度下降。显然,该国将最终会耗尽其外汇储备,其固定汇率也会最终解体。

假设投机者购买了政府的国际储备,政府由此不得不放弃固定汇率制度而让汇率自由浮动。为了找到固定汇率解体的时间,我们必须引进影子汇率的思想,即投机过后外汇储备耗尽时货币市场达到均衡的汇率。投机后外汇市场满足以下条件:

$$d - \tilde{s} = -\alpha(\dot{\tilde{s}}) \tag{2.6}$$

$$\tilde{S} = \alpha\mu + d \tag{2.7}$$

假定投机的规模为 $\triangle r$,在投机攻击的过程中它的值为负值。根据等式(2.7),在投机过后汇率会以 μ 的速度上升,因此利率平价就会使国内货币的利率上升 μ。在一个可预见的投机攻击过程中,国内货币的利率会上升以弥补预期的货币贬值。因此在攻击发生时货币市场上会出现两种情况:(1)高能货币的供给会下降,下降的幅度等于攻击的大小;(2)国内货币的需求会因为利率由于贬值的预期上升而下降。在攻击发生时,货币市场的余额要求货币供给量的下降正好与货币需求的下降相匹配。因此,$\triangle r = -\alpha\mu$。由于国内贷款遵从 $dt = d_0 + \mu t$,国际储备符合 $rt = r_0 - \mu t$,在攻击发生的时刻 T,储备将降为零,那么攻击发生时条件变为 $-\triangle r = r_0 - \mu T = \alpha\mu$,整理可得攻击的时间为:

$$T = \frac{r_0 - \alpha\mu}{\mu} \tag{2.8}$$

式(2.8)表明,初始储备的数量越大,信贷扩张的规模越大,固定汇率体系崩溃所需的时间越长。

在 20 世纪 90 年代的历次危机中储备损失的货币供给效应都被冲销(sterilized),从而使货币的增长速度在整个投机攻击的过程中保持稳定的增长。设模型中的货币供给保持不变,当汇率固定时,货币市场的均衡如下:

$$m = \bar{m}$$

$$\bar{m} - p^* - \tilde{s} = -\alpha(i^*) \tag{2.9}$$

假设投机攻击之后,汇率体系转向浮动,货币供给的增长速度为 $\mu > 0$,在这种情况下,浮动汇率也将以 μ 的速度上升,利率平价条件将确保国内利率为 $i = i^* + \mu$,货币市场的均衡为:

$$m - p^* - \tilde{s} = -\alpha(i^* + \mu) \tag{2.10}$$

$$\tilde{s} - \bar{s} = \alpha\mu > 0 \qquad\qquad\qquad (2.11)$$

由(2.9)、(2.10)式可得：

式(2.11)表明无论货币管理当局将固定汇率设定为多少以及持有多少外汇储备，影子汇率都大于固定汇率。这意味着如果货币管理当局计划对货币攻击采取冲销政策且投机者预料到这个政策之后，任何固定汇率体系都会遭到投机者的攻击而崩溃。

然而，在实际操作中为维持固定汇率而进行冲销操作是很普遍的事情。考虑到冲销通常涉及公开市场业务操作，Flood、Garber 和 Krareer(1996)作了进一步的研究。除对货币攻击进行冲销之外，其余假设和上面的模型一样，国内货信贷仍以 μ 的速度增长并且不以投机的发生而改变。此时 UIP 条件变为下式：

$$i = i^* + \dot{s} + \beta(b - b^* - s) \qquad\qquad (2.12)$$

式中 $\beta(b - b^* - s)$ 为债券的风险溢价，其中 β 为大于零的常数，b 为私人手中国内政府债券的数量，b^* 为私人手中外国债券的数量。信贷以 μ 的速度增加促使私人资产组合发生调整，并最终使国际储备落入私人部门手中，这些储备都以生息的外国证券的形式存在且随着政府储备的减少而上升。在考虑到私人储备的积累之后，政府储备的变化率就变成了 $\dot{r} = \frac{-\mu}{}(1 + \alpha\beta)$。当投机攻击发生时，汇率并没有发生跳跃，货币供给的突然变化正好与货币需求的突然变化相匹配。在央行采用冲销政策的情况下，由于货币市场均衡利率不变，汇率的贬值由债券风险溢价上升来维持。

(二)修正的第一代模型

前述模型是一个完全可预见的货币攻击模型，这样的简化处理可使我们看清私人部门对宏观经济政策不一致所作的反应。但在现实的经济中，市场参与者很难确定什么时候会发生货币攻击，以及由此对汇率造成的影响程度。在不确定性的条件下，固定汇率体系在有可能遭受攻击的情况下实际是向投机者免费提供了看涨权，其中固定的汇率则相当于实施价格(strikeprice)，而外汇储备则相当于标的数量。

Flood 和 Marion(1996)在完全冲销和存在风险溢价的条件下建立了一个模型。假定货币供给保持不变，风险溢价由预期效用最大化产生。在这个环境下，利率平价关系就变成下式：

$$i = i^* + E_t \tilde{s}_{t+1} - \tilde{s}_t + \beta_t(b_t - b_t^* - \tilde{s}_t) \tag{2.13}$$

式(2.12)和(2.13)式有两个不同之处:一是式(2.13)是一个离散的随机等式而不是连续的;二是 t 不再是常数而是可变的。特别的,如果市场主体的预期效用随财富的预期值而增加,随财富的方差而减少时,那么 $t = z Vart(s \sim t +1)$,z 为由偏好确定的常数,$Vart(s \sim t + 1)$ 为预期下一期影子汇率的条件方差。

此模型是非线性的,从而可能存在着多重均衡。如果私人市场主体预期将来汇率的不确定性增加(即 $z Vart(s \sim t + 1)$)增加,那么它就通过 UIP 影响影子汇率,进而影响货币需求,并使固定汇率体系解体之后汇率的变动更加剧烈。因此,预期的变化可改变相关的影子汇率,从而决定某次攻击是否有利可图及攻击的时间。在随机风险溢价随时间的变化而变化的情况下,政策的不一致性仍可产生货币危机。但与确定情况不同之处在于,在一定的基本经济状况下,关于汇率风险的自我实施的行为预期也可产生汇率危机。这意味着经济体系可以一个无攻击的均衡变化到另一个易遭投机攻击的均衡。

二、金融危机的道德风险模型

在信息不对称的情况下,资本借款市场上可能存在着道德风险。但是,如果政府向金融市场中借贷交易一方或双方免费提供了还款保险,那么在信息对称的情况下道德风险也可以存在,因为免费保险的存在减轻了投资者风险承担的水平,由此诱发投资者投资于大于社会最优水平的风险项目。道德风险会引起银行和外汇市场的双重危机。

克鲁格曼(1998)认为由政府免费提供的保险可能是一些国家,特别是亚洲国家发生金融危机的原因。他认为在金融中介具有免费保险且又监管不严的情况下,金融中介机构具有很强的扩张倾向而很少考虑投资项目的贷款风险。在国内机构无法从国际资本市场融资的情况下,国内投资需求过度只会造成国内利率的上升,而不至于引发投资过度。但如果资本项目放开,国内的金融中介机构可以在世界资本市场上自由融资,那么由政府保险引发的道德风险就可能导致经济的过度投资。Corsetti 等(1998)也认为道德风险是亚洲金融危机发生国家出现过度投资、对外过度借款和大量经常项目赤字的原因。只要能从将来政府的拯救行动中得到弥补,外国投资者就会向国内的因过度投资导致的资金缺口提供资金。因此,在由道德风险引发的金融危机中,危机发生前不一定要存在着的高额的财政赤字。国外贷款人拒绝再为其国内机构债务提供资金的可能性就可能迫使政府介入，为其国内部门的未偿外债提供担保。由此可能使政府不得不求助于铸币收益，预期的通货膨胀就可能引发危机。

M. Dooley(1997)在一个更广的时代背景下研究了新兴市场化国家的政府为其国内机构提供免费保险是如何引发外资的涌入和迅速流出的，从而导致金融危机。Dooley 的模型也是建立在政府政策的不一致性上，不过政策冲突源于信贷受到约束的政府为自我保险而持有外汇储备，与政府为其居民的金融债务提供保险的愿望，后者使投资者产生了获得政府储备的激励。在政府提供了免费暗含保险(implicitinsurance)的情况下，国内机构的败德行为将会使其投资项目的预期回报率高于市场回报率，从而使国内机构获得额外的收益。而国内机构之间发行外国债务的竞争会使它们与国外投资者分享一部分额外的收益，这将具体表现为国内机构发行外债的市场期望收益率在一个可预见的时期内(在政府因免费保险而产生的或有债务小于其外汇储备的这段时间内)会有所提高。这种收益差诱使外国私人资本的流入，只要国外投资者还可获取高于市场的收益率，就不存在攻击政府储备资产的激励。投资者会持有国内机构发行的高收益债券，并允许政府增加国际储备。当免费保险给政府带来的或有债务刚好等于政府的储备资产时，投资者会行使保险期权。在投机攻击后的均衡点上，政府的净国际储备又回到了零。国际储备的损失可能会使政府放弃其管理汇率的承诺。

Dooley 还认为，新兴市场化国家吸引国际私人资本流入进而引发投机性货币攻击需要三个基本条件。第一，政府必须拥有正的净国际储备，以保证投机攻击中拥有可供支出的净储备资产。第二，政府用这些净储备为国内居民的债务提供隐蔽或公开的保险合同的承诺必须值得信赖。第三，私人投资者能够参与因政府免费保险而产生损失的交易。

首先，那些拥有相当多外债存量的中等收入国家之所以没有受到攻击，是由于它们没有足够的资产存量以支持一个可信的保险承诺。1989 年之后，国际利率水平的下降一方面导致国际资本流向发展中国家；另一方面使许多负债的发展中国家产生了资本利得，从而产生了其向国内企业提供免费保险的基金。另外，新兴市场化国家在转向市场化的过程中，国际援助、财政改革、债务重组和私有化等都成功地增加了政府的保险基金。

其次,大多数的新兴市场化国家都对固定汇率体制的稳定具有很强的信用承诺。这就意味着政府更有可能选择为其或有债务承担义务,而不是利用通货膨胀或违约的办法减少或有债务的价值。如果市场预期政府会选择通货膨胀或直接违约等方法的话,那么就不会发生资本流入和货币危机了。

最后,在一个受到严格控制的金融体系中,政府的免费保险很难被国内外投资者所利用。东亚和墨西哥等一些新兴市场化国家的金融自由化改革使国外投资者能自由买卖国内的金融资产,并使现有管制架构的有效性下降。

三、货币危机的第二代模型

1992—1993 年的欧洲货币危机与以前发生的货币危机不同,这些欧洲国家的信贷并没有快速扩张,而且在危机发生两年后,这些国家货币的币值又恢复到了危机发生前的水平。这表明货币危机在基本实际经济状况健康的情况下也能发生。基于对这一现象的认识,Obstfeld(1994,1996)等人提出了货币危机的第二代模型。

在标准的第一代模型中,政府和私人部门的行为都是线性的。前者表现为一个固定速度增长的信贷政策,后者则表现为一个固定的货币需求函数。这两种线性行为和投机产生的可预见获利机会一起,决定了一个可预见的投机攻击时刻。第二代模型的一个特性就是引入了政府或私人行为的非线性,具体而言就是研究了政府政策对私人行为变化的反应,或政府在汇率政策和其他政策目标之间进行权衡时所发生的情况。一些最近的模型表明,即使政府政策和固定汇率目标一致时,一些视市场状况而定的政策也会引发投机性的货币攻击,还有模型表明市场预期的变化也能改变政府的目标权衡并导致自我实施性的危机。新模型还承认经济体系可以长期处于一个无投机攻击的均衡上,此时虽然投机者观察到了获利的机会,但没有去寻求这个获利机会。在此情况下,任何能协调投机者预期或行为的事情都可突然引发一场货币危机。

这类模型强调了政府行为的非线性所产生的多重均衡,这种非线性可表现为多种情况。Obstfeld(1994)给出了两种情况:一个是私人投资者对汇率的预期恶化了政府对失业和通货膨胀的权衡;另一个是通货膨胀的预期增加了政府债务偿还的负担。在前一种情况下,私人部门的贬值预期提高了通货膨胀的预期和产生了工资上涨的要求,而政府为了避免由此造成失业率上升而不得不向这些要求屈服而让其货币贬值。在后一种情况下,更高的利息增加了政府的未偿还债务,引起了政府将会求助于通货膨胀政策的担心。在以上两种情况下,私人部门的预期都具有一定的自我实施性。当然,危机的发生与否与外汇市场的结构有关,如果投机商的规模较小且合作程度不够,则央行仍有能力捍卫固定汇率。如果货币市场中存在着一个大交易商攻击固定汇率,那么整个经济体系就会遭受到攻击。不过,第二代货币危机理论没有说明投机者行动的协调机制是怎样形成的,下文的两个模型则为此提供了相应的描述。

四、银行挤兑和流动性危机模型

Radelet 和 Sachs(1998)认为,东南亚国家的实际经济还不足以导致其金融市场的崩溃,危机的发生是由于国际金融市场具有内在的不稳定性。为了说明这种危机与实际经济无关,他们强调了流动性困难(illiquidity)和无偿还能力(insolvent)之间的区别。所谓无偿还能力是指企业的净值(即企业的未来收入)不足以偿还其未来的债务;而流动性困难是指企业缺少现金来履行其偿债义务,虽然从长远来看企业具有偿还债务的净值。如果借款人有偿还债务的能力,但缺乏相应的流动性资产而且无法从金融市场上筹集新资金来偿还到期债务,那么它就会发生流动性危机。问题的关键在于资本市场不能或不愿向处于流动性困难的企业提供新贷款。

假设每个债权人的规模太小而不能独自提供处于流动性困难中的债务人所需的全部借款。如果债权人作为一个整体来提供这样的贷款,债务人就能摆脱困境,但如果只有一个债权人愿意提供贷款而其他人都不借款,那么流动性危机就会发生。在这样的市场均衡中,没有一个人愿意向处于流动性困难的企业借款,原因是每个贷款人都会理性地预期到没有其他贷款人愿意提供这样的贷款。这可以用一个简单的例子来加以说明,设某个债务人欠很多债权人的债务总额为 D,这项债务要求债务人在第一期归还本息 θD,在第二期归还 $(1 + r)(1 - \theta)D$。另假设债务人拥有一项回报为 Q 但只能在第二个时期才能收回的投资项目,$Q/(1 + r)$ 大于债务偿还金额的现值 $\theta D + [(1 + r)(1 - \theta)D]/(1 + r) = D$。很显然,由于其投资项目所产生的现金流和债务偿还的现金流在期限上不匹配,因此在第一个时期末,债务人将会由于缺少偿还债务的现金 θD 而面临流动性困难。如果此时因为债务人违约而引发其他债权人同时要求偿还债务,那么债务人的投资项目就可能因为缺乏资金而被迫放弃,项目的残值 $Q' < D$。

在通常情况下,这个具有偿还能力但陷于流动性困难的债务人会在第一个时期新借入 L 的贷款,用它偿还第一个时期的应付债务 θD 并在第二个时期偿还 $(1-θ)D+L$。因此,在 $L=θD$ 的情况下,第二个时期应偿还的总债务为 $(1+r)θD+(1+r)(1-θ)D=(1+r)D$,根据假设这个值小于 Q。然而,如假设每个贷款人所能提供的贷款 $λ≪D$(这个贷款限额可能来源于每个银行的审慎性标准,目的在于限制它们对某一特定客户的风险暴露)。此时如果只有一个或很少贷款人愿意在第一个时期提供贷款,那么这个借款人将会因为在第一个时期不能偿还债务而被迫违约。此时,如果那个贷款人在第一个时期向债务人借款 λ,那么他将马上会蒙受损失。如果要使借款人在第一个时期不发生违约的情况,至少需要有 $n=θD/λ$ 个贷款人。

这样,对应着不变的实际经济情况就存在着两个均衡,一个是"好"的均衡,一个是"坏"的均衡。在前一个均衡状态,n 个贷款人通常会介入,现有的债务将得到偿还,投资项目得到实施,将来的债务也会被归还。在后一个均衡中,金融危机就会发生,每个贷款人都认为其他人不会提供贷款而拒绝向债务人提供贷款,由此导致债务人被迫违约,债务的偿还加速,投资项目被废弃,由于项目的残值 $Q'<Q/(1+r)$,因此造成重大的经济损失。

五、羊群行为理论

"羊群行为"(herd behavior)是信息连锁反应(information cascade)导致的一种行为方式,当个体依据其他行为主体的行为而选择采取类似的行为时就会产生羊群行为。换而言之,当羊群行为产生时,个体趋向于一致行动,对于社会整体的一个较小冲击可以导致人们行为的巨大偏移。在特殊的环境下,个人还可能放弃自己所掌握的信息和信号而附和他人的行为,虽然他们所掌握的信息和信号可能显示他们应采取另外一种完全不同的行为。

Banerjee(1992)、Bikchandani(1992)、Caplin 和 Leahy(1994)、Lee(1997)、Chari 和 Kehoe(1998)等认为,宏观经济基础和金融资产价格之间之所以缺乏唯一的对应关系而产生多重均衡,原因在于投资者在信息不完备或信息不对称环境下的预期形成模式所导致的羊群行为。他们的模型解释了投资者在这样的环境下产生羊群行为为什么可能是理性的。如果每个投资者拥有一些私人信息而且也知道其他投资者也拥有私人信息,那么在不能有效地分享他人信息的情况下,观察他人的行动便可以获得他人拥有信息的有用线索,从而使得模仿他人的行为成为一种理性的行为。依据接收到的市场信号顺序的不同,金融资产的价格可以表现为几个均衡价格中的一个。如果一个新的市场信号使投资者的总体情绪由乐观转向悲观,那么就有可能导致投资者抛售金融资产,从而导致完全与实际经济基础无关,具有多重均衡特征的资产价格崩溃。

Krugman(1998)认为金融市场上易于发生羊群行为的另一个原因是,大部分投资在一些易于发生危机国家的资金通常是由资本的代理人来代为管理的,因此就会产生一个委托代理的问题。试想如果当外资涌入某个新兴市场化国家利用利差赚取大量收益时,虽然基金管理者觉得资本流入国的实际经济基础并不如投资者预期的那样乐观,他也会倾向于跟进,因为如果其他投资者从中获利巨大而自己空手而回的话,就会被委托人指摘为判断失误,错过了好的行情。反之,如果跟进之后遭受损失,一方面会由于众多的投资者一同承担损失而使自己损失不至过大;另一方面由于众多的投资管理者都发生了失误,在委托人面前也不至于显得自己无能。

上述理论通常假设不同的单个投资者的投资决策是序列进行的,这样后来的投资者在采取行动前会观察前面投资者所采取的行动。Calvo 和 Mendoza(1998)提出了一个模型认为,即使在投资者是同时进行投资决策的情况下也可能存在着羊群效应。他们发现在存在着信息摩擦的情况下,随着世界资本市场规模的增加和日趋复杂,羊群行为可能会越来越普遍。随着全球化的进程,收集关于某一个特定国家的信息以辨别流言的成本会加大,经理们在面临信誉成本的情况下会模仿市场上通行的资产组合,在这种情况下,谣言就可以诱发羊群行为进而使经济从一个没有投机攻击的均衡转移到一个有攻击的均衡。

总之,五代金融危机理论从不同角度分析了货币危机的生成及其传染,其原因归纳起来包括:宏观经济政策的不协调、投资者的预期及金融市场上道德风险、流动性风险、羊群行为等因素的存在。这些研究成果都是在当时金融危机爆发后的研究成果,在风险传导与控制方面具有借鉴意义。

第四节　复杂网络的崩溃

复杂网络理论及其相关的危机事件扩散理论,对于描述产业集群的网络结构和风险扩散具有一定的借鉴意义。

复杂网络已经被普遍认为是刻画和研究自然界和人类社会中各种复杂体系结构的一种全新而有效的工具。近年来,人们见证了这一热点研究课题的飞速发展。实际网络上发生的一些危害性事件已经越来越引起人们的重视,这些事件包括电力网上的大停电、hitemet 上的信息拥塞、计算机网络上的病毒传播等。利用复杂网络理论对这些事件进行研究,有利于控制这些危害网络安全事件的发生。

过去 40 年科学家们都把复杂网络看做完全随机的。在随机网络中每个节点几乎拥有相同的边,节点服从泊松分布。1998 年 Hawoong Jeong 和 Réka Albert 开始给 WWW 绘制图,得到的结论是:极小部分网页把 WWW 链接起来了,超过 80% 的网页的链接少于 4,极少部分(小于 0.01%)网页的链接超过 1000。而且网页的链接数服从幂函数分布:某网页有 k 条链接的概率和 $\frac{1}{k^n}$ 成比例。对于入链接来说 n 的值接近于 2。

但是近几年,科学家们发现我们的 Internet 是无尺度网络,有些社会关系也是无尺度网络,文章的引用也是服从幂函数分布,在商界、好莱坞演员圈、生物界都有无尺度关系网的存在。科学家们越是深入研究就发现越多的无尺度网络。

一、复杂网络不确定性的度量参数

一个复杂网络可以抽象成网络拓扑进行专门研究。一个网络是由一系列节点和它们之间的链接组成。节点和链接可以根据上下文定义为任何事物。复杂网络的不确定性可以简单地由 3 个度量参数来描述:平均距离、集聚系数以及度和度分布。

(一)平均距离(Average Distance)

网络中两个节点 n,m 之间的距离 d(n,m)定义为两点之间最短链接路径上的链接数目。网络直径定义为节点之间距离的最大值,即 $D = \max\{d(n,m)\}$。网络的平均距离定义为各节点距离的平均值。其物理意义是网络链接的平均深度。实际中大多数大而复杂的网络都具有小的网络平均距离,这是小世界网络的特性。

(二)集聚系数(Clustering Coefficient)

我们用节点的集聚系数表示该节点的凝聚度,并把节点 i 的集聚系数定义为:

$$Ci = \frac{2Ei}{Ki(Ki - 1)}$$

其中，Ki 为与节点 i 相邻的节点数目；

Ei 为节点 i 与它的 Ki 个相邻节点之间实际建立链接的数目。

我们用网络的集聚系数表示网络中所有节点集聚系数的平均值，该系数用 C 表示，$0 < C < 1$。当 $C = 0$ 时，网络中所有的节点都不相连；当 $C = 1$ 时，网络中所有的节点都彼此相连。实际生活中，大多数复杂网络的集聚系数都比较大，产业集群所形成的网络也不例外，而产业集群风险的扩散网络更是如此。

（三）**度和度分布**（Degree and Degree Distribution）

一个节点 i 的度 $k(i)$ 定义为节点 i 具有的链接总数。一个节点的度在网络中的覆盖情况用度分布函数 $P(k)$ 来刻画：$P(k)$ 为从一个节点出发，随机选择链接节点，其链接数恰为 k 的概率。

规则网络其度分布 $P(k)$ 服从 Δ 分布，完全随机的网络其度分布服从泊松分布：

$$P(k) = \frac{\lambda^k e^\lambda}{k!}, k = 0, 1, 2, \cdots$$

实际中大多数网络度分布服从幂率分布，即 $P(k) = ck^{-\alpha}, k = 0, 1, 2, \cdots$。这种度分布符合无尺度网络特性。

二、规则网络与随机图模型

规则网络是指平移对称性晶格，任何一个格点的近邻数目都相同。常见的有一维链、二维正方晶格等。随机网络是另一个极端，由 N 个顶点构成的图中，可以存在 C_N^2 条边，我们从中随机链接 M 条边所构成的网络就叫随机网络。还有一种生成随机网络的方法是，给一个概率 p，对于 C_N^2 中任何一个可能链接，我们都尝试一遍以概率 p 的链接。如果我们选择 $M = pC_N^2$，这两种随机网络模型就可以联系起来。对于如此简单的随机网络模型，其几何性质的研究却不是同样的简单。随机网络几何性质的研究是由 Paul Erdös、Alfréd Rényi 和 Béla Bollobás 在 20 世纪 50—60 年代之间完成的。

对比规则网络与随机网络，我们发现，平均集聚程度与平均最短距离，这两个静态几何量能够很好地反映规则网络与随机网络的性质及其差异。规则网络的特征是平均集聚程度高而平均最短距离长，随机网络的特征是平均集聚程度低而平均最短距离小。规则网络的平均最短距离 $d\ N$,而其集聚程度依赖于近邻数目 k_0。例如,假设一个规则网络与一个随机网络的顶点数与边数都相同,在规则网络中,$k_0 = 4$,集聚程度为 1/2,而在随机网络中,平均集聚程度则非常的小,集聚程度可能只有 0.02。

然而正是由于随机网络的集聚程度非常的小,所以其平均最短距离小。考察一个顶点 u 的近邻,假设其近邻数为 a,那么在 a 个近邻的近邻之中相互重复的个数非常少,所以从 u 出发经过两次近邻关系我们可以找到正比于 a^2 的新顶点,最多经过 $\log_a N$ 个近邻关系,我们就可以穷尽整个网络。所以,其最短距离满足 $d \sim \ln N$。可见,对于规则网络,也正是由于其集聚程度高,重复率很大,所以平均最短距离大。如此看来好像这是一对相互矛盾的几何量。

三、小世界网络

规则网络具有大的集聚系数和大的平均距离,而随机网络具有小的集聚系数和小的平均距离,那么是否存在一种网络既具有大的集聚系数又具有小的平均距离呢? 1998 年,美国康奈尔大学的 Watts 和 Strogatz 找到了这样一种网络,那就是小世界网络。我们有时常常感叹:这个世界太小了,这种小世界现象可以用小世界模型来描述。

自从提出随机图理论以后,ER 模型一直是研究复杂网络的基本模型。但是近年的研究发现:现实中得到的许多试验数据结果与随机图模型并不符合,1967 年美国社会心理学家 Milgram 通过“小世界试验”,提出了“六度分离推断”,即地球上任意两人之间的平均距离为 6,也就是说只要中间平均通过 5 个人,你就能联系到地球上的其他任何人。随后,一些数学家也对此进行了严格的证明。1998 年 Watts 和 Strogtz 提出了“小世界”网络模型(WS),刻画了真实网络所有的大聚簇和短平均路径距离的特性。小世界网络的基本模型是 WS 模型,算法描述如下:

(1)给定规则网:假如我们有一个节点总数为 N,每个节点与它最近邻的节点 $K = 2k$ 相连线的一维有限规则网。

(2)改写旧连线:以概率 p 为规则网的每条旧连线重新布线,方法是将该连线的一个端点随机地放到一个新位置上,但需要排除自身到自身的连线和重复连线。

因为不允许重复连线,给定的规则网只有 $NK/2$ 条连线。重新布线时,依次对每条旧连线选定的某一边的端点随机放置新位置,因此改写的连线数目

为 $PNK/2$。由于随机性的缘故,这些改写的连线可能会出现远距离的连线,它们被称为捷径。显然,当 $p=0$ 时,仍为给定的规则网,当 $p=1$ 时,我们将得到一个特殊的随机网。随着 p 的增加,人们可以看到从规则网到随机网的变化。如图 2.1 所示。

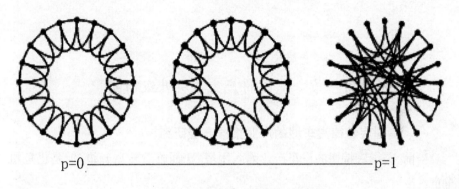

p=0 ——————————————————————————— p=1

图 2.1　规则网、小世界网、随机网

第三章 国外产业集群升级研究

第一节 美国的产业集群升级研究

一、美国底特律汽车城的产业集群升级研究

当前,美国底特律的汽车产业陷入困境,正面临着转型升级,但是仍危机重重。

美国底特律市是密歇根州最大的城市,世界著名的汽车城。地处大湖工业区居中位置,圣克莱尔湖与伊利湖间的底特律河西岸,东与加拿大的汽车城温莎隔河相望。其工业的核心部门是汽车制造业,与汽车制造业有关的钢材、仪表、塑料、玻璃以及轮胎、发动机等零部件生产也相当发达,专业化、集约化程度很高。汽车年产量约占全美的1/4;从业人员近20万人,约占全市职工总数的40%以上;市内有福特、通用、克莱斯勒和阿美利加四家美国最大的汽车制造公司的总部及其所属企业。

一个世纪以来,世界汽车工业经历了四次大转移:第一次是20世纪初期,从欧洲转移到美国;第二次是20世纪中期,从美国转移到欧洲;第三次是20世纪70—80年代,从欧洲转移到日本;第四次是20世纪80年代以后,开始从发达国家转移到发展中国家。这其中,也折射出美国汽车产业的兴衰。

1893年,杜伊尔(Duryea)兄弟制造出美国第一台单缸发动机的汽车。20世纪初期,福特制生产方式在美国大范围推广后,规模经济优势得以显现,汽车变成了一种普及性的商品。底特律成为大公司的集聚地,并形成了从零件制造、金融服务到汽车维修等汽车专业服务产业,成为美国甚至是世界的汽车制造中心。但同时各公司战略趋同,封闭自守,滋生创新惰性,对市场的反应能力和适应能力降低了,这使得底特律的汽车主要朝宽敞、气派、动力强、耗油量大的大型车发展。到20世纪60年代中,汽车产值已经占密歇根州工业生产总值的25%,占整个美国GDP的2.5%。

20 世纪 70 年代,世界石油危机爆发,日本采用更为完善的丰田制生产方式,秉承高质量、小车型的宗旨,以特别省油的节能小型车挑战美国的豪华大型车。从 70 年代到 90 年代,底特律汽车制造业受到巨大冲击。据不完全统计,1978—1982 年,福特汽车销量每年下降 47%,亏损总额达 33 亿美元;1980年通用公司发生了自 20 世纪 60 年代以来的首次亏损,亏损额达 76 亿美元;克莱斯勒公司濒于破产。

以上材料表明,底特律汽车产业集群在发展过程中,主要通过采用工艺流程升级,有效地提高了产出,降低了生产成本。

就目前形势而言,根据美国汽车行业观察家们多年来所提供的数据表明:底特律三巨头逐步失去了在国内市场上的机遇。通用汽车、福特和克莱斯勒的市场份额正年复一年地滑坡,2008 年 5 月份,底特律三大公司在美国市场的份额仅为 44.4%,而进口品牌车商的份额占到了 55.6%。而在此前,进口车在美国市场的份额从来没有超出 52.6%。其中通用在美国的市场份额已经跌至 19.1%,跌破了通用公司 1908 年创建以来的最低纪录,预计 1999—2012 年总的下降可望达到 22%。《全球观察》预测,到 2012 年年底特律三大巨头(通用汽车、福特和克莱斯勒)将要再失去 5%—6% 的市场份额。

底特律汽车城在下一步产业集群升级中,主要面临着以下产业集群风险。

1. 发展战略错误。由于原油和燃油价格,效率高的小型车正在逐年快速替代效率低的大型皮卡和 SUV 类车型。由于产业集群的封闭性结构造成的战略趋同风险,美国三大汽车公司在发展战略上,最钟爱的车型设计都是皮卡和 SUV,长期不重视小汽车市场,逐渐失掉了利润丰厚的运动车和微型小汽车市场。在产品转型上和技术研发的发展战略上,底特律汽车城也是近几年才开始在新能源汽车领域大量投入科研力量,但也要到 2010 年左右才能产生回报。

2. 经济政策问题。Thomas I. Palley(2008)认为经济政策也是造成底特律目前困境的原因之一。因为贸易协定和估值过高的美元推动了汽车的进口,而朝令夕改的能源和环境政策则扼杀了创新。

3. 美国汽车工业成本过高。2007 年,三巨头主管与美国总统布什面陈时,认为过高的福利开支、高油价增加了汽车工业成本,拖累了美国汽车业的竞争力。

4. 经济风险影响。由于次级贷款造成严重的经济负面影响,影响到消费者的信心和个人可支配收入,全面压抑了 2008 年和以后的汽车销售。不断飞涨的分期偿还的抵押贷款和居高不下的燃油价格,降低了消费者购买新车的欲望。

Thomas I. Palley(2008)①认为一旦汽车巨头们破产,将导致问题的产生:(1)失业问题严重。其中不仅包括汽车制造商直接提供的就业机会,还包括零部件供应商、汽车经销商、运输业和广告业的失业人数。(2)生产技术的衰退。汽车制造商是美国制造业的主心骨,推动着生产技术的进步。这些领先的技术对于未来的"绿色"交通革命至关重要。(3)政府的养老金福利担保公司(PBGC)的负担加重,政府财政将会进一步恶化。(4)引发其他公司的破产。当其债券和股票贬值以及更多的 CDS 事件被触发时,就会引发一连串的经济损失风险。(5)影响国家安全。它们提供着重要的军事运输财产。

为解决当前的困境,避免发生一连串的经济损失,三大巨头提出了促进底特律汽车城升级发展的"复兴计划"。其中提到了"新能源"汽车开发和上市计划、各方面的结构重组包括可能剥离某些品牌、各种降成本策略、与工会的协调工作取得进展,产品质量明显改善等。

二、美国硅谷高新技术产业集群升级研究

美国的硅谷地区,被称为世界上最具创新能力的高技术产业集群。自1965 年以来,美国成立的 100 家最大的技术公司,有 1/3 在硅谷,仅 1990 年,硅谷的企业就出口了超过 110 亿美元的电子产品,相当于美国电子产品出口额的 1/3。美国"硅谷"获得大发展的原因主要在于:(1)20 世纪 60 年代,加利福尼亚州出台了支持大学研发和个人创业的政策。硅谷形成了勇于冒险、不断进取和宽容失败的区域文化,以及支持生产性试验的合作传统。硅谷是美国乃至世界的创新中心。强大的科技创新能力,敢于冒险、勇于创新的创业精神,带来了大量高新技术产品,创新创意不断出现,形成了强大的区域科技创新能力,带动了高新技术企业的快速发展。(2)风险投资公司发挥了不可或缺的作用。1992 年开始,经济的持续景气和企业股票上市的热潮再次推动了美国风险投资的快速发展。1997 年,美国的风险投资家共向 1848 家公司投入 144 亿美元的风险资本,而硅谷的 187 家公司吸纳的风险资本总额高达

---

① Thomas I. Palley:《底特律汽车城的崩塌将是历史性和灾难性的错误》,[EB/OL],2008 - 11 - 25. http://auto. sina. com. cn/news/2008 - 11 - 25/0838432343. shtml.

36.6 亿美元,占全美的比重达到 29.4%,占整个旧金山湾地区使用资金量的 90% 以上。对硅谷的一项调查表明,70 年代以后成立的风险企业有 30% 把风险资本作为主要创业资金来源,15% 的企业则明确表示,在头 5 年中,风险资本是他们最主要的资金支持(李永周,2000)①。

以上材料表明,硅谷地区高新技术产业集群的升级发展,主要是通过在风险投资和创业精神的支撑下,通过提高研发产业在整个价值链中的位置,专注于新产品的研发、设计,放弃了附加值低的生产环节,实现了新产品的快速开发。因此,硅谷的高新技术产业的升级发展实质上是依靠功能升级来实现的。

硅谷所面临的产业集群风险主要有:(1)专业人士在硅谷的过度集中,造成了房地产价格过高,给中产阶级、工人阶级带来了不便。此外,对研发环节的过度依赖造成了贫富分化严重。一头是依靠研发取得巨大成功的信息业精英,另一头是通常薪水很低、专门进行产品生产服务的工人。"硅谷血汗工厂"成为支撑硅谷经济高速发展的重要部分。(2)风险投资大量涌向硅谷,造成了拥挤效应。2000 年硅谷得到的风险投资占全美的 1/3,相当一部分是投资于".com"公司。在风险投资的扶持下,硅谷每 5 天有 1 家公司上市,每天有 62 人成为百万富翁。在风险投资的引诱下,硅谷企业越来越多,造成了区域生活成本上升,交通环境恶化,住房和商业房地产价格上升到这个国家最高的房地产价格之列。

硅谷经过半个世纪的发展演化,已经形成自有的"生态链",IT 行业逐渐成为区域经济的主体。进入 21 世纪后,硅谷经历了其历史上最长最严重的衰退。据《旧金山纪事报》报道,2001 年硅谷湾区 200 家大科技企业的经营损失高达 913 亿美元,中心区的失业率更是从 2000 年的 2.2% 攀升到 2001 年的 7.4%。硅谷衰退所造成的影响主要有:(1)旧金山湾区的通货膨胀率高于全美平均水平。消费物价指数高于全美水平,电费、油价不断攀升。(2)出现高学历贫困户。由于股票市场影响,高学历员工手中的股票期权让许多人由富翁变为平民。(3)房地产业出现不景气。公司为节省开支缩减租用面积,造成写字楼的面积过剩,Santa Clam 郡的商用房空置率上升到 7%,租客大幅减少。

目前,硅谷在下一轮经济发展高潮中,不但信息网络技术的大规模普及与

① 李永周:《美国硅谷发展与风险投资》,《科技进步与对策》2000 年第 11 期。

利用是硅谷的绝对优势项目,而且硅谷在生物工程方面也有着不俗的表现。硅谷有着美国最大的生物科技企业群,上市公司有近 80 家。统计显示,近 200 家生物工程公司不但已经为硅谷提供着近 6 万个工作机会,而且正在追赶网络信息技术,成为带动经济增长的另一个"火车头"。不过,在美国经济开始恢复的 2002 年,硅谷也开始走出低谷。

值得一提的是,硅谷在". com"泡沫风暴中遭受重创后,保留了大部分的主要科技中心和大部分的高附加值的工作,并将主要产业链转移到生物制药和生物科技,通过产业链升级,得到高新产业的高收益率,实现了产业集群的升级,从而逐步走向复兴之路。这说明,在不同的时期,产业集群应该因地制宜地选择不同的升级方式。

第二节　德国纺机产业集群升级研究

在第二次世界大战后数十年的发展中,德国纺机制造业不仅从容顶住了美国、日本等传统制造强国的挑战,而且在面对新兴工业国的追赶时积极强化竞争优势。这对于浙江省的装备制造业的发展升级具有一定的借鉴意义。

德国纺机业的全面起步开始于 19 世纪中期,主要集中在莱茵河低地和 Swabian 地区的 Saxony-Thuringen。当时世界纺机业的霸主是英国,德国当时的工业基础薄弱,技术水平落后,主要依靠引进英法的纺机技术。到 20 世纪初,英法等纺机强国开始强化对德国的技术遏制,以缓解德国造成的竞争压力。在无法得到更先进的纺机制造技术的情况下,德国逐渐摆脱对技术模仿的依赖,走上了自主创新之路,并形成了以原东德的德累斯顿地区为中心的纺机生产基地。到 20 世纪 30 年代后期,德国 45% 左右的纺机设备出口到世界各地。

第二次世界大战后初期,东、西德分裂造成德国纺机业受影响,英、法、美等老牌纺机强国重新登上了国际纺机市场的领先位置。与原东德相比,西德纺机业基础十分薄弱,但从东德聚集了大批的工程师、技术骨干和熟练工,逐渐形成了以杜塞尔多夫、科隆、斯图加特、法兰克福、德累斯顿和慕尼黑为核心的五大产业集群,这里集中了全国 70%—80% 的纺机企业。1957 年,德国纺机出口占世界市场份额 24%,登上世界纺机业霸主地位。特别是 1968 年以来,德国纺机业始终以占全球贸易额 30% 以上的业绩领先主要竞争对手。德国纺织机械制造业协会（VDMA Textile Machinery Association）资料显示，2007年的德国纺织机械出口额达38.81亿欧元，同比增长7.2%。同期，德国主要的竞争对手意大利和日本尚有明显的差距，难以撼动德国世界纺机业头把交椅的地位。

总的来看，德国纺机产业集群面临的产业集群风险主要是自主创新能力不足，走的是工艺流程升级和功能升级的道路，依靠的是加强自主创新能力，提高新技术应用效率，深化专业化分工，使投入更加高效地转化为产出（石耀东，2003）①。探究德国能够不断提升的技术创新能力的原因，主要有以下几点：（1）虽然德国纺机业也是从引进国外先进技术开始起步的。所不同的是，德国纺机业能够成功地发展出一整套有效的引进技术的消化、吸收和创新体系，而不是陷入"引进—落后—再引进"的陷阱。主要依靠的是增加技术创新投入力度（通常高达20%）形成独特的"技术高地"，广泛使用"虚拟现实技术"来提高研发和生产效率，大大降低了研发和制造业的周期、成本和风险。（2）专业化生产与外部协作、产业配套并重，不断提升产业在价值链中的位置。德国纺机企业集中企业优势资源进行关键技术的研发，大力发展本企业核心技术，其他能够标准化生产和外部配套的产品则尽可能地通过市场化采购来解决。通过实行"业务外包"，促进了大企业的扩张，推动了中小企业的发展。

第三节　印度班加罗尔软件产业集群升级研究

近些年来浙江省的信息产业一直处于世界信息产业链低端、低附加值的国际分工地位，适用技术对外依赖性较强，大量核心技术掌握在跨国公司手中。因此，要加强自主技术创新的研发，推动高技术型产业的发展，推动产业集群升级，浙江省有必要借鉴印度软件业发展的经验。

班加罗尔软件科技园建立于1991年，是印度发展速度最快和规模最大的一个软件科技园。到2001年，班加罗尔已经成为印度最大的软件生产和研发基地。当时班加罗尔主要面临以下风险：（1）高度的对外依赖性。班加罗尔

---

① 石耀东：《德国纺机业的发展经验对我国装备制造业竞争力提升的意义》，《调查研究报告》2003年第152期。

软件业产值中的60%以上都来自美国的订单,表现出对美国经济的高度依赖性。(2)产品附加值低。从产业链来看,班加罗尔的软件业位于价值链的低端,主要依靠大量较为廉价的软件工程师,主要工作是为美国等信息产业发达国家做软件加工,缺乏自有品牌和核心软件。因此很多软件在外包过程中必然要经过多次转包,所获得的利润只有一小部分,造成产品价格偏低。(3)生产能力过剩。印度本国的"信息高速公路"支离破碎,无法消化过剩的软件生产能力,班加罗尔的厂商只能依靠拓展海外市场。

近几年来,班加罗尔的软件生产商逐渐开始调整产业发展战略和方向,开始向信息技术产业价值链的上游推进。按照发展战略,未来的发展将逐步由"离岸服务"向"按产品分类的服务"(productized services)演进。"按产品分类的服务"在软件业价值链上位于"离岸服务"的上端,属于较为成熟的服务类型,通常由于多数客户的机器所适用的代码大致相似,软件开发商可将服务按产品分类,只需稍作修改就能满足多数客户的要求,因此利润比"离岸服务"更高。在"按产品分类的服务"阶段,班加罗尔的软件业将继续保持与制造业的紧密结合,除了维持目前与传统的电信设备、生物医药等制造业和金融服务的结合外,还将为公用事业、卫生保健、咨询业和零售业等服务业提供系统集成、方案执行和信息技术咨询等服务,逐渐地开发出细分产品和大众产品,发展原创的软件程序,向软件业价值链的最高端"产品"(product)靠近。

为了鼓励和促进自主能力创新,积极做好软环境建设。一方面重视人才的培养,通过支持高等院校培养软件高中级人才,吸引外资和私人资本投入计算机软、硬件的专业培训领域,大力鼓励软件企业自身建立培训机构,印度每年可培养约7万名软件技术人员,科技人才多达350万人以上。另一方面,印度十分重视该行业的知识产权保护。为此制定修改了一系列的法律法规,主要涉及《版权法》和《信息技术法》。2000年10月,《印度信息技术法》正式生效,成为世界上第12个制定此类法律的国家。

随着产业链位置的提升及产业集群环境的优化,班加罗尔软件科技园区内的公司数量由1992年的13家增长到2003年的1154家,其中外资企业150家,新增企业116家,平均每年增长145.33%。出口额从1992年的116万美元猛增到2003年25.69亿美元,11年内飙升了2000倍,占印度全国软件出口总额78亿美元的32.94%。班加罗尔的兴起,带动了马德拉斯、海得拉巴等南部的高科技工业园区的发展,成为印度南部著名的计算机软件"金三角"。

但是,班加罗尔仍然面临着以下几大风险:一是基础设施、自然环境问题严重。班加罗尔城市人口由 1991 年的 300 万增加到了当前的 600 多万人,但是城市基础设施没有任何改善。由此带来的社会代价是交通堵塞、空气污染、公共设施处于超负荷状态。这就造成了许多公司在班加罗尔很难持续发展。二是外包模式不利于自有品牌的培养,导致软件市场萎缩。外包模式的最大缺陷是放弃了自主品牌,这使得印度软件市场的发展大大受制于国际市场。尤其是美国经济较长时间不景气,大量美国企业不得不节省开支,这造成了班加罗尔 100 多家软件公司业绩下滑,占印度软件出口公司总数的 40%。

第四节 意大利萨索洛瓷砖产业集群升级研究

意大利瓷砖产业集群,如今也面临着新的挑战。

萨索洛是意大利的陶瓷制造中心,这里有 199 家公司,雇用人数达 2.2 万人,总的营业额达到 7 万亿里拉,产量的 48% 供出口。在 199 家公司中,几乎都是私营公司,其中多数是家庭拥有的公司。由于生产厂家和设备厂家的集中,萨索洛周围又出现了不少为瓷砖业提供各种服务的公司,如模具和包装材料的生产厂家和运输公司。这些公司彼此分工协作,经营着世界上最先进的陶瓷业。

萨索洛的产业集群升级发生在 20 世纪 80 年代。1955 年,萨索洛地区有 14 家瓷砖生产企业,1962 年发展为 102 家,20 世纪 80 年代已经发展到 350 多家。这时,集群内生产能力过剩问题严重,企业之间竞争极其激烈。但是,在行业协会的干预下,集群依靠工艺流程升级,完成了从同质化竞争向差异化竞争的嬗变,大大降低了企业的生产成本,解决了企业之间的模仿竞争。在这次升级中,值得借鉴的做法有:(1)鼓励高新技术的应用。通过采用计算机技术和机械手,意大利人减少员工 10%,而产量则增加 216%。(2)加强自主创新能力。通过改进工艺流程与机械设备,将釉料成本降低了 58%。(3)发挥行业协会的监督作用和研发机构的支撑作用。通过行业协会,保护企业的技术创新,鼓励差异化竞争。通过研发机构,企业产品设计创新加快,不断设计各种新产品。

通过产业集群升级,到 1987 年,意大利的瓷砖制造业每年产值达 100 亿美元,产量占全球总数的 30%,全球出口量的 60%,成为瓷砖业名副其实的生产和出口大国。

从近几年来看,产业集群发展仍面临一定困境。根据 2007 年世界瓷砖生产消费报告(尹虹,2008),2007 年意大利瓷砖产量下降到 5.59 亿平方米,较 2006 年减少 9500 万平方米,总销售量为 5.472 亿平方米,比 2006 年下降 3.4%。其中意大利本土销售 1.677 亿平方米(下降 1.6%),出口 3.794 亿平方米(2006 年出口 3.96 亿平方米)。萧条迹象较为明显。

但是,2007 年意大利瓷砖平均售价为 10.6 欧元/平方米,上升 4.3%;本土售价为 9.55 欧元/平方米,上升 2.8%;海外售价为 11.03 欧元/平方米,上升 4.9%(2006 年为 10.51 欧元/平方米)。依靠平均售价的上升,意大利的瓷砖行业在 2007 年维持了 0.8% 的增长率,总销售值达 57.85 亿欧元,其中出口占 41.84 亿欧元(增长 0.6%)。因此,意大利依然保持着世界瓷砖行业制造国际化的最高水平。

总的来看,当前萨索洛瓷砖产业仍面临着以下产业集群风险:(1)经济周期性风险。全球经济低迷,使得意大利瓷砖出口下降。以往出口市场比较好的国家包括北美、欧盟国家,受经济危机影响,总消费量不断下降。(2)产品替代风险。天然石材和木材等逐渐受到市场的青睐,不利于瓷砖的销售。(3)产量过剩的风险。建筑市场,尤其是非住宅市场的不断萎缩,瓷砖消费不断减少。(4)新竞争者逐渐强大并不断抢占市场。意大利瓷砖已经很难在一些国家保持其市场份额。2007 年,亚洲成为世界瓷砖产量的主要推动力,生产制造 47.78 亿平方米瓷砖,比 2006 年增长 8%,占世界产量的 58.8%,在 2007 年增产的 4 亿平方米中,亚洲的中国、印度、伊朗与越南占了其中的 3.5 亿平方米。南美 2007 年瓷砖产量达到 7.95 亿平方米,相对 2006 年增加 7.1%。(5)过分注重发展中小企业,大型企业难以适应国际化要求。经济全球化的发展对企业掌控国际市场的能力提出了更高要求,而产业集群追求分散性、专业化生产,弱化了企业的规模意识,很多中小型企业受规模影响,投资海外能力有限,极大地影响了产品的产量和竞争力。

第五节　日本半导体产业的产业升级研究

国家发改委中小企业司非国有经济处处长顾强在产业集群与品牌城市高峰论坛上说,产业集群升级首先面临的是产业升级。从这一点来看,日本的半导体产业升级中的问题也可以作为浙江省产业集群升级中的借鉴。

半导体产业主要有两大产品：存储器和微处理器。

在存储器方面。1976—1979 年，由通产省牵头，日本组成了一个由 NEC、东芝、富士通、日立、三菱电机参与的"超大规模集成电路技术研究会"，集结了大量资金，从模仿美国技术开始，沿着 4K、16K、64K、256K……的技术路线，合作研发"动态随机存储器（DRAM）"。通过这个技术相对容易掌握的半导体产品，到 20 世纪 80 年代中后期日本半导体产量终于超过美国。1990 年以总收益排序的世界十大半导体公司中，日本占有 6 个席位。

在微处理器方面。考虑到微处理器需要丰富的创造性，需要高度的系统组织能力、电路设计能力、器件构成技术等，并且微处理器产品的系统标准掌握在美国手中，日本放弃了微处理器的开发。

以上材料表明日本主要依靠技术革新和产业结构调整，通过工艺流程升级和产业链升级实现产业升级。

但是这一选择导致了日本半导体工业在后期发展中大大受制于美国。（1）存储器技术具有两个特点：易模仿性和学习曲线效应显著。从 20 世纪 80 年代中期开始，韩国等国家开始加入追赶者队伍。1996 年，在存储器领域，韩国三星跃居世界第一大供应商。（2）美国的技术钳制，削弱了日本在存储器领域的优势。1997 年下半年，英特尔公司推出奔腾二代微处理器，把传统主机板上高速静态随机存储器制作在 CPU 内部，大大降低了全球市场对 SRAM 的需求，这使得 SRAM 全球十大厂商中的日立、NEC、东芝和三菱公司元气大伤。

但是到了 90 年代初，美国在微处理器、软件等核心信息技术方面，全面战胜日本。

从基础研究来看，1985—1995 年，日本的基础研究费占全部研究开发费的比率只增长了 13%—14%，低于美国（15%）、法国（20%）、德国（20%）。因此，日本产业升级受阻归根结底是教育和基础研究落后，在最尖端技术无法从国外引进的情况下，应用研究和开发研究陷于无所适从的境地（王允贵，1999）①。在高技术产业的创新领域，追赶者大多难以逾越领导者的技术路径钳制的重要原因也正在此。

---

① 殷鸣：《基于全球价值链的发展中国家产业集群风险研究》，浙江大学出版社 2006 年版。

第六节　西班牙埃尔切鞋业的产业集群升级研究

西班牙阿里坎特省首府的埃尔切是2004年9月"焚烧中国鞋"事件的发生地,是一个拥有"欧洲鞋都"之称的小城,90%的人直接或间接依靠制鞋业生活。埃尔切鞋业在50年的时间完成了两次产业集群升级,完成了全球价值链的攀升。

第一次产业集群升级是发生在20世纪五六十年代。由于具备一定的鞋业发展基础,埃尔切在全球鞋业转移中获得了大发展的机会,逐步成为了西班牙的鞋业中心,也一跃成为西班牙全国人均收入最多的城市之一。这个时期主要面临的产业集群风险为:(1)生产方式落后,主要处于手工作坊阶段,主要销售市场也局限在当地和国内。(2)竞争战略雷同,低价竞争、恶性竞争严重。内部主要竞争战略为成本策略,各个企业基本是通过降低成本来相互进行价格竞争。(3)根植性风险和搭便车风险。企业的信任是建立在血缘关系基础之上,行业内技术、设计样式的相互模仿情况严重。所采取的主要措施有:(1)从单纯的成本竞争策略逐渐转向差异化竞争策略,大力改变集群内企业间以往相互跟随和模仿的竞争手段。(2)各个主要企业加强自身的产品研发能力,依靠加强劳动培训和管理,提升产品质量。(3)发展制鞋设备业,适应鞋商差异化战略的需要。总的来看,第一次产业集群升级是依靠装备制造水平的提高,自主研发能力的增强,产品竞争战略的差异化,走的是产品升级的道路。

第二次产业集群升级是发生在20世纪八九十年代。由于制鞋设备业没有得到大力发展,也没有能够实现产业链升级。因此,埃尔切地区在已经进入全球鞋业价值链的中高价值环节后,产业升级面临上压下挤的困境。主要面临的产业集群风险有:(1)技术创新不足的风险。经过20多年的高速增长,研发技术得到快速发展但与发达国家相比不占优势,因此,整个产业在高端市场上受到意大利、法国等传统鞋业强国压制。(2)竞争优势丧失的风险。而区域劳动力成本的比较优势正在逐渐丧失。在中低端市场上面临着葡萄牙、韩国、中国和泰国等新兴鞋业国家的追赶压力。这些风险造成了集群中低附加值环节的企业大量外迁,损害了集群竞争力。在这种形势下,埃尔切一方面在出口业务中放弃成本竞争战略,进一步突出差异化战略,通过以自主设计为主,海外引进为辅提高技术创新能力;另一方面发展并完善生产性服务支撑体系。到 20 世纪 90 年代初,埃尔切市只有不到 10% 的生产商需要从国内其他地方获取设计、广告、软件等生产性服务。埃尔切鞋业集群通过加强自主研发能力和逐步收缩中低端鞋业市场的有效竞争策略,基本控制住了邻国葡萄牙阿威罗鞋业集群的强大冲击,基本压制住了新兴鞋业国家往本国中高端市场攀登的势头。但是,由于自主创新能力不足,产业在价值链中的位置提升有限,埃尔切地区的企业规模仍然骤降了 1 倍左右。

西班牙鞋业集群与日本半导体产业类似,都是工业新兴国家沿着先进国家的技术路径和产业路径追赶先进国家。在追赶领先者的过程中,工业新兴国家从引进和模仿技术开始,凭借后发优势迅速达到产业制高点,但由于基础研究薄弱,不久又面临着上下挤压的风险,最终即使实现产业升级,最终仍然会带来严重的损失(张辉,2006)①。因此,浙江省在发展传统工业的同时,必须在基础研究和高技术产业争得一席之地,缺乏基础研究和高技术产业的发展和支撑,就不可能实现产业集群的可持续发展,也不能实现产业结构的动态升级。否则,一旦浙江省的传统工业失去了原有的比较优势,经济发展潜力也将迅速枯竭。

第七节 韩国大邱市纺织产业集群升级研究

韩国大邱市纺织产业集群是在推行"米兰项目"时所形成的。

1987 年韩国的纺织品第一次实现出口 100 亿美元,此后,每年的对外贸易收支盈余一直为 100 亿美元以上,纺织品成为韩国的一个主要出口产品。1999 年韩国成衣企业有 7506 家,2000 年、2001 年分别增加为 8629 家、9146 家,增长 15% 及 6% ,2002 年增长 4% ,达 9509 家,占制造业总家数的 8.6% 。

但是随着发达国家致力于开发高技术和高附加值产品,以及发展中国家利用廉价劳动力扩大产品出口,韩国的纺织产业也受到严重挑战:(1)产品结构风险。韩国的纺织产业主要依靠"OEM"方式,产品主要集中在中、低价位上,而在尖端技术、设计和时装等方面则从属于发达国家。这种产品结构无法及时应对外贸环境的变化。(2)产品同质化严重。由于商品的策划能力不

---

① 王缉慈:《关于地方产业集群研究的几点建议》,《经济经纬》2004 年第 2 期。

足,难以对消费者的需求作出迅速反应,产品趋向同质化,从而出现竞争过剧。(3)自主创新能力不足。缺乏先进技术,整个技术水平只达到发达国家的80%,尤其是新材料、染色加工等核心技术水平低下。(4)中国、东南亚国家纺织产业的迅速崛起,成为威胁韩国纺织业的一大因素。

韩国纺织业界认为产业升级的重点首先要有体系地开发核心技术,特别是开发工业用纺织品的核心技术,同时提高时装设计能力,通过产品当地化和电子商务,改革纺织品的生产和流通体系。其次,根据世界纺织品市场在质量、设计等非价格方面的竞争将日趋激烈的形势,以及2005年纺织品贸易自由化的趋势,必须制定相应的对策,要开发独创的设计和高机能性的材料,引进先进的自动化技术。

韩国为了促进纺织工业更专业化,形成更具优势的集聚地,在政府和企业组织的共同推动下,积极推行大邱"米兰计划",把"产学研共同研发区"和全罗北道的"针织印染研究所"等集中起来,通过企业、学校和研究部门的共同努力,集中优势,由政府部门介入,投入大量资金,促使纺织工业尽快转型增强竞争力,将韩国主要纺织品生产基地大邱建成意大利米兰式的纺织产业集群、时装生产综合中心。"米兰计划"的推行,使韩国纺织服装行业大致上形成了两大层次:以大邱市为中心,在韩国国内开发生产高档次、高附加值产品,注重品牌建设;而另一部分企业则把基地转到国外,生产中低档产品,所需原材料从韩国采购,这又促进了韩国国内原料、材料、面料的生产和出口不断扩大,使韩国纺织服装行业进入了良好的循环运转状态。

2002年,韩国纺织业及成衣业产值和附加价值分别占制造业的7.8%、8.4%,其中成衣产值及附加价值分别占1.9%、2.2%。纺织业及成衣业出口值占制造业出口总值11.3%,其中成衣业占3.4%。韩国成衣品牌计1730个,较同期增长5.6%。

从以上材料看,韩国大邱市纺织产业集群走的是功能升级的道路。通过提升产业在价值链中的位置,专注于附加值高的环节,将附加值低的环节转移到海外基地的方式,从而获取高档产品、品牌上的高利润。

第八节 小 结

地方产业集群通过嵌入全球价值链实现升级,参与国际化竞争,这已成为学术界广泛支持的升级途径。然而，无论是新兴国家还是发达领先国家，当其地方产业集群逐渐纳入全球价值链时，一方面会受到后起国家的追赶，劳动力资源竞争优势逐渐丧失（如西班牙埃尔切的鞋业、韩国大邱市纺织产业集群）；另一方面会受到技术领先国家的技术遏制（如德国纺机产业集群、日本半导体产业）。不升级，就意味着要被后起国家追赶上，一旦升级成功，却可能在超越技术领先国后因为找不到下一个技术制高点而丧失机遇（日本半导体产业），或者快速完成升级后造成其他方面难以与之协调发展，反而更加受制于技术领先国（印度软件产业），等等。因此新兴国家的地方产业集群升级之路具有一定的艰难性、风险性。

之所以会出现这些原因，表面上是由于新兴国家没有巨大的财力、物力、人力支撑，难以协调各方面的和谐发展。但实际上，是由于在产业升级过程中，过度重视产业结构的升级、自主创新能力的培养，等等，而忽视了产业集群本身固有的风险，尤其是风险的传导与扩散。

如果发达领先国家忽视了这一点，就会被新兴国家迎头赶上。如美国底特律汽车产业集群，虽然成为美国甚至是世界的汽车制造中心，但是却在产业集群升级过程中，忽视了产业集群的封闭性结构造成的战略趋同风险，大多朝宽敞、气派、动力强、耗油量大的大型车发展，这给日本进军利润丰厚的运动车和微型汽车市场提供了可乘之机。当石油价格上升时，战略趋同导致的产品单一化风险，经济周期性风险带来的个人消费水平下降，等等，这些风险迫使通用、福特、克莱斯勒三大巨头不得不于 2008 年 12 月 2 日向国会递交整改计划，以换得政府贷款。

如果新兴国家忽视了这一点，就有可能会在发达领先国家的技术遏制下与后起国家的追赶中，永远丧失追赶世界先进国家的机会。

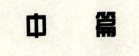

第四章　产业集群风险概述

产业集群升级是一个系统化的工程，不仅仅是通过什么途径升级的问题，更要考虑到如何控制产业集群风险问题。要控制风险，首先需要科学的认识产业集群风险。下面本书将从产业集群风险的类型、特征、影响三个方面一一阐述。

第一节　产业集群风险的类型

从国内外的研究来看，对于集群风险的类型主要有以下几种观点。一是周期性风险。O. M. Fritz(1998)[①]等认为经济周期对产业集群的冲击能够形成产业集群的周期性风险。周期性风险是一种突发的、不能人为控制的、由外部经济周期性波动等原因造成的，其实质是产业集群外部客观因素导致集群外部生态环境(包括经济环境、政策环境、制度环境等)紊乱，必然会威胁到产业集群的存在和发展。从世界各地产业集群的发展情况来看，经济生态环境良好的区域，产业集群也往往得到较好的发展，也正是这个原因。二是结构性风险。奥地利区域经济学家 Tichy G. 认为区域经济结构相对单一，过度依赖一个或少数几个集群的情况下，就会产生集群的结构性风险，一旦主导集群走向衰亡，就会对整个区域经济造成威胁。结构性风险的实质是产业集群自身因素所造成的风险，其内部结构(包括经济结构、产品结构、技术结构、人才结构等)随着自身的发展而趋向僵化，破坏了产业集群可持续发展的基础，最终因无法适应外界环境的变化而走向衰亡。三是网络性风险。蔡宁等人提出网络性风险，认为企业集群是一种地方根植性网络组织，网络中主体间关系表现

---

① O. M. Fritz, H. Vhhringer, M. T. Valderrama; A Risk-Oriented Analysis of Regional Clusters [A] [M]; Clusters and Regional Specialization, 1998.

出网络结构形态、网络内的资源(社会资本、技术、知识、信息、人才以及物资资源等)、网络中主体活动及其相互影响,与企业集群风险有密切的关系。网络性风险的实质是产业集群自身因素及企业相互关系所造成的风险。相对于非集群的竞争对手,地理集群中产业集群组织所表现出的相互依赖的网络形式对外界环境波动的应变能力降低(Meyer, 1982)①,在环境动荡的时候可能成为企业集群僵化、失去弹性的源泉(Marcela, *et la*, 2005)②。四是"自稔性"风险。吴晓波、耿帅认为产业集群具有专业化分工、地理性临近、群内企业相互关联以及协同与溢出效应,这四大特性既营造了集群竞争优势的区域集群自身所具有的特性,同时也会削弱集群应对外部环境变化的能力,是导致集群衰退风险的根本性原因。如为实现专业化分工,以及巩固企业间的合作关系,必须增加企业资产的专用性,这就降低了企业对环境的应变能力。"自稔性"风险的实质是产业集群内企业的因素所造成的风险。除以上四类风险,吴晓波等人在研究中还发现"自稔性"风险可以通过引发周期性或结构性风险而导致区域集群的衰退,而蔡宁(2008)③等学者也研究发现,周期性风险、结构性风险和网络性风险存在相互增强的机制。

风险的类型是多种多样的,并且随着时代的发展又有新的表现形式,根据形式制定风险应对政策使得风险控制处于被动地位。这就需要我们进一步研究其成因。唯物主义辩证法认为,事物的发展是内因和外因共同起作用的结果。内因是事物变化的根据,外因是事物变化发展的条件,外因通过内因起作用。产业集群风险的产生,也是内因和外因共同作用的结果。当产业集群内部抗风险能力较强的时候,单纯的外因是不可能形成产业集群风险的,如自然灾害的侵袭可以通过事先预警来做好应对准备,世界性的金融危机、经济危机可以通过及时改变市场策略、产品策略来应对市场的波动等。

总的来看,产业集群风险的成因,可以分为三种类型:由于产业集群内的主体及其相互关系而导致集群内部生态环境紊乱所形成的风险,即源自产

---

① Meyer-Stamer J, 2002, Clustering and the Creation of an innovation-oriented Environment for industrial Competitiveness: Beware of Overly Optimistic Expectations, Revised draft paper.

② Marcela Miozzo, Damian Grimshaw. Modularity and innovation in knowledge-intensive business services: IT outsourcing in Germany and the UK[J]. Research Policy, Vol. 34, Issue 9, November 2005.

③ 蔡宁:《浙江省区域经济集聚发展风险的研究结论及启示》[EB/OL], [2008 - 6 - 25]。http://www.raresd.com/raresdin/brownew.asp? n_ID = 4729.

业集群本身和企业因素的内源性风险;因集群外部生态环境波动而导致产业集群外部生态环境恶化而形成的风险,即源自产业集群外部环境的外源性风险;由集群内外风险因素相互影响、相互作用而形成的产业集群复合性风险。从这个角度上讲,后文将要研究的产业集群风险传导与扩散的机制,也可以认为是内因和外因作用于产业集群最终威胁到集群发展的作用机理(见图4.1)。

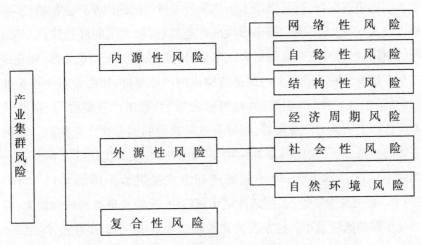

图 4.1 产业集群风险成因类型

一、内源性风险

内源性风险是在内因作用下形成的。内源性风险会造成集群内部生态环境紊乱,给产业集群的健康可持续发展带来风险。这类风险主要起源于产业集群内的主体及其相互关系。目前来看,这一类风险主要有网络性风险、结构性风险、"自稳性"风险。

(一)网络性风险

产业集群内的主体间在临近的区域进行合作、开发、生产,提供不同的产品和服务,满足同一市场上的客户需求,表现出一定的网络形态(Jean-Marc Callois,2008)①。由产业集群自身所造成的这一类风险也可以称为网络性风险。主要包括由于地理集中,不同的产业集群网络结构类型所固有的网络性

---

① Jean-Marc Callois. The two sides of proximity in industrial clusters: The trade-off between process and product innovation. Journal of Urban Economics, Vol. 63, Issue 1, January 2008.

结构风险;由于产业集群资源不足所造成的网络性资源风险;由于网络主体活动及其相互关系所带来的机会主义、不完全契约、道德风险等。

1. 网络性结构风险

按照不同的分类,产业集群有不同的网络结构。不同的网络结构,其风险又各不相同。根据产业集群中成品商的市场结构,可分为轮轴式、多核式、葡萄式与混和式。其中,轮轴式是指围绕一个特大型成品商而形成的产业集群,如日本的丰田汽车城,就是围绕丰田汽车公司所形成的汽车产业集群;多核式是指围绕3—5个大型成品商而形成的产业集群,如美国的底特律汽车城,就是围绕通用、福特和克莱斯勒三大汽车公司所形成的汽车产业集群;葡萄式是指由众多规模悬殊不是很大的成品商构成的产业集群,如由众多中小企业所构成的"第三意大利"产业集群(也可称之为"马歇尔产业集群");混合式是指不符合以上三类的产业集群,如硅谷就是典型的混合式产业集群。从网络中主体间关系分析,最优的集群结构是"集群成员以最优化的合作并以一定范围的不同产品和服务,以不同渠道和方式提供给不同的客户"(Tichy,1997)①。根据这个结论,在网络性结构风险中,轮轴式集群的风险最大,混合式产业集群的风险最小。这是因为在轮轴式集群中,小企业在技术、财务、产品等方面对大企业的依赖性最强,其灵活性和创新性最差,最容易导致过度专业化和僵化,当大企业面临着市场波动和技术变革压力时,整个集群所面临的市场技术变革压力也最大。

按照社会网络结构,可以分为闭合性集群和开放性集群。闭合性集群内的主体交往频繁、联系紧密,开放性集群内的主体交往稀少、联系松散。科尔曼认为,闭合性的社会结构有利于指示性规范的形成,使成员间相互建立信任、期望和义务感。基本上,闭合性结构的效应与强关系对应,而开放性结构的效应与弱关系对应。前者是影响、控制、信用、封闭性衍生的场所;而后者有利于信息的畅通,促进不同群体、族群之间的沟通和交流,是包容性、开放性精神的源泉,也是社会配置和社会民主的重要社会基础。按照这一结论,在网络性结构风险中,开放性集群容易形成信任风险、财务风险等,闭合性集群容易在内部人控制、种族歧视、抑制创新等方面形成风险。

---

① Tichy. G, Clusters: Less Dispensable and More Risky than Ever [A]. In M. Steiner(ed), Cluster and Regional Specialization [C]. London: Pion, Ltd. , 1998.

2. 网络性资源风险

从网络中的资源这个变量分析,社会资本、技术、知识、信息等资源也是风险的成因之一。硅谷高新技术产业集群离不开创新人才与风险投资的相互促进,在技术、人才、风险投资方面都存在着网络资源性风险。

社会资本是产业集群的一个存在基础。在国际竞争加剧的背景下,如果社会资本仍然简单地建立在血缘关系、朋友关系、地缘、同学等私人关系上,其维系作用可能是暂时性的,并有可能会成为保护传统方法的力量,从而抑制创新,引发恶性竞争。

技术也是产业集群风险的成因之一。一方面,产品的技术含量低意味着行业门槛低,会造成机会主义者片面追求短期效益而危害到集群的品牌(Tomas, 2003)①;另一方面,技术的易模仿性也使得地方产业集群容易受到后起国家的赶超。如日本半导体产业之所以受到来自韩国等国家的竞争威胁,主要原因也在于半导体的技术含量低,产量更多地取决于集群的规模大小。除了生产技术外,质量检测技术薄弱,也会造成生产厂商片面追求生产效益忽略社会效益,使产业集群走向衰退,甚至消亡。例如,2008 年石家庄三鹿集团乳制品产业集群突然衰退的一大原因就是因为其质量检测过程中没有检测出产品受到三聚氰胺污染,并引发一连串反应,最终使得整个集群的资金链断裂而走向衰退。

信息、人才也会带来产业集群风险。一是信息不对称会形成"柠檬市场"风险(Richard D. Macminn, 1986)②。由于集群内的小企业处于高度的专业化分工状态,其固定资产的专用性程度较高,一旦出现全行业衰退或企业亏损,经营者也很难使设备转用或转卖,所以企业主往往只将经营维持下去,或偷工减料极力降低成本使市场上的产品质量不断退化。此时,企业主之间正常的信任和承诺关系网络也就会在顷刻间土崩瓦解。人文环境的恶化,更加剧了偷工减料之风的蔓延,两者相伴而生,互相强化,恶性循环,最终导致了整个集群的毁灭。二是人才流动会导致信息、技术的泄露,会对集群内核心企业的发展造成不利影响,进而对整个产业集群造成损害。如英特尔公司创业初

---

① Tichy. G, Clusters: Less Dispensable and More Risky than Ever [A]. In M. Steiner(ed), Cluster and Regional Specialization [C]. London: Pion, Ltd. , 1998.

② Richard. D. Macminn. Search and the market for lemons. Information Economics and Policy, Vol. 2, Issue 2, June 1986.

期,费根设计的第一代微处理器8080一炮打响,该产品给公司开创了巨大的市场。但是,在费根和另外两名重要的技术人才离开后,他们在外面重组了一个新公司,推出了比8080还要先进的新产品,很快将英特尔的市场抢去。这个沉重的打击,使得以英特尔项目为主导的芯片制造和封装集群几乎一蹶不振。

3. 网络成员的行为及其相互影响所带来的其他风险

网络中成员的一些行为,如不完全契约、道德风险、机会主义和偷懒等行为,都会引起网络成本的上升,导致额外成本(建立和维持网络结构的成本)的增加。从而削减了网络的优势(Andrés Rodríguez-Clare, 2007)①。尤其是一些机会主义者和偷懒者的行为,一是会造成集聚度过高,引发拥挤效应,如硅谷的风险投资过度集聚于".com",造成硅谷的经济泡沫。二是会造成产品同质化,使群内企业陷入低水平的价格竞争,其结果必然会造成集群内企业利益受损,网络稳定性受破坏,如西班牙埃尔切鞋业在产业集群升级前就受到这类风险的困扰。

(二)"自稳性"风险

产业集群具有专业化分工、地理性临近、群内企业相互关联以及协同与溢出效应,这四大特性既营造了集群竞争优势的区域集群自身所具有的特性,同时也会削弱集群应对外部环境变化的能力,是导致集群衰退风险的根本性原因。如为实现专业化分工,以及巩固企业间的合作关系,必须增加企业资产的专用性,这就降低了企业对环境的应变能力。"自稳性"风险的实质是认为企业之间各方面的紧密联系导致集群的自我发展逐步走向僵化,最终通过引发结构性集群风险而导致区域集群的衰退。如美国底特律汽车城在产业集群升级前后就始终面临战略趋同风险,并且在经济周期性风险引发油价上升后陷入危机。

1. 资产专用性风险

随着集群的成熟,企业内部分工高度外部化、社会化、专业化,区域集群内企业逐步实现以最佳分工、最低成本、最优规模进行生产。在这一过程中,处于同一纵向价值链上的各企业,逐步放弃了原有单个企业小而全的经营结构,

---

① Andrés Rodríguez-Clare . Clusters and Comparative Advantage: Implications for Industrial Policy. Journal of Development Economics, Vol. 82, Issue 1, January 2007.

逐步找到集群内的最佳分工位置,以最优或接近最优的规模进行经营运作。与此同时,整个集群的生产效率大大提高,企业的资产专用性也大大提高。但是,各环节企业的依赖程度提高后,企业间合作的难度也增大了。一旦集群产业价值链上某一环节的衔接出现问题时,就会在传导机制的作用下扩散到整个集群,危及区域经济的稳定发展。

2. 战略趋同风险

企业战略管理是一个企业寻求成长和发展机会及规避威胁的过程,它关注的是外部环境的变化对企业发展的影响。在外部环境不确定的情况下,企业制定发展战略时,应该考虑到如何既模仿成功者已有的经验和做法,又提出自己的特色战略。但是由于地理空间上的临近、技术模仿、溢出效应、研发风险等因素,诱发了集群内各企业在市场战略、产品战略、技术战略、经营战略等问题上表现出战略趋同的集体行动。企业战略多样化的减少,必然会对集群内企业的有序竞争、稳定发展、风险防范造成一定的影响。从某种角度上讲,相似或相同的战略决策,导致战略趋同性"整体行动",这样成功的机会大大减少(吴晓波等,2003)①。

3. 封闭性风险

产业集群的封闭性风险主要表现为集群企业的"路径依赖"、社会根植性。

首先,集群企业的路径依赖是一个具有正反馈机制的体系,一旦在外部偶然事件(技术发展或制度变迁)的影响下被系统采纳,便会沿着一定的路径发展演进,而很难为其他潜在的甚至更优的体系所取代,不利于集群与外界信息资源建立起系统的、与时俱进的联系。一旦外部重要的市场和技术信息无法流入到集群内,集群发展就会面临封闭性风险。但是,越是成功的集群,越偏好于吸纳那些与之发展高度相关的资源,排斥那些与之不相匹配的资源,这一选择偏好导致一些能够促进集群创新和开发新产品必要的新信息和资源无法进入集群内部,从而使集群变成一个区域封闭系统。

其次,集群内企业的许多行为都与社会关系密不可分。社会网络理论认为,经济行为与社会关系密不可分,社会关系能对经济行为产生积极或消极的影响。事实上,大量集群企业通过社会关系交织成内聚性区域网络。企业主

---

① 王缉慈、李鹏飞:《中国报道珠三角产业面临"空心化"?》,《中国报道》2008 年第 5 期。

行为决策不仅需要考虑经济利益,还需要考虑到情感与关系的成分。这一决策模式增加了外部企业进入集群以及群内企业退出的成本。集群内的社会关系越紧密,甚至表现出根植性的时候,耗费在集群内部联系上的时间就越多,与贡献创新思想的网络外部成员进行联系的时间就越少,新信息流入网络的难度就越高,最终产业集群演变为一个封闭系统。Bathelt(2002)①在对 Liepzig 媒体业进行研究时发现过度根植性导致锁定现象的发生,集群企业根植在类同的文化氛围中,在集群形成阶段可能是促进创新的要素,但后来可能会成为导致"区域锁定"的根源。Grabher(1993)②进一步把它分为功能性锁定、认知锁定和政策锁定,并认为由于环境的变化滞后于产业的变化,当内部的产业结构已经消失的时候,僵化的环境可能还会继续存在,因此一旦路径依赖与这三种锁定中的任何一种(及一种以上)同时存在,必将阻碍集群的产业结构重组,从而使集群最终演变成为问题区域。这样,无论从集群本身还是从地方政府或集群单元(企业)角度来看,对于集群效率的发挥都是不利的。

4."搭便车"风险

这里的"搭便车"风险主要指源自集群企业的创新惰性的风险。这类风险一是来自集群内部,由于集群的网络结构与地理的空间临近,使其协同效应比其他经济实体更加明显,所滋生出的外部溢出效应也大于其他经济实体。二者的相互作用既增强了集群的竞争优势,也提高了集群内部知识与技能的外部溢出,而创新技术溢出效应增加了自行研发的风险性。二是来自集群外部,主要是由于技术领先国的技术输出,降低了集群内企业的研发动力。

大量企业在权衡眼前的利弊之后,都想坐享外部溢出的利益,而不愿承担自行研发、创新的责任,催生了集群内企业的创新惰性。"搭便车"风险的存在,一方面严重削弱了产业集群的产品技术研发与创新的动力;另一方面则使得地方的技术创新始终受到技术输出国的技术遏制。

(三)结构性风险

集群中的企业是相互联系、相互影响的,具有一定的结构。集群的结构反

---

① Bathelt, H., Malmberg, A. and Maskell, P. (2002), "Clusters and knowledge: local buzz, global pipelines and the process of knowledge creation"[R], Danish Research Unit for Industrial Dynamics (DRUID) Working Papers: 02 – 12.

② Grabher, G. (1993), "The weakness of strong ties: the lock-in of regional development in the Ruhr area"[A]. In: Gernot Grabher (Ed.), The embedded firm--on the socia-economics of industrial networks[C]. London, New York: Routledge.

映了集群中各类资源的分配情况,反映了集群内的产权结构是否合理,分配制度是否健全,资源利用是否合理等,影响着集群内企业的生产、投资、决策等行为。日本的半导体产业存在着典型的结构性风险,由于偏向于发展低技术水平的存储器造成产品结构单一化,当美国在微处理器、软件等核心信息技术方面取得技术突破时,日本的存储器产业也大受打击。

1. 产业结构性风险

根据产业周期理论,资源高度集中的单一产业化的集群走向老化或衰亡时,可能拖垮整个区域经济,变成难以复苏的老工业区。此类风险在资源性产业集群表现尤为突出。资源性产业集群由于其矿产资源丰富,因此产业集群的形成往往依附于自然资源而发展起来。这样的产业集群仅仅存在简单的供应链形式,其结构度较高,上下游企业的专业性分工较强,单向依赖性也很强。但是由于他们之间是仅限于自然资源的供应关系,与其他产业部门和服务机构间的进一步合作、扩展活动较少,因此就逐步趋向一种封闭结构。随着集群的发展,单向结构、封闭结构也不断强化,于是就很容易产生产业结构性风险。

2. 产品结构性风险

产品生命周期理论认为,在集群的产生阶段,企业聚集在一起进行产品生产,这时产品处于产生和开发阶段,生产过程还没有标准化,集群内企业基于信息网络、分工协作以及资源共享所产生的外部经济获得竞争优势。在集群的成长阶段,集群发展迅速,增长率高,企业往往只集中资源于最畅销的产品,并以日益增长的速度和规模扩大生产。集群内的资源(知识、信息、技能等)也进一步集中,更多的投入到主导产品的生产、研发创新中。到了成熟阶段,由于生产过程和产品走向标准化,企业追求大规模生产,本地同类产品企业间竞争加剧,利润下降。这个阶段,产品研发创新的溢出效应很大,企业相对注重成本控制,产品创新动力降低,出现雷同现象,存在过度竞争所带来的"产品结构性风险"的威胁。如果集群仍然集中于同一类产品的生产,那么集群将走向最后的衰退阶段。在衰退阶段,集群内的企业由于新进入者少,退出者众多,最终因为缺少市场的灵活反应,缺少应变的内源力而走向衰亡(Kathryn Hashimoto, 2003)①。

---

① Kathryn Hashimoto. Product life cycle theory: a quantitative application for casino courses in higher education. International Journal of Hospitality Management, Vol. 22, Issue 2, June 2003.

二、外源性风险

外源性风险主要指外部因素所形成的风险。这类风险会造成产业集群外部环境波动,对产业集群的发展构成威胁。一般来说,产业集群的发展壮大受益于所在区位上良好的自然环境,区域经济环境、政策环境、社会环境。同时,自然灾害、战争、周期性的世界经济危机(John Hunter, 2006)①、政治动荡、政策导向、世界产业转移、区位优势变化(Mireille Bardos, 1998)②和消费结构变化等,这些外部因素,都能够引发集群外部生态环境剧烈波动,并往往能造成集群外部生态环境的恶化,企业因此而大量倒闭破产。

(一)经济周期风险

目前对经济周期风险的研究主要集中在经济萧条阶段的经济风险上。这类风险主要影响到传统产业、出口加工等类型的产业集群。萧条是整个社会经济周期运行的必经阶段,与任何单个经济实体,包括产业集群所处的发展阶段无关。如在经济陷入低迷期后,意大利的萨索洛地区的瓷砖产业集群就受到替代产品的冲击以及建筑市场萎缩带来的消费冲击。

第一,在繁荣时期农民始终贫困,居民在某些消费方面(如住房消费)透支了未来的消费能力,贫富差距造成了少部分人占有了社会绝大多数的财富,需求过高或者国外消费,因此当萧条来临时,就会造成国内社会内需不足,这使得一些存在产能过剩问题的产业集群的低价恶性竞争加剧。第二,全球经济萧条时,各国为了保护自己的需求市场,都在努力出口的同时相继设置贸易壁垒。这样,越是生产能力过剩的国家,其庞大的生产能力越会找不到消费者,使得出口加工型产业集群的竞争优势开始减弱。第三,投资趋缓,中小企业的资金缺乏、融资无门问题突出,集群内的中小企业财务风险加剧。第四,萧条带来原材料输入型通胀和投资性通胀使得一些实力薄弱的新兴加工贸易为主的产业集群抗不住压力,面临崩溃边缘。

一些产业集群在经济萧条时陷入危机,并不代表所有的产业集群都会陷入危机。例如,在萧条时,一些大型企业会从战略高度对企业内部和企业间的整体关系进行调整,将精力集中在企业核心业务以渡过萧条,而把为核心业务

---

① Humphrey, J., Schmitz, H. How does Insertion in Global Value Chains Affect Upgrading in Industrial Clusters? [J]. Regional Studies, 2002, (36).

② Mireille Bardos. Detecting the risk of company failure at the Banque de France. Journal of Banking & Finance, Vol. 22, Issues 10－11, October 1998.

提供服务和支持的其他生产环节外包给次一级中小企业供应商,以降低由纵向型集中管理的高额成本。这种行为能够催生新的产业集群。如20世纪70年代的世界经济危机就推动了意大利马尔凯大区佩扎罗地区的家具企业的增多和分化,促进了当地家具产业专业化和分工协作的发展,逐步形成了木器家具产业集群。

(二)社会性风险

美国朝令夕改的能源和环境政策影响到了底特律汽车城对环保概念车的创新。可见,道德规范、法律政策等社会性因素也会影响到产业集群的竞争力。跟风意识大量存在,行业规范力不强,就会大大增加道德风险、"搭便车"风险的发生概率等;质量标准方面的空白和技术的缺失,各类监管不到位,使得社会上产品质量事件不断;法律的缺失,使得企业的这些违法行为受不到应有的惩罚,不利于产业集群的健康发展,对经济社会也造成了严重的危害。比如阜阳"大头娃娃"事件、三鹿毒奶粉事件等食品安全事件;走高污染高能耗的低成本扩张的产业集群更容易受到环保类、产业导向类的政策性限制,无法实现低成本扩展,陷入发展性瓶颈;违法成本过低造成产业集群发展中的非法行为的增多。一旦发生社会恶劣影响,产业集群就会因"社会性惩罚"而走向衰退。

(三)自然环境风险

自然环境的变迁无疑会严重影响产业集群的可持续发展。一是地震、海啸等自然灾害所表现出来的是对区域经济主体的直接破坏或间接影响。根据商务部发布的价格监测数据显示,汶川大地震发生3周后,全国36个大中城市的生产资料价格处于涨势(刘铮、朱立毅,2008)[1],增加了物价上涨的预期和压力,影响到汽车、物流、制药原料、肥料和农产品生产等产业,波及河南等地的铅矿冶炼企业的生产。二是人为原因造成的环境破坏、环境容量饱和、环境污染等,最终危及产业集群的发展。如印度班加罗尔的交通堵塞、空气污染、公共设施超负荷运转,又如浙江省温州平阳水头制革业、苍南布角料退色业的快速发展就造成了严重的水资源污染,危及当地民众的日常生活,最终限制了自身产业的发展。

---

① 刘铮、朱立毅:《稳定物价仍是宏观调控头号目标》,[2008-06-04] http://finance.sina. com. cn/g/20080819/16175215088. shtml.

三、复合性风险

复合性风险是由内源性风险和外源性风险交错而成的风险。现实经济主体及其与经济社会环境之间存在着千丝万缕的联系,风险的成因不仅有集群自身的原因,也有着深刻的经济社会因素,而且大多时候单一的诱因不足以导致集群风险的形成,单一的风险也不足以导致集群的衰退。往往是一种风险的成因有着多方面的因素,一类风险的形成是多种风险的成因相互交织、相互强化的结果。如当萧条引起市场产品需求不足时,产业集群会出现因单一产品无限膨胀而带来的产品趋于同质化、低质、低价的产品结构风险;地方政策法规、国家政策法律也都能对相应的集群产生深层的影响。

行业自律差,如一个国家、一个地区同行业的恶性竞争,也会使相关的产业集群的内部环境恶化,例如,第三次电视产业革命使平板(等离子、液晶)电视迅速取代显像管电视后,主要利润已经集中在屏幕制造上,但是由于国内彩电行业仍然充斥着价格大战,使各产业集群没有精力去研发这种屏幕制造的关键技术,忽视技术研发,90%的屏幕只能依赖进口,最终导致中国原来具有世界竞争力的电视制造业无利可图,康佳、创维、TCL、长虹等企业2006年第三季度的财务报表显示,彩电销售增长缓慢,甚至出现负增长,厦华公司则宣布大幅亏损(黄汉英,2006)①。

"自稳性"风险也有着更深刻的社会原因。如即将过时的"新技术"在全球范围内"共享",使得"搭便车"风险可能更主要地源自跨国公司的技术垄断。跨国公司依靠技术垄断来实现其对市场的不同程度的垄断,并且对市场垄断程度越高,就越不愿将技术转移给东道国。尤其是在CKD(完全散件组装)模式下,表面上中国企业可以获得国外的先进技术,但是其实只是一些即将过时的"先进技术"。跨国公司始终将核心技术和研究开发掌握在母国手中,而把即将过时的"先进技术"在全球范围内共享,这样就提高了技术接受国相关产业集群的创新惰性。长此以往,技术接受国的相关产业集群就只能沦为跨国公司全球生产体系中的低级加工组装工厂,利润将越来越低,生存的空间将越来越少。

各国的产业集群之间有着一定的联系和结构,表现为产业链在全球范围

---

① 黄汉英:《明年彩电业将全行业亏损?》,[2008－11－03] http://tech.sina.com.cn/e/2006－11－03/10201218859.shtml。

内的分配和转移,结构性风险也受到新技术革命、产业全球化的影响。国际经验表明,人均 GDP 超过 1000 美元后,一国要素成本将会相对快速地上升,国际资本也将随之不断转移到其他成本相对较低的国家与地区。某一产业在不同国家和国内不同地区间产业转移,必然带来波及某一国家内部各种产业先后兴盛衰退的"雁形"形态,在产业集群大行其道的今天,必然伴随着相关产业集群的兴盛与衰退。如在 20 世纪六七十年代,日本将劳动密集型企业以及竞争力变弱的生产技术转移到韩国、中国台湾、中国香港、新加坡等地;在 80 年代,韩国、中国台湾和中国香港地区的劳动密集型企业又纷纷转移到中国内地与印尼、马来西亚、泰国等东盟各国。

总的来看,内源性风险源于产业集群内的主体及其相互关系,是产业集群的产生、发展与繁衍壮大过程中内生出来的,决定着集群内部环境是否和谐稳定,是不可避免的根本性风险。外源性风险由产业集群外部的力量所引致的风险,源于产业集群外部的环境、主体及其相互关系,影响着集群的外部生存环境,是导致集群走向衰退的重要诱因。这两种风险因子相互交错、相互影响、相互作用、相互增强而产生了复合性风险,即该集群与外部环境、主体之间的相互关系对其内部的主体及其相互关系的影响。

第二节 产业集群风险的特征

一、自发性

自发性,即产业集群风险是"自发的",是一种"自发的秩序",而非人为设计。产业集群风险的自发性决定了其无法根除性,决定了只能通过预测风险、降低风险、分散风险等应对措施来控制风险,即人为的整体设计可以破坏这一"自发秩序"的"自发性",但无法最终消灭这一"自发秩序"。哈耶克通过三种行动和知识的关系对自生自发秩序进行了分析研究(F. A. Hayek, 1994)①,而这一分析研究结果同样适用于行动和产业集群风险。

(1)个体行动与个体风险的关系:个体甚至无法确切知道自己的行动所产生的风险结果。对自己的行动所产生的风险结果,他可能知道"自己可能会有怎样的后果"而不能知道"自己将真正得到怎么样的结果"以及"为什么

---

① F. A. Hayek. Individuals and Economic Order[M]. University of Chicago Press. 1994.

会是这种后果"。

（2）个体行动与集群风险的关系：个体无法替集群内其他企业决策，因为他不能确切知道其他个体的行动，而这种个体行为是和其他个体特定的时空情景结合在一起而最终产生了集群的风险。

（3）个体的行动和整个产业的风险的关系：一个个体对他所依存的整个产业的普遍抽象运动规律并不能确切地知道和清晰地表达。

石元康进一步阐述说，在一个完美的自发秩序中，每个元素所占的地位，并非是由一个外在或内在的力量的安排所造成的结果，而是由各个元素本身的行动所产生的（石元康，2000）①。这个秩序，也不是任何一个秩序中的成员所刻意造成的，而是各成员的行动与互动之间所造成的一个非有意的结果（Unintended Consequences）。亚当·斯密的无形之手（Invisible Hand）的理论，就是自发秩序的一个真实写照。而产业集群风险的链式反应，也正是自发秩序的产物。因此说产业集群风险具有自发性，比较典型的如网络性风险及"自稳性"风险等。

二、不确定性

在市场经济中，集群内的企业活动是在一种不确定的环境中进行的，所面对的市场是纷繁复杂的，其变化是无限的。而人们的认识能力是有限的，正是由于当事人主体不能准确地预期未来，产业集群风险的产生才更显得不确定。集群风险在何时、何地以何种形式出现，其发生概率、影响范围、危害程度、损失大小等是难以事前把握的，无法做到准确预测。随着经济全球化、自由化和电子化的发展，特别是国际环境的复杂多变，使产业集群风险的不确定性更加难以预测。周期性风险就具有典型的不确定性。

三、扩散性

扩散性其表现有二：一是随着企业分工协作日益细密，使得产业集群内企业紧密相连，互为依存。产业集群作为一种专业化分工的产物，实质上是由多个企业集聚而成的关系网络。任何一家企业的风险损失，都有可能酿成较大的产业集群的系统风险。二是产业集群化发展的趋势日益明显，产业集群日益成为区域经济发展的重要产业组织形式和载体，因此产业集群风险将不仅

---

① 石耀东：《德国纺机业的发展经验对我国装备制造业竞争力提升的意义》，《调查研究报告》2003 年第 152 期。

仅是某种孤立的系统内风险,而必然扩散、辐射到经济运行的各个方面。各类产业集群风险都具有明显的扩散性。

四、可控性

尽管产业集群风险是客观存在的,但就某一产业集群而言,其风险是可以控制的,只要能够把握风险产生的条件和传导的一般规律,就有可能找到防范和应对风险的措施,从而通过弱化风险强度、延缓风险传导速度、防止风险扩散等来控制风险的发生。一般来说,内源性风险都具有典型的可控性。

五、复杂性

产业集群风险的复杂性,一方面,风险的形成具有复杂性。风险是在复杂的经济环境中形成的,并与当时的经济环境紧密相连,通过产量、技术、资金、集群组织、组织关系等多方面综合体现,形成之后常常具有不同的表现形式。另一方面,不同的风险之间的关系具有复杂性。一个产业集群的风险常常是发展过程中多方面矛盾积淀而成,并随着集群的发展而不断变化和演进,彼此相互影响,对产业集群造成更多、更深的影响。

六、隐蔽性

由于产业集群具有一定的抗风险能力,因而具有可以在较长的时间内因风险破坏力小而在表面掩盖集群不确定损失的实质。而当这些风险因素被不断地积聚,最终就会以突发、加速的形式表现出来,如果不能及时有效控制和化解,将引发产业集群危机。另外,由于产业集群风险的构成非常复杂,很多风险因素一般难以暴露,而一旦发作,就会产生巨大的影响。比如企业之间的竞争,一般情况下被认为是有利于资源的整合和提高产品和服务的质量,但是,一旦出现恶性竞争,甚至出现假冒伪劣产品,一旦曝光,产业集群就面临着品牌危机,可见产业集群风险还具有很大的隐蔽性和突发性。

第三节 产业集群风险的影响

产业集群风险因子自产业集群诞生那一天起就存在了。随着经济全球化,集群作为一种新的产业发展模式在全球范围内得到广泛关注和推广,产业集群风险问题日益重要,并伴随集群的壮大和经济全球化的发展而不断出现新的表现形式,即利用网络、标准、技术、信息等方式,挑战产业集群的竞争优势。产业集群面临着新的机遇和严峻挑战。

产业集群表面上一切正常,实质上危机四伏。产业集群只是一种产业的空间分布和组合的经济现象,只有当其发展符合经济发展规律时,才能够形成有竞争力的产业,才能形成规模经济、范围经济,才能实现分工的高度专业化、交易费用的降低等,才能够有效提升产业的竞争力和强化集群区域的竞争优势。产业集群风险主要影响到以下几方面:集群内企业、集群自身、主导产业、区域经济社会、区域政府等。

一、对集群内企业的影响

产业集群风险有利于集群内企业不断做大做强。一方面促使企业走向并购之路。企业并购是企业扩张的一种重要形式,也是市场竞争的必然结果,通过并购可以实现资源向优势企业集中(Donald De Pamphilis,2003)[①]。通过战略性的并购,集群内的企业才能够形成应对日益激烈的国内、国际竞争的优势,才能进入新一轮市场竞争。另一方面有利于企业的长远发展。产业集群风险也使企业充分认识到核心技术的重要性,逼迫企业把更多精力放在技术研发上,加大技术创新的力度,生产在国际市场上更具有竞争力的产品。

但也要看到,网络性风险、"自稳性"风险也会对集群内企业造成不利影响。网络性风险容易造成企业的产品同质化,而"自稳性"风险则能增加产业价值链纵向各环节企业的资产专用性,诱发横向环节企业的战略趋同,滋生企业的创新惰性。这些因素作用的结果,不仅是产生了过度竞争、低价竞争、机会主义倾向、"搭便车"、道德风险等现象,同时也遏制了企业的研发能力、创品牌的冲动和自主知识产权的获取,结果必然造成集群内企业利益受损,不利于集群优势的发挥。

二、对产业集群自身的影响

产业集群风险对集群的不利影响主要表现在:集聚度过高增加了网络结构的成本,关联松散弱化了集群的协同性,造成集群走向封闭自守、集聚度集群品牌贬值等结果,自主创新能力薄弱导致技术创新受到遏制,最终导致集群的竞争优势的丧失。

及时总结产业集群风险带来的教训和经验,也有利于集群的进一步发展。第一,部分企业的破产倒闭,对于加强集群的协同性,促进分工合理化,集群协

---

① Donald De Pamphilis. Mergers, Acquisitions and other restructuring activities (an integrated approach to process, tools, cases and solutions). 2nd edition. Academic press, 2003.

作向紧密型演进具有积极意义。第二,风险在破坏集群网络结构的同时,强制性地打破产业集群的锁定效应,对集群内的企业网络进行了新的调整,能够改变集群内企业之间的竞合关系,提高集群的创新活力,推动集群的自我完善。第三,有利于集群服务体系的完善。集群需要各种中介服务机构辅助,如市场调查、技术咨询、资产评估、会计、法律、职工培训等,以完善自身在协同与溢出效应、专业化分工等方面的缺陷。如依靠行业协会,促进企业间建立信任,提高集群处理国际贸易纠纷的能力;依靠共性技术平台、孵化器,提高中小企业科技研发的积极性,增强集群的自主创新能力,加强技术的溢出效应。

三、对主导产业的影响

各个产业集群在不同发展阶段选择了不同产业作为主导产业。这些主导产业,都是在特定时期具体条件下选择的结果,一旦发生产业集群风险,导致需求萎缩、资源枯竭、替代产品的出现和比较优势发生转移等,原有的主导产业对经济的带动作用就会弱化、消失,成为衰退产业。随着全球化进程的加快、科学技术的进步和中国经济的快速发展,产业生命周期缩短,主导产业的更替速度加快,产业在国际间转移速度加快,越来越多的产业将步入衰退行列。

区域经济发展的本质就是区域主导产业的有序更替发展。从长远来看,产业集群风险有利于衰退地区及时寻找新的出路,根据产业发展趋势,调整衰退产业,培育扶持新兴主导产业,从而循序渐进地推动产业转型、产业升级,实现主导产业的新陈代谢。

四、对区域经济社会的影响

集群风险导致集群走向衰败,同时也影响区域经济的发展:一是对区域内社会环境的影响。集群的聚集度达到一定程度时,粗放型企业的高投入、高消耗、高污染,不可避免地会造成区域地价上涨、交通拥挤、环境污染、失业等问题,区域内企业的经营成本上升,经济效益下滑,居民的生活成本相对上升,对社会稳定和社会福利造成冲击。二是对区域内经济的影响。集群衰败导致主导产业衰退、产业转移,也直接区域经济进入衰退期,影响着区域内其他集群或企业的发展,改变了区域产业结构。

但是另一方面,主导产业的新陈代谢、产业转移和产业承接通过市场扩张、产业分工、资源综合利用和企业重组等途径对区域经济发展和产业结构调整产生了积极影响。积极推动产业结构的上移、培育新兴产业,有利于调整和优化区域经济布局,促进了区域产业结构的不断升级换代,促进经济发展方式转变,使区域经济保持着旺盛的活力与持久的增长。

五、对区域政府的影响

产业集群风险也对区域政府产生一系列影响,主要在于以下几个方面。

第一,要求积极发挥服务型政府的作用。当政府逐渐由职能型转变成服务型时,私人和公共治理框架及其管理理念必须加以改变。而产业集群内部所存在的诸多问题,如外部性、产业集群升级、新产业集群形成等问题,不能通过产业集群本身来解决,这就需要服务型政府转变管理理念,充分发挥其服务作用、设计规划作用、协调作用和引导作用,完善产业集群的区域服务体系、科技创新体系等外部环境,适当引导集群的规模,增强集群总体的生产能力和市场占有率,扩大集群的影响力。

第二,要求区域政府必须科学规划区域经济发展战略。产业集群风险的存在要求区域政府随着环境的变化而科学合理地制定产业集群发展战略。如果不能随着环境的变化而主动改革,其结果就是危机迫使其进行改革。这就需要区域政府在制定区域经济发展战略时,能够科学合理的认识产业集群风险,并根据区域经济发展、产业集群发展的状况,合理规划、制定和实施产业集群发展战略。即不应以扩大规模、扩展土地为目标,而应根据区域现有的资源禀赋,以增强产业集群的创新活力、应变能力为目标,以增强异质性、提高关联度为方向,实施相应的产业集群战略,保证区域经济的协调、稳定和可持续发展。

第三,要求区域政府加快法制建设进程。市场正常运行的前提条件是健全的司法和监管机构的存在。产业集群里的低价战略、恶性竞争,一个重要原因是知识产权保护乏力和行业协会监管无力。因此,集群风险的发生,必然推动政府完善相关的法律制度,提高行业协会的监管能力,加强行业自律,避免恶性竞争,努力营造保护知识产权的社会氛围。

第四,要求区域政府建立区域风险管理体系。产业集群危机给区域经济造成的巨大代价,要求区域政府审视区域风险管理的重要性,重新从整个区域的高度来看待风险,而不只是仅仅站在一个政府或者行业的层面进行分析。并根据区域经济发展自我约束机制的要求,构建全面的风险管理体系,如加强信用风险管理体系,建立市场风险管理体系,促进企业、行业、集群建立风险内控体系等。

第四节 小 结

产业集群风险的类型纷繁而多变,且随经济全球化、信息化的发展,必会有越来越多的风险出现,这也加大了产业集群升级的风险性。其虽纷繁,然究其根源,无外乎内源性因子与外源性因子而已。从理论上讲,产业集群可以通过以下两点避免风险:一要善于发现自身问题,弥补不足;二要保持警惕,积极应对内外环境变化。然而,吴晓波等学者已经论证了产业集群自身的优势必然会导致产业集群趋向于封闭结构,走向僵化。因此,产业集群势必难以发现和纠正自身不足。

但是,无论什么风险因素,只有进入传导节点,作用于产业集群网络局部或全部,并进行传导扩散,才能造成产业集群危机。由是可知,在产业集群升级时做到控制产业集群风险,更多的时候就需要我们从过程上控制。

风险在产业集群内运动的过程主要有两个层面,微观上是产业集群危机发生前,风险从节点到节点的传导,即产业集群风险传导;宏观上是产业集群危机发生后,风险在产业集群系统内的大规模散布,即产业集群风险扩散。

第五章 产业集群风险传导原理

要在产业集群风险控制上做到有"远见"（Claudio Roveda，et al，2008）[1]，首先要深入了解产业集群风险传导原理。产业集群风险传导原理是指产业集群风险在风险因子的冲击下，通过一定途径从一个节点传导到其他节点上的作用机理。由于集群内企业分工协作的专业化以及关联度的不断加强，特别是后者，使得集群内企业各开放节点之间的经济依存度逐渐增高，因此，风险将在关联度高的节点之间进行传导，为风险实现大规模扩散累积能量。

第一节 产业集群风险传导原理

如图5.1所示，第一，产业集群风险的风险源是风险对外传导的源头，是在各种风险因子冲击的作用下形成的。第二，产业集群风险借助一定的数量的企业作为载体在集群内传导。集群内的企业，是各类风险的载体，其自身存在着一定的机制，既可能减少风险，也可能放大风险。第三，风险能量在节点上进行交换。企业内部存在许多的开放节点，某一节点上的风险可以通过物流、资金流和信息流这三条传导途径与其他企业的节点发生联系，进行风险能量的交换。能量交换的形式为积聚和释放。其中，风险积聚表示集群风险通过某一节点进入企业后，风险能量在该节点的累积；风险的释放表示企业内的风险部分或全部通过某一节点向集群内其他企业传导。

---

① Claudio Roveda, Riccardo Vecchiato. Foresight and innovation in the context of industrial clusters: The case of some Italian districts [J]. Technological Forecasting and Social Change, Vol. 75, Issue 6, July 2008.

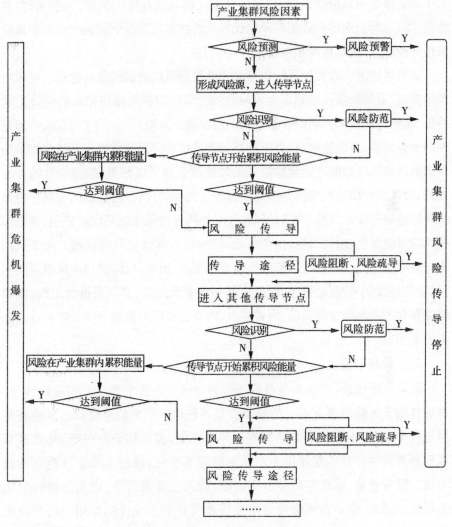

图 5.1 产业集群风险引发产业集群危机示意

第二节 产业集群风险传导因素

一、风险源

产业集群在内源性风险、外源性风险以及复合性风险等诱因下会形成产业集群风险的风险源。有了风险源以后,风险才能开始对外进行传导和扩散。因此,风险源是风险传导体系启动的前提条件,是风险传导的始点,其类型与大小将直接影响风险的类型、传导的范围与破坏的程度。例如,一般来说,共性技术缺乏所引起的产业集群风险比非共性技术落后所引起的产业集群风险的传导范围广,破坏程度相对要大。

识别风险并有效控制风险能量是产业集群风险控制的重要途径。对风险源的控制,需要加强风险识别与风险预测。风险识别是指根据风险形成后的特征、现象等因素来判断产业集群目前所面临的风险因素并予以归类,按照定性的分析方法,对风险性质、类型进行识别的过程。而风险预测是指根据风险形成前的迹象来判断产业集群潜在的风险因素并予以归类,按照定性的分析方法,对风险性质及程度进行预测的过程。例如,分析目前面临的是属于内源性风险还是外源性风险、网络性风险还是结构性风险等就是风险识别,判断哪些风险可能发生、因何而生、生于何处、传向何方等就是风险预测。由于风险本身具有自发性、不确定性、隐蔽性而难以预测,因此,风险识别与风险预测不仅是风险控制中的基础程序,而且也是一项非常复杂、非常艰难的工作,需要建立在对产业集群自身活动、内在关系、内外环境等因素的全面了解和认真分析的基础之上。

二、传导节点

风险源形成后,产业集群风险通过传导途径在多个节点之间进行传导,最后作用于风险的接受者。传导节点是各种风险积聚的结合点。风险在传导过程中,能量不断积聚于企业的传导节点上,渗透到企业内部,又通过节点向外界继续传导。企业作为产业集群的基本元,也是承载传导节点的附着物。没有企业,就没有传导节点,风险就无法完成传导,也无法进行风险的积聚。因此,企业在风险传导中充当着传导节点载体的作用。在产业集群中,不同的企业主要存在以下节点:专用性资产节点、单一性产品节点、共性技术节点、融资节点、趋同战略节点、信任节点、集群品牌节点、管理人员节点、道德节点、技术创新节点等。其中,以管理人员节点中的最高管理层人员最为关键,若最高管理层人员具备良好能力,有助于解决其他节点所存在的问题。

从图 5.1 也可以看到,产业集群风险在传导的过程中会有一定的改变。可建立模型如下:

$$R_n = f(a_n)R_{n-1} \quad (n = 0,1,2,3,\cdots) \tag{5.1}$$

其中,R_{n-1},R_n 分别为风险在节点 A_{n-1}、节点 A_n 处的状态,R_0 表示风险

在风险源的初始状态，$f(a_n)$ 表示风险从节点 A_{n-1} 传导到节点 A_n 后，风险所发生变化的系数。

对传导节点进行风险评估，有利于正确分析集群风险，及时应对市场、环境变换，有利于规范、调整集群内企业的行为关系，有利于推动浙江省产业集群风险管理从企业自控向整体控制转变，由经验主导向科学主导转变。

三、传导途径

物流、资金流、技术流和信息流是产业集群风险的传导管道。企业自身是一个由无数个开放的节点所组成的耗散结构系统，只有通过节点与节点之间（可以是同一企业的不同节点，也可以是不同企业的同一类节点）的物质、资金、技术和信息的交换，才能实现企业的发展。因此，在风险传导过程中，集群风险必须以物流、资金流、技术流和信息流为传导途径，才能实现从一个节点传导到另一个节点的目的。

资金链条断裂引起的产业集群风险是最直接也是最常见的风险传导，以资金流为例。资金是产业集群的血液，那么资金链条就好比是产业集群的血管，而资金流的方向就是血液流动的方向。资金不断地从企业内的一个节点流向另一个节点，又从一个企业内的节点流向另一个企业的节点，这种资金运转为企业创造财富，实现价值增值的同时，也维持着整个产业集群的生产与扩大再生产。但是，另一方面，一些风险也伴随着资金的运动从一个节点传导到另一个节点，从一个企业传导到另一个企业。尤其是当集群内企业之间普遍存在的相互担保贷款时，使得资金运转方向更加混乱，风险扩散范围扩大，一旦某一节点的资本运转出现问题，就会引起多个节点的资金运转变慢，风险累积速度和扩散速度相应加快，当资金链的承受力达到应力点时，就会沿着资金流运转的方向断裂下去。换言之，资金链断裂的方向与资金流的方向相一致，风险传导的方向与资金链断裂的方向相一致。因此说，资金流就是风险传导的途径，资金流的方向就是风险传导的方向。

从实际案例中，可以进一步认识这个问题。浙江某集团有限公司，2007年积极筹备在美国纳斯达克上市，投入 2 亿元进口 11 条先进的生产线。为了上市，公司抽调了各子公司的流动资金。2007 年年底银根紧缩，银行收回了 1 亿多元的贷款，总公司只得通过当地几个龙头企业的相互担保得到民间借贷 8 亿多元，又欠供货商 2 亿多元。由于抽调了各子公司的流动资金，对各子公司的正常生产造成了严重影响，最终集团公司陷入资金困境。2008 年 10 月，由于欠贷20亿元,集团的资金链断裂(新浪网,2008)。资不抵债的集团公司如果清算破产的话,银行就有可能立即对担保企业启动诉讼程序,而担保企业也往往有借贷在身,这样就会引发一系列连锁反应。在这个事件中,借贷资金的正常流转的方向是:各子公司——控股集团有限公司——银行、担保企业、供货商。资金链断裂的方向是:各子公司——控股集团有限公司——银行、担保企业、供货商。风险传递的方向也是:江龙各子公司——控股集团有限公司——银行、担保企业、供货商。考虑到担保企业也有借贷在身,资金流转的方向更为复杂,但是,风险传递的方向始终与之保持一致。该集团公司出事,担保巨资的企业、供货商企业都受到影响,这必将会对该地区纺织产业的发展造成一个很大的打击。

第三节　产业集群风险传导特征

一、聚集性

产业集群风险的传导并非是无规律的任意扩散,如果没有外力作用,如相关企业的主观行为,政府政策的影响等,风险一般会沿着一定途径传导至与该节点有直接或间接利益关系的其他节点,从而直接或间接对产业集群产生影响。对于某一节点,与其他节点的所有实际的连边数目占所有可能的连边数目的比例,就是该节点的聚集度。聚集度的概念反映了风险在节点聚集的密集情况。

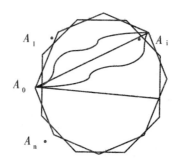

图5.2　由 N 个节点所构成的产业集群风险传导网络示意

如图5.2所示,对于节点 A_0 ,与之相连的节点为 A_1 ,…, A_n ,则最大可能的连边数为 $b = \dfrac{n(n+1)}{2}$,而实际的连边数为 m,则聚集度 $C = \dfrac{m}{b}$ 。一

般来说,聚集度越高的节点,周围所存在的风险就比较密集,风险就越容易传导。

二、累积性

在产业集群风险传导过程中,节点处存在着非常明显的风险动态叠加现象,即风险在传导节点处存在着累积效应。节点当前的风险集聚状态明显依赖于所有历史状态下聚集风险的动态叠加,其风险能量是产业集群风险传导的时间历程和风险集聚的结果。对任何一个节点而言,时间越长,风险累积的能量越高;聚集度越高,风险累积的速度越快。

三、时延性

产业集群风险从一个节点传导到另一个节点需要一定的时间,时间的长短与传导的速度大小、特征路径的长短有关。特征路径表示风险在任意两个节点之间传导所经过的最短路径。如图5.2,假设风险从 A_0 传导至 A_1 的最短路径是线段 A_0A_1 ,则称线段 A_0A_1 是风险传导的特征路径。风险传导所需要的时间就是风险经过特征路径所需要的时间,所需时间越短传导速度越快,风险的传导也就越快。

四、强度性

一个节点所累积的产业集群风险具有一定的能量,在传导的过程中表现为风险传导的强度。一般而言,风险传导的强度与各个节点的风险能量高低和节点释放能量的强弱成正比,而与风险在它们之间传导所需的时间间隔成反比。例如,在节点 A_0 对节点 A_1 的风险传导中,假设没有任何外力的影响,风险传导的能量的损耗为零。如果用 E_0 表示节点 A_0 的风险能量, R_{01} 表示节点 A_0 对节点 A_1 的风险能量释放度, T_{01} 表示风险从节点 A_0 传导至节点 A_1 所需要的时间,则在这次风险传导中,节点 A_0 的风险强度为:

$$F = \frac{E_0 \times R_{01}}{T_{01}} \tag{5.2}$$

从式(5.2)中,可以看出,风险的释放量越高,传导的时间越短,风险传导的强度就越高,对企业所产生的危害就越大。

第四节　小　结

产业集群风险因子在形成风险源后,通过某一节点,进入产业集群,在企业内部或企业之间的传导节点上进行传递与导流。风险的传导因素包括风险源、传导节点、传导途径,具有聚集性、累积性、时延性、强度性等特征。各类风险能够在节点之间传导,当达到临界阈值,就会引起产业集群危机。产业集群危机随着产业集群风险在集群内企业之间的大规模扩散而蔓延开来。要控制产业集群危机的蔓延,我们还有必要进一步研究产业集群风险扩散原理。

第六章　产业集群风险扩散原理

在生物学上,扩散(Dispersal)是物种的一种运动形式,是生物的基本特征之一(Ferriere R, 2001)[1],主要是指生物个体或其传布体(如孢子、种子)向其他地域传布的过程,又称散布(Clark R G, 2004)[2]。产业集群风险扩散机制是指产业集群风险经由节点间的传导,实现在集群内传布的过程。从这一点来看,风险传导是风险扩散的基础,风险扩散是风险传导的必然结果。在传导过程中对其他风险的作用情况,各种风险通过不同的扩散方式扩大风险的影响范围和分布区域,这将增加产业集群风险,加快产业集群的兴衰更替。大范围的扩散结合产业分工隔离是产业集群风险分化的重要条件,新的环境意味着不同的风险演变机制,可改变危机在新的产业集群中发生的概率,因此风险扩散是导致产业集群危机产生的重要原因,也是促进产业集群兴衰更替、推动产业升级的重要因素。

第一节　产业集群风险扩散系统

一、产业集群风险扩散的网络特征

集群本身是一个由企业构成的网络系统(曹丽莉,2008)[3]。集群内的各个企业通过物质、资金、技术、信息建立起一定的连接关系,这种连接关系对于

---

① Ferriere R., Galliard J. L. Invasion fitness and adaptive dynamics in spatial population models. In: Clobert J, Danchin E, Dhondt A. A., et al., eds. Dispersal. Oxford: Oxford University Press, 2001.

② BENT D, et al. 2002. Technologic Life Cycles: Regional Clusters Facing Disruptin DRUID Working Paper. 2002(10).

③ 曹丽莉:《产业集群网络结构的比较研究》,《中国工业经济》2008 年第 8 期。

集群发展和群内企业行为有着重要作用(Uzzi, 1997)①。产业集群风险通过这些连接关系,就能够构成一个组织接近、组织关联、相互作用、高度耦合的复杂的风险扩散系统(Romano, 2000)②。在这种网络环境下,大多数企业的风险都具有多条扩散路径,任何一个局部细小的风险都有可能通过扩散而积累能力,放大破坏作用,从而酿成重大产业集群危机。

应对产业集群风险的传统策略是从环境因素、风险类型等方面分析风险发生的原因,偏重于研究风险扩散过程中的静态问题,很少从风险扩散系统自身固有的网络拓扑结构来分析研究产业集群风险问题。自从小世界网络模型提出来以后,越来越多的学者开始投入到复杂网络理论的研究中,并通过大量的实证证明,真实网络几乎都存在着小世界网络的传染效应,主要以大的聚类系数、小的平均距离为两个显著的统计特征。产业集群所具有的高聚集度、高度分工协作的特征,也与小世界网络的大聚类系数、小的平均距离的统计特征相符合,因此,产业集群具有小世界网络特征,产业集群的风险扩散系统也必然具有小世界网络特征。

产业集群风险扩散网络的网络特征主要有以下几点:

1. 网络平均度数。节点度数用连接该节点的边数表示,网络平均度数用所有节点度数的平均值表示。即

$$\overline{K} = \frac{B}{\dfrac{n}{2}} = \frac{2B}{n} \tag{6.1}$$

其中,B 表示网络的总边数,n 表示网络的总节点数。

2. 网络的特征路径长度。两个节点之间特征路径表示风险在这两个节点之间扩散时所经过的最短路径。网络的特征路径长度 $\overline{D}$ 用所有节点之间的特征路径的平均值表示,则

$$\overline{D} = \frac{1}{\dfrac{n(n-1)}{2}} \sum_{1 \leqslant i,j \leqslant n} D(i,j) \tag{6.2}$$

其中,$D(i,j)$ 表示节点 a_i 与节点 a_j 之间的特征路径。

---

① Tichy. G, Clusters: Less Dispensable and More Risky than Ever [A]. In M. Steiner(ed), Cluster and Regional Specialization [C]. London: Pion, Ltd. , 1998.

② Romano Aldo, Giuseppina Passiante & Valerio Elia. A Model of Connectivity for Regional Development in the Learning Economy[R]. European Regional Science Association, 2000.

3. 聚集度。对于某一节点,与相邻节点的所有实际的连边数目占所有可能的连边数目的比例,就是该节点的聚集度。

如果两个节点之间存在风险扩散关系,则这对节点间存在风险传导关系,且风险相互影响。用 $A = \{a_1, a_2, \cdots, a_n\}$ 表示系统中的基本节点,用 R 表示基本节点之间的风险传导关系,则系统网络结构模型可记作 $\{A, R\}$。为便于计算机处理,本书用邻接矩阵对结构模型 $\{A, R\}$ 进行表示,邻接矩阵 M 中元素 M_{ij} 规定为:

$$M_{ij} = \begin{cases} 0, \text{节点 } a_i \text{ 和节点 } a_j \text{ 之间不存在直接风险传导关系} \\ 1, \text{节点 } a_i \text{ 和节点 } a_j \text{ 之间存在着直接风险传导关系} \end{cases} \tag{6.3}$$

假设节点 a_i 有 k_i 个相邻节点,则节点 a_i 最多可能的连边数为 $\dfrac{k_i(k_i-1)}{2}$,如果这 k_i 个相邻节点之间实际存在的连边数为 t_i,则 $t_i = \sum_{j=1}^{k_i} M_{ij}$,则节点 a_i 的聚集度为 $C_i = \dfrac{t_i}{\dfrac{k_i(k_i-1)}{2}} = \dfrac{2\sum_{j=1}^{k_i} M_{ij}}{k_i(k_i-1)}$。整个网络的聚集度用所有节点的聚集度的平均值表示,用来衡量网络内所有相邻企业之间的联系紧密度。

$$\overline{C} = \frac{1}{n} \sum_{i=1}^{n} \frac{t_i}{\dfrac{k_i(k_i-1)}{2}} = \frac{1}{n} \sum_{i=1}^{n} \frac{2\sum_{j=1}^{k_i} M_{ij}}{k_i(k_i-1)} \tag{6.4}$$

其中,k_i 表示与节点 a_i 相邻的节点数,$t_i = \sum_{j=1}^{k_i} M_{ij}$ 表示节点 a_i 与相邻节点之间实际的连边数。

4. 介数是由 Freeman(1979)[①]首先提出的。在图 $G = (V, E)$ 中,设 $\sigma_{st} = \sigma_{ts}$ 代表从节点 $s \in V$ 到节点 $t \in V$ 路径的数目。设 $\sigma_{st}(v)$ 代表从节点 s 到节点 t 的最短路径经过节点 $v \in V$ 的数目。则节点介数的定义是:

$$C_B(v) = \sum_{s \neq v \neq t \in V} \frac{\sigma_{st}(v)}{\sigma_{st}} \tag{6.5}$$

---

① L. Freeman. Centrality in social networks: Conceptual clarifications. Social Networks, 1979 (1).

二、扩散节点的风险敏感性

在产业集群风险扩散系统中,风险在网络中扩散的关键主体就在于企业,换言之,企业在风险扩散系统中充当扩散节点的角色。无论是进行风险预警还是控制风险扩散,对关键扩散节点,尤其是初始节点的识别是不可缺少的一环。

关键扩散节点和初始节点可以通过风险敏感性来判断,与节点的度数和介数有关。某个节点的节点度数越大,相对的扩散路径就越多,扩散范围就越大;某个节点的介数越高,经过节点的最短路径的条数就越多,风险经过该类节点扩散起来就越快。换言之,网络节点的度数越高,介数越大,相应的风险敏感性也越高,就越容易受到其他相关联节点企业的风险扩散的影响,也越容易诱发其他节点风险的发生,其成为初始节点的可能性也越大。当集群网络受到攻击时,风险容易通过这些企业向其他企业快速扩散。在有限时间内,在既定资源下,通过加强那些可能成为初始节点的企业的风险预警、风险疏导等工作,在风险扩散时优先保护度数较高、介数较大的关键扩散节点,比仓促地、随机地选择节点进行保护具有效率高、见效快、防范及时、控制有力的优点。

高度数和高介数的节点在风险扩散和改善系统网络结构中的重要地位,因此识别这些高度数、高介数的节点,对于控制风险扩散、改善和提高网络的安全稳定性具有重要意义。

根据以上分析,用节点度数累积分布函数 $P(k)$ 和介数累积分布函数 $P(s)$ 来表示系统风险敏感性的大小,公式如下:

$$P(k) = \sum_{k' \geq k} p(k') \tag{6.6}$$

$$P(s) = \sum_{s' \geq s} p(s') \tag{6.7}$$

其中,$P(k')$ 表示度数为 k' 的节点个数占节点总数的百分比,$P(s')$ 表示介数为 s' 的节点个数占节点总数的百分比。

例如,在图 6.1 所示的风险扩散网络中,节点总数为 166 个,其中,介数在 $[0,10)$ 区间内的有 97 个,在 $[10,100)$ 区间内的有 41 个,在 $[100,1000)$ 区间内的有 27 个,在 $[1000,\infty)$ 区间内的有一个,因此可以用介数累积分布函数来表示系统风险敏感性如下:

$$P(10) = \frac{41 + 27 + 1}{166} \approx 41.57\%$$

$$P(100) = \frac{27 + 1}{166} \approx 16.87\%$$

$$P(1000) = \frac{1}{166} \approx 0.6\%$$

其中,风险敏感性最高的节点是节点介数为 3485 的节点,即所有通过该节点的两节点间的最短特征路径有 3485 条之多,这意味着风险在 3485 对节点间扩散的时候会经过该节点,该节点可以通过 3485 条路径将风险扩散到产业集群的其他节点上,其重要性可见一斑。介数大于 100 的节点占所有节点数的 16.87%,而一般认为复杂网络中 5% 的关键节点受到攻击,系统就会趋向崩溃,由此看来该系统内扩散节点的风险敏感性相对较高。

介数<10	黑色	97个
10<=介数<100	蓝色	41个
1000<=介数<1000	洋红色	27个
介数>1000	红色	1个

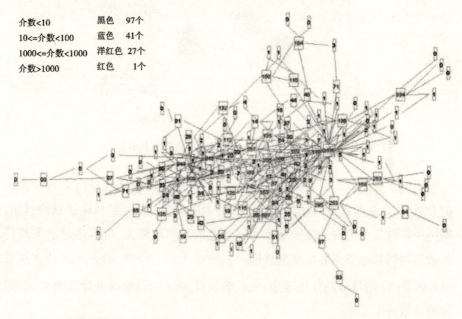

图 6.1 某一风险扩散网络中的节点介数分布模拟

三、扩散路径的风险敏感性

扩散路径,即风险扩散时所经过的扩散途径,在扩散网络中表现为节点对之间的连边。一般认为,风险优先选择扩散概率较大的边进行扩散。节点之间的风险扩散概率随着扩散路径长度的增加成指数级减少,当扩散概率低于 10^{-8} 时,则认为该节点处于无风险状态。但是,对于小世界网络特征的复杂风险扩散网络系统而言,除节点的风险敏感性之外,网络自身固有的拓扑结构也会对风险扩散造成影响。这是因为在实际产业集群网络中,那些混合式大范围生产的风险足以与轮轴式小范围的风险总和相提并论。因此,有必要考察扩散路径的风险敏感性。

扩散路径的风险敏感性,即网络中的边的敏感性,决定于通过它的最短路径数。例如,与产业链内部的边相比,网络中产业链间的边所连接的是不同产业链中的节点,所以其风险敏感性相对较强。如图 6.2 所示的网络,它含有 M 和 N 两个明显的产业链,这两条产业链之间有边 AB 相连,所以边 AB 具有最大的风险敏感性。如果去掉这条边,网络就会分解为两个独立的产业链,网络结构就会遭到较为严重的破坏。

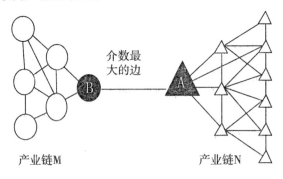

图6.2 不同产业链之间的连边具有大的介数

根据节点介数的定义,将通过某一连边 e 的最短路径数目定义为该连边的介数,用以衡量扩散路径的风险敏感性程度。扩散路径的风险敏感性越强,网络中扩散节点之间的最短路径通过该边的几率就越大,风险通过这条路径扩散到网络其他节点的速度就越快。在图 $G = (V, E)$ 中,设 $\sigma_{st}(e)$ 代表从节点 s 到节点 t 的最短路径经过边 $e \in E$ 的数目,边 e 的两个端点分别为 u、v。则边的介数的定义是:

$$C_B(e) = \sum_{s \neq u \neq v \neq t \in V, e \in E} \frac{\sigma_{st}(e)}{\sigma_{st}} \tag{6.8}$$

同时,还可以考虑节点的风险扩散强度。某一连边的最短路径数目定义为该连边的负荷,负荷越大,节点对之间最短路径通过该边的几率就越大,风险越容易通过该边快速扩散。假设某个产业集群内有 n 个企业,即在产业集群风险扩散网络中有 n 个扩散节点,用 $p(e_{ij})$ 表示风险由节点 a_i 直接扩散到节点 a_j 的概率,其中,当节点 a_i 与节点 a_j 之间的连边数为 0 时,$p(e_{ij}) = 0$。用 $l(e_{ij})$ 表示节点 a_i 与节点 a_j 之间连边的负荷,用来衡量扩散路径的风险承载力。综合风险扩散概率和风险承载力的影响,节点 a_i 与节点 a_j 之间的扩散路径的风险扩散强度用连边 e_{ij} 的风险扩散强度来衡量,公式如下:

$$I_{ij} = w_p p(e_{ij}) + \frac{w_s l(e_{ij})}{\sum_{i \neq j} l(ei_j)} \qquad 1 \leqslant i,j \leqslant n \qquad (6.9)$$

其中,w_p、w_s 分别为风险扩散概率和强度所应对的权重。通过对风险扩散强度 I_{ij} 进行归一化处理,并将该强度作为连边的权值 $I'_{ij} = \dfrac{I_{ij}}{\sum_{i \neq j} I_{ij}}$。

四、产业集群风险扩散模型

当风险扩散网络中的某个扩散节点的风险增加或者出现危机,这种情况可以理解为节点在集群中所起作用的"功能失效"时,这一"功能失效"会通过扩散作用传染给关联节点,并逐渐波及其他非节点,引起网络中的链式反应。为描述这一风险扩散过程,引入小世界网络来构建风险扩散模型,模拟和预测产业集群风险在产业集群内的扩散路径。

在并行算法中,蚁群算法作为一种新型的模拟进化算法,具有较强的鲁棒性,适合于求解那些在图表上的最佳路径问题,鉴于此,可以采用蚁群算法来求解最大风险在网络中的扩散路径。

根据前面的分析,风险扩散过程中,求解风险扩散路径的数学模型可以描述如下:

$$\begin{cases} max & \sum_{k \geqslant 0} w(k) l(v_k) \\ s.t. & \prod_k p(e_{ij})^k \leqslant 10^{-8} \qquad i \in F_{k-1} \quad j \in F_k \end{cases} \qquad (6.10)$$

其中,w_k 表示第 k 步扩散的相对重要度,F_k 表示风险在第 k 步扩散后,将影响到的节点的集合。每经过一次循环,各条路径上的信息素按照一定的比率进行更新,这一更新比率可以用公式表示如下:

$$\tau_{ij} = (1 - \rho) \tau_{ij} + \Delta \tau_{ij} \qquad \Delta \tau_{ij} = \sum_{l=1}^{N_a} \Delta \tau_{ij}^l \qquad (6.11)$$

其中,$\rho(0 < \rho < 1)$ 表示信息素的挥发程度,N_a 表示蚂蚁数量,$\Delta \tau_{ij}^l$ 表示第 l 只蚂蚁留在路径 $a_i a_j$ 上的信息素的增量,可以用如下公式表示:

$$\Delta \tau_{ij}^l = \begin{cases} QD_l & \text{蚂蚁经过路径 } a_i a_j \text{ 时,} \\ 0 & \text{其他情况下} \end{cases} \qquad (6.12)$$

其中,Q 为常数,D_l 是第 l 只蚂蚁找到的风险扩散路径的目标函数值。

因为风险在产业集群进行扩散时,优先选择扩散强度大的边进行扩散,所以 t 时刻节点 a_i 与节点 a_j 之间的启发式信息值可以定义为 $\eta_{ij}(t) = I_{ij}^k$,其中,I_{ij}^k 为第 k 步扩散时,节点 a_i 与节点 a_j 之间的风险扩散强度。

定义 t 时刻第 l 只蚂蚁在节点 a_i 选择前往节点 a_j 的概率为:

$$
P_{ij}^{'}(t) = \begin{cases} \dfrac{\left[\tau_{ij}(t)\right]^{\alpha}\left[\eta_{ij}\right]^{\beta}}{\sum\limits_{j \in N_i^l}\left[\tau_{ij}(t)\right]^{\alpha}\left[\eta_{ij}\right]^{\beta}} & j \in N_i^l \\ \\ 0 & \text{其他} \end{cases} \tag{6.13}
$$

其中,α、β 分别为控制信息素和启发信息素对概率影响大小的参数,N_i^l 为蚂蚁 l 位于节点 a_i 时的可行邻域节点集合。

第二节　产业集群风险的扩散方式

产业集群风险通过物流、资金流、技术流和信息流这四类途径在集群内的扩散节点之间进行扩散。既要认识到风险存在的广泛性,也要认识到风险扩散方式的多样性,这对于进一步了解风险运动规律,预测和控制关键风险的动向,防范产业集群大范围扩散和危机爆发具有重要意义。

一、按是否发生耦合作用划分

按照风险在产业集群内扩散的过程中是否发生耦合而将风险划分为稳态扩散和非稳态扩散。

1. 稳态扩散

产业集群风险的稳态扩散是指产业集群各类风险在扩散过程中基本上互不干扰,各自按照各自的路径进行扩散,其耦合程度低于风险性质发生突变的临界点,因此风险仅仅沿着扩散路径发生量的变化,而不发生质变。在这种情况下,产业集群风险扩散仅仅表现为产业集群系统内部的风险能量转移过程,其扩散规律类似于自然界中的其他能量转移规律。由此,可以推导出产业集群风险扩散的公式为:

$$
q_{ij} = \frac{\Delta R_{ij}}{\delta_{ij}/\lambda} \tag{6.14}
$$

其中,q_{ij} 为风险从扩散节点 a_i 到节点 a_j 的风险转移量,ΔR_{ij} 为扩散节点 a_i、a_j 之间的风险势差,δ/λ 为风险扩散过程中的阻力,其中 δ 为扩散节点 a_i

与到节点 a_j 之间的最短特征路径距离，λ 为风险的扩散系数，风险的扩散系数取决于各类风险自身的性质。

式(6.14)反映了风险以稳态方式扩散时，风险的转移量受到风险的扩散系数、节点间的风险势差影响。扩散系数越大，势差越高，风险转移量就越多。由于产业集群风险扩散网络自身具有小的平均距离，不同的风险转移量受 δ 影响并不大。

根据这一分析，当风险以稳态方式扩散时，应注意：

第一，产业集群存在多种风险时，不同性质的风险，其风险扩散系数不同，其产生的风险转移量也是不同的，应该主要先应对解决扩散系数大的风险。

第二，节点间势力差越大，风险转移量越多。这就要求在风险来临之前，做好关联节点之间的风险势差评估。将节点之间的风险势差控制在一定水平。

2. 非稳态风险扩散

产业集群风险之间相互作用、相互联系、相互影响，当耦合程度高于风险性质发生突变的临界点时，就会在耦合作用下产生新的风险，具有新的特征。

由于新风险的产生和扩散往往是在风险扩散过程中的某一瞬间完成的，加上企业在风险感知时存在着"滞后效应"，新风险产生后，原有的风险仍然继续在产业集群内扩散，因此，这一类风险更加具有迷惑性和隐蔽性。例如，产业集群内"搭便车"、"偷懒"等行为日益增多后，往往会导致产品低价竞争和道德风险，个别企业为压缩成本，产品质量就会大打折扣，甚至逐渐走向违法道路。生产假冒伪劣产品，这时候的各类风险在耦合作用下，已经演变成为集群品牌风险，所损害的不仅仅是个别企业的利益，而是集群内所有企业的生存危机。

因此，对待这类风险扩散方式，主要应该从降低耦合程度入手，避免新风险的产生。一是可以通过降低相关风险的扩散能量，使之耦合程度低于风险性质发生突变的临界点所需要的能量；二是控制避免风险之间的相互影响、相互作用。耦合作用往往发生于几类风险扩散路径交叉处的扩散节点上，因此可以控制关键的扩散节点，加强对相关企业的风险疏导、风险分散工作。

二、按照扩散能量的变化划分

1. 渐弱式扩散

有的风险在扩散初期具有突发性、能量强、穿透力强的特点，但是随着时间的推移,风险在扩散过程中能量逐渐减弱,呈现出"强弩之末,势不能八鲁缟"的特点,因此称其为渐弱式扩散。

这一类风险发生时,产业集群往往发生整体性结构坍塌,产业集群内的企业关系发生错位、断裂,由此造成产业集群从上游企业到下游企业,从生产领域到配套服务领域的整个产业集群体系都发生剧烈"抖动",所引起的一连串的破坏力极强。这类风险的扩散距离比所有扩散节点之间最长的特征路径还要长,也就是不论两个节点有多远,风险都能够扩散过去。大多数情况下,这类风险往往先引起产业集群的发展形势突飞猛进。一段时间之后,风险在结构层面积累足够的能量,才开始集中爆发,使产业集群的发展从巅峰迅速跌入低谷。例如陕南的黄姜产业在 2005 年前后盲目扩大种植,引起黄姜小加工企业的大量涌入,而相应地全国年生产能力 100 吨以上的皂素生产企业只有 10 多家,因此就造成了黄姜种植、加工、再加工的链条处于无序发展状态(刘义成,2005)①。这不仅造成黄姜、皂素急剧贬值,而且还造成了地表水、地下水的严重污染。

2. 渐强式扩散

也有些风险在刚开始形成时,能量不大,破坏力不强,但是只要条件适合,就会在扩散节点逐渐发展,增加风险运动的动力和能量,使得风险扩散呈现出逐渐加快、逐级放大的特点。这时候一旦风险源的风险增加,其产生的能量就会成倍增加,对集群所造成的威胁也会大幅上升。例如,2008 年第一季度,温州有 70 多家鞋厂企业停工转型(匿名,2008)②,上游供货商很难将所有的成本上涨压力转移到下游更加强势的大企业身上,部分配套企业倒闭或者半停工,温州市鞋革行业协会形容当地小企业处于"举步维艰"的境地,认为停工放大了产业链的风险。

应对这类风险时,主要应该有两点:一是在早期做好风险防范工作和风险扩散控制工作,降低风险产生、放大的机会。重视风险因素的异常变动,加强早期风险扩散预报、监控、防范和控制,从风险源上避免风险的逐级放大。二是在扩散过程中加强过程控制,从扩散节点看,并不是所有的扩散节点在风险

---

① 刘义成:《陕南黄姜产业发展症结透析》,[2005－05－08] http://www.drcnet.com.cn/DRCnet.common.web/DocViewSummary.aspx? LeafID = 12&DocID = 341845.

② 匿名:《温州鞋业停工效应放大产业链风险》,[2008－5－23]。http://www.88088.com/wzpp/jdal/2008/0821/323628.shtml.

逐级放大的地位和作用都是相同的,只有部分节点是满足风险能量增加的条件。因此,应该鼓励企业根据这一条件将不同的扩散节点划分为不同的等级,对他们之间的联系实行分级管理。这样就可以通过控制关键节点、重要节点来减少风险能量增加、动力提升的概率。

三、按照扩散路径的组成形式划分

串联式扩散与并联式扩散最大的差异在于扩散路径的组成形式不同。串联式扩散的风险是沿着同一条扩散路径在节点与节点之间进行扩散的;而并联式的扩散路径不止一条。此外,风险扩散还存在着混合式风险扩散,即风险扩散同时具有串联式和并联式的风险扩散方式。这里主要简单介绍串联式扩散和并联式扩散。

1. 串联式扩散

具有串联式扩散特点的风险,单位时间通过扩散节点的风险流量是相同的,两个节点的风险势差的大小取决于节点处的风险阻力的大小,因此风险转移量也有所不同。风险的扩散方式具有显著的串联特征。节点之间的风险流量相同,但是由于节点阻力不同而造成风险势差有所不同。如图 6.3 所示的串联式扩散,当产品价格下降时,制造企业将产品成本转移给供应商,再扩散到原材料采购商。在这个过程中,如果供应商很难消化成本转嫁带来的不利因素,那么其两端的风险势差较大,风险转移量较大,原材料采购商将承担较多的成本压力。反之,其两端的风险势差较小,风险转移量较小,原材料采购商承担的成本压力较少。

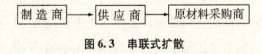

图 6.3 串联式扩散

2. 并联式扩散

具有并联式扩散特点的风险,节点之间的风险势差相同,但是由于节点阻力不同而造成单位时间的风险流量不同,其风险转移量是相同的。如图 6.4 所示的并联式扩散,例如,制造商、供应商、原材料采购商面临同样的劳动力价格上涨的压力,风险沿着物流同时传向企业 A、B、C。在这个过程中,A、B、C 两端的风险势差相同,但是由于各个企业的节点阻力不同,造成风险流量不同。这一类风险在扩散过程中不仅仅影响到某一行业或某一部门,而是影响到集群内所有部门、所有行业。与串联式扩散相比,在相同时间内,其风险强度不一定很高,但扩散范围要广得多。

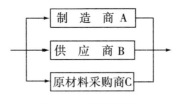

图 6.4　并联式扩散

四、按照扩散方向划分

此外,风险扩散还具有明显的方向性。根据生产流程方向,可以将风险扩散方式分为:正向型扩散、反向型扩散、辐射型扩散。

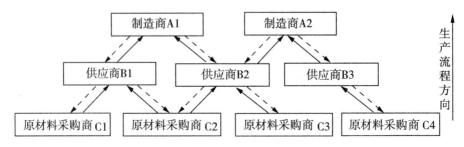

图 6.5　企业之间的生产流程示意

正向型扩散表现为风险沿着生产流程方向进行扩散,由原材料采购商经过供应商,再扩散到制造商。在图 6.5 中表现为 C1→B1→A1 这段路径所代表的方向。反向型扩散表现为风险沿着与生产流程相反的方向扩散,由制造商企业向原材料采购商的方向传递。在图 6.5 中表现为 A1→B1→C1 这段路径所代表的方向。辐射型扩散表现为风险由核心企业开始,沿着供应链向其他相邻成员企业传递。在图 6.5 中表现为 A1、A2←B2→C2、C3 这段路径所代表的方向。在供应链中,处于核心地位的企业与其他企业之间存在着合作利益和合作信任上的博弈均衡,一旦企业感到合作并没有得到应有的回报,并且在合作过程中由于个体理性的存在而导致信任风险的发生,其合作的积极性便会降低,从而增加了不合作的风险。供应链中处于强势地位的核心企业,有时会加大对其他企业的权力控制,做出对自己有益而对其他企业不利的决策和行为,这种权力控制会产生企业之间的矛盾和冲突,合作风险也会从核心企业开始向其他企业传递。

第三节　产业集群危机

风险在集群内大规模地扩散,风险能量迅速增强。当风险能量达到产业集群无法承受的程度时,风险就嬗变为产业集群危机。因此说,风险不断扩散的结果必然引起产业集群危机。这个时候,由于集群内产品的需求减少或停滞,产业集群中企业大量退出,只有少量的新进入者,企业数目减少,集群的集聚度下降,产业链出现断层或发生断裂,网络结构缩减并重构。

由于重构后的网络结构的结构完整性尚不完善,并且重构尚需要一定的磨合期,因此,在一段时间内,集群内的资金、物质、技术、信息的传递速度大幅减缓,组织学习能力、技术创新能力、市场应对能力、信息传递能力也大大削弱,产业集群衰退并趋向。因此,产业集群重构需要的时间越长,磨合期越长,结构完整性的恢复速度越慢,对产业集群的生存就越不利。

产业集群自身陷入危机泥潭,难以自救,这就必须依靠政府、行业协会等权威组织提供及时的危机善后处理措施,稳定危机相关的企业的正常生产经营活动,减少危机造成的损害范围,避免与其相关联的部分因此受牵连,减少危机在集群内的扩散程度、对集群的破坏程度,尽量保护和尽快修复当地产业链的结构完整性,保证区域经济的生产、经营活动。要达到这一目的,就需要危机处理机构在危机迹象出现后,通过搜集各方面的信息,对危机类型、危机来源以及可能蔓延的范围、可能造成损害的严重程度等作出确认,以此为基础编制危机处理计划,指导危机处理活动,根据经济环境、物质资源、公众反应、最新得到的信息以及实现的效果,使危机处理活动在不断调整完善中有计划、分步骤地进行。危机处理及时,不仅有利于消除危机所造成的损失,恢复集群的正常生产活动和信誉,还对促进产业集群结构升级、提高集群的知名度和美誉度大有裨益。

第四节　小　结

通过对产业集群风险扩散网络、扩散方式的剖析,能够进一步了解产业集群风险扩散机制,做好风险预警、风险防范、风险控制等工作,防范产业集群大范围扩散和危机爆发具有重要意义。一方面,从扩散网络的角度来说,可以通过对扩散节点(包括初始节点)、扩散路径的风险敏感性的判断,达到识别关键扩散节点、关键扩散路径,模拟风险扩散路径,进而使风险预警、风险防范、风险控制等工作做到有的放矢;另一方面,从扩散方式的角度来考虑,在信息不充分、风险模拟扩散路径出现偏差的时候,粗略预测并控制关键风险的动向。

下　篇

第七章 产业集群(以浙江省为例) 升级与风险

根据国际经验,在工业化中后期,产业结构变动对经济增长的平均贡献将达到工业化进程中11%的最高水平。但是有关资料①表明,在2000—2006年间,产业结构变动仅仅提高了浙江省年度经济增长率的0.18%,它对浙江经济增长的贡献率仅为1.6%。这说明产业结构对经济增长的贡献率被各类风险大大削弱了。受浙江经济大环境影响,如果在产业集群升级过程中,忽视了产业集群风险问题,那么产业集群升级后难免也会出现这种尴尬局面,即产业集群升级所带来的产业结构变动对经济增长的贡献率被产业集群风险大大削弱。

随着浙江省政府对提升"块状经济"、促进产业集群升级等一系列问题的重视,各地政府积极研究并采取了一些支持性的政策措施,但在如何控制产业集群风险,促进产业集群升级发展问题上的研究还不够深。尤其是在这一轮世界经济危机面前,产业集群发展中累积的众多问题开始显现。在此情况下,从产业集群风险传导与扩散角度,理论联系实际地研究产业集群风险控制问题,有助于推动产业集群升级,有助于进一步发挥和展现浙江块状经济的优势,有助于全力推进"八八战略",进而实现浙江经济的可持续发展。

结合前文的理论,本章通过具有针对性的案例研究,为控制产业集群风险提供了一个新的研究视角,为促进产业集群升级发展的顺利实现提供了一些可资借鉴的案例。

---

① 石磊:《主导产业及其区域传导效应分析》,《管理世界》1994年第2期。

第一节　国内产业集群升级特点及形势

一、以工业园区为空间基础,提升集群的组织化程度

中国的新兴产业集群大多是在发展工业园区的基础上,通过地方政府力量和市场力量的共同推动形成的。这种发展方式,虽然避免了市场竞争的无序性、盲目性、资源浪费等;但另一方面也对地方政府提出了新要求、高要求,即加快政府职能转变,做好产业集群发展规划。在做好产业集群规划的同时,应该按照市场经济的规律和产业集群发展的要求,通过技术创新来积极探索产品结构调整和产业升级与产业链两个方向的延伸。通过产业链延伸,拉动成千上万的中小企业向集群化方向发展。

目前,由于缺乏系统的科学的产业集群规划,产业集群升级还面临着内部结构不完善、集群组织化程度不高、分工协作程度低等问题。因此,在产业集群升级的同时更要兼顾到产业集群自身的制度完善与结构完善,产业集群可持续发展环境的完善,等等。

二、市场竞争环境不断改善,自主创新能力有待提高

市场经济条件下,市场对资源配置起主导性作用,良好的市场竞争环境是经济健康发展的基础。我国积极做好完善市场服务体系、健全市场机制、规范市场秩序、加强市场监管和引导等工作,学术界也积极探讨如何走出恶性竞争的问题,市场竞争环境得到很大改善。但是产业集群仍面临着内部发展环境较差及外部制约加剧的困境。一方面是集群内缺乏社会化服务体系、信用体系等的支撑;另一方面面临着土地、资本等要素供给不足,环境污染严重,国际贸易壁垒层出不穷,国际贸易纠纷加剧等外部约束。

实行产业集群升级,首先要提高自主创新能力。中小企业规模小、投入低,在市场竞争环境不完善的同时,始终面临着自主创新能力不足的问题,这影响了产业集群在科研开发方面的投入,企业同质化、产品同质化问题久积成弊,最终会导致产业集群在产业链不断延伸过程中,同类企业、同类产品的恶性竞争难以避免,相互压价、低价竞争愈演愈烈。

三、集群竞争力逐渐形成,国际竞争力亟须提高

全国各地充分利用区位优势和劳动力成本优势,积极承接国际产业转移,逐渐形成了一批具有较强竞争力的产业集群。产业集群的专业化分工协作能

力不断提高,部分产业形成了较强的竞争力,推动了区域经济的发展,加快了城市化建设。

根据国际产业阶梯性转移的规律,随着人民币的升值以及综合成本的上涨,劳动密集型产业将逐渐转移到劳动力成本更低的越南、印度等国家。同时,我国自主创新能力不足,并且在技术引进上始终面临着发达国家的技术遏制。国际国内形势的变化对增强国际竞争力、加快产业集群升级提出了迫切的要求。

传统产业集群升级问题纳入全球视野,通过全球层面的治理机制,促使本地产业集群沿着增进附加值之路而升级。具体来说,就是要更为主动地、有选择地承接国际产业转移,提升分工地位,增强根植性。其次,充分发挥传统产业集群的竞争优势,通过合理的地域分工,在全区域内优化配置生产要素,推动区域经济协调发展,以提高区域经济总体效益。现阶段,在分工与协作的基础上,区域经济一体化的发展趋势已十分显现,区域内各产业生产要素自由流动的空间更加广阔,为具有比较优势传统产业集群的升级提供现实基础。

第二节 浙江省"块状经济"发展基本情况(2007 年)

全省"块状经济"的区块,以县(市、区)为基本单位,以工业总产值 5 亿元以上为统计范围,总共有 462 个,总体上处于产业集群的初级形态,相当数量还不是现代意义上的产业集群。推动低成本型产业集群向创新型产业集群提升,是浙江工业经济转型升级的战略重点。

"块状经济"是以制造业为主体,具有产业集群特征的区域经济形态。"块状经济"是浙江经济发展的重要支撑。发挥"块状经济"优势,建设先进制造业基地,是富有浙江特色的工业化新路。为引导"块状经济"向现代产业集群转型,浙江省经贸委对 2007 年全省"块状经济"发展情况进行了全面统计调查,掌握了基本情况,研究提出了对策思路。

一、"块状经济"的总体规模

2007 年,"块状经济"发展到相当大的规模,撑起了浙江工业的半壁江山,对全省经济发展的贡献进一步增大。全省"块状经济"的区块,以县(市、区)为基本单位,以工业总产值 5 亿元以上为统计范围,总共有 462 个。此即初始状态的"一县一品"和"一县多品"。以 11 个市为单位,将相同产业的区块进行归并统计,则"块状经济"有 373 个大区块。现实中,不少"块状经济"已突破"一县一品"和"一县多品"的行政性区域经济特征,形成更大范围的产业区。

2007 年,"块状经济"发展到相当大的规模,撑起了浙江工业的半壁江山,对全省经济发展的贡献进一步增大。2007 年,"块状经济"实现工业总产值 2.52 万亿元,占全部工业总产值的 53.4%。也就是说,全省工业经济总量中,有一半多的份额以"块状经济"的形态来存在,这在全国首屈一指,区域特色经济优势十分突出。

全省"块状经济"的生产单位(包括企业和个体工业单位)有 23.66 万个,占全部工业生产单位的 27.2%。"块状经济"的从业人员有 674.5 万人,占全部工业从业人员的 47.8%。由此显示"块状经济"的两大特点:生产单位众多和劳动密集型为主。表明"块状经济"在发展经济、扩大就业上发挥着十分重要的作用;也说明充分调动和依靠人民群众的创业积极性,构建大量富有活力的市场主体,推进工业化进程,是"块状经济"发展的成功实践。

1."块状经济"的区块规模

在以县(市、区)为单位统计的 462 个区块中:工业总产值在 10 亿元以下的有 100 个,占区块总数的 21.6%;工业总产值在 10 亿—50 亿元的有 250 个,占区块总数的 54.1%;工业总产值在 50 亿—100 亿元的有 53 个,在 100 亿—200 亿元的有 37 个,合计占区块总数的 19.4%;工业总产值超过 200 亿元的有 22 个,占区块总数的 4.8%,其中超过 300 亿元的有 14 个(见表 7.1)。

表 7.1 2007 年"块状经济"生产规模超 200 亿元的区块

块状经济	工业总产值	块状经济	工业总产值
萧山纺织	1264 亿元	余杭机械加工	336 亿元
镇海化工	957 亿元	诸暨袜业	328 亿元
绍兴县纺织(纺丝、印染)	747 亿元	宁波保税区液晶光电	326 亿元
永康五金	703 亿元	慈溪轻纺针织	290 亿元
慈溪家电	550 亿元	鄞州纺织服装	282 亿元
萧山机械汽配	550 亿元	温岭泵与电机	260 亿元
乐清工业电器	486 亿元	温岭汽摩配	234 亿元
鹿城服装	480 亿元	长兴纺织服装	224 亿元
诸暨五金	423 亿元	玉环汽摩配	224 亿元
余姚家电	380 亿元	吴兴印染织造	223 亿元
瑞安汽摩配	350 亿元	宁波江北有色金属	214 亿元

注:"块状经济"以县(市、区)为统计单位。

在以 11 个市为单位统计的 373 个大区块中：工业总产值在 10 亿元以下的有 79 个，占区块总数的 21.2%；工业总产值在 10 亿—50 亿元的有 189 个，占区块总数的 50.7%；工业总产值在 50 亿—100 亿元的有 42 个，在 100 亿—200 亿元的有 36 个，合计占区块总数的 20.9%；工业总产值超过 200 亿元的有 27 个，占区块总数的 7.2%，其中超过 300 亿元的有 17 个。

2."块状经济"的地域规模

"块状经济"分布于全省各地，在地理版图上形成块状明显、色彩斑斓的"经济马赛克"。在全省 90 个县（市、区）中，有 76 个存在工业总产值超过 5 亿元的"块状经济"，占总数的 84.4%。"块状经济"主要集中在环杭州湾和温台沿海地区。"块状经济"吸纳的从业人员数量，居前 6 位的市是：温州 104.9 万人，台州 96.2 万人，宁波 91.7 万人，嘉兴 85.6 万人，绍兴 83.8 万人，金华 77.8 万人。

主要按"块状经济"生产规模进行排列，前 20 位的县（市、区）依此是：萧山区、诸暨市、慈溪市、温岭市、镇海区、绍兴县、永康市、鹿城区、余姚市、余杭区、海宁市、桐乡市、乐清市、富阳市、平湖市、瑞安市、吴兴区、玉环县、上虞市、龙湾区。"块状经济"形成了区域经济发展的增长极，较发达的"块状经济"造就了较发达的县域经济。目前全国百强县（市）中，浙江经济强县的入围比重在各省市区遥遥领先（见表 7.2）。

表 7.2　2007 年"块状经济"规模前 10 位的县（市、区）

排序	县（市、区）	块状经济（个）	生产单位（千个）	从业人员（万人）	工业总产值（亿元）
1	萧山区	9	3.5	13.7	2388
2	诸暨市	14	37.5	34.6	1288
3	慈溪市	5	24	37.6	1107
4	温岭市	10	18.6	23.1	1052
5	镇海区	3	0.3	3	989
6	绍兴县	4	2.3	15.2	904
7	永康市	2	11.3	19.2	797
8	鹿城区	9	4.4	16.6	786
9	余姚市	14	7.3	16.2	766
10	余杭区	4	8.4	21.9	747

二、"块状经济"的产业构成

"块状经济"以特色优势产业为支柱。依托"块状经济"支撑产业和区域发展,是浙江制造业的显著特点。在此基础上,形成了一批全国性的制造中心和重要的产业基地。

1."块状经济"的产业分布

浙江"块状经济"的产业涵盖面甚广,渗透到绝大部分工业。在30个统计大类的制造业中,除烟草制品业外,均不同程度的存在"块状经济"。以工业总产值来核算"块状经济"的总量规模,在全部制造业30个大类中,总量规模超过1600亿元的有8个产业,超过2000亿元的有4个产业,即电气机械及器材制造业(2953亿元),纺织业(2690亿元),纺织服装、鞋、帽制造业(2420亿元),交通运输设备制造业(2337亿元)。

30个制造业中,"块状经济"吸纳从业人员在1万人以上的有17个产业;在10万人以上的有6个,即纺织服装、鞋、帽制造业(102万人),纺织业(78万人),电气机械及器材制造业(68.6万人),通用设备制造业(57.2万人),金属制品业(52万人),交通运输设备制造业(44.4万人)。

总的来看,传统产业依然是"块状经济"的主体,"块状经济"的最主要部分由轻纺和机械两大产业组成。浙江"块状经济"发达的产业,多数是在全国具有特色优势的产业,也就是地理集中度和区域分工水平较高、市场竞争力较强的产业。

2."块状经济"的产业变化

伴随经济较快发展,"块状经济"的产业结构也在发生变化。2007年"块状经济"总量规模居前8位的产业依次是:电气机械及器材制造业,纺织业,纺织服装、鞋、帽制造业,交通运输设备制造业,通用设备制造业,金属制品业,化学原料及化学制品制造业,化学纤维制造业。这八大产业的总体规模占"块状经济"总量规模的70%。而2005年浙江省经贸委所统计的前8位产业规模依次是:纺织业,纺织服装、鞋、帽制造业,电气机械及器材制造业,塑料制品业,金属制品业,通用设备制造业,交通运输设备制造业,工艺品及其他制造业。总的变化是,产业比重上升的主要是资金及技术密集程度相对高的产业,产业比重下降的主要属劳动密集型产业。这一变化,顺应了产业升级的一般规律,也体现了推进产业结构调整的积极效应。

三、"块状经济"的发展态势

在市场主导和政府引导的作用下,"块状经济"保持较好的发展态势,进一步向现代产业集群转型,加强了在全国的区域特色经济优势地位。

(一)产业结构不断调整

抓住发展特色优势产业这一中心环节,推进产业结构战略性调整,夯实"块状经济"发展的产业基础。

产业体系逐步深化。许多"块状经济"进一步拓展上下游的产业链接,更大范围实施产业整合,壮大产业规模,提高产业效率,进而打造国内制造中心和重要的产业基地。如绍兴县,以纺织业为主体的"块状经济"发展为全省最成熟的产业集群之一。目前已形成了纺织原料、纺丝、织造、印染、家纺、经编、服装、纺织机械以及纺织软件等较为完整、配套协作的产业体系,具有相当规模和特色优势。以此为支撑,绍兴县成为全国最重要的纺织制造基地之一,主营业务收入和自营出口额居全国2000多个县(市)首位;装备水平国内领先,无梭织机拥有量约占全国总量的1/5。2007年,印染布产量131亿米,占全国总量的1/3以上,印染加工产量125亿米,超过全国总量的1/4。技术含量和附加值相对高的纺机业实现跨越式发展,可望在三五年内成为绍兴县的强势产业和浙江重要的纺织装备生产基地。

出口规模持续扩大。2007年"块状经济"出口交货值5943亿元,相当于规模以上企业出口交货值的65%。"块状经济"各产业均有出口业绩,出口交货值超过200亿元的有8个产业。依次是:电气机械及器材制造业(990亿元),纺织业(804亿元),纺织服装、鞋、帽制造业(697亿元),交通运输设备制造业(504亿元),通用设备制造业,皮革、毛皮、羽毛(绒)及其制品业,金属制品业,工艺品及其他制造业。"块状经济"出口交货值最大的10个县(市、区)依次是:萧山(432亿元)、宁波保税区(362亿元)、绍兴(267亿元)、海宁、慈溪、鹿城、余姚、平湖、永康、温岭。

区域品牌培育见成效。各地将创建区域品牌作为提升"块状经济"的战略要点,在发展企业品牌的基础上,开展创建区域品牌的集体行动。至2007年,全省"块状经济"累计获各类全国性生产基地称号122个;获中国名牌产品称号184个,占全省拥有总量的63.7%,获中国驰名商标称号468个。温州市至2007年累计有34个"国字号"的产业基地落户,共拥有38个中国名牌产品,80个中国驰名商标,157个国家免检产品,进一步打响"温州制造"的区域品牌,成为全国知名品牌最多的城市之一。

落后产能淘汰加快。如平阳县以每年减少县财政收入 1.5 亿元、影响工业增加值增幅 15 个百分点以上的代价,整治水头制革,将 162 家重污染的制革企业压缩到 39 家;注重打创结合,推动行业向清洁生产和皮革深加工发展。再如富阳市近三年来淘汰了 85 家小造纸企业 5.9 亿元的落后产能,年削减废水排放 3960 万吨、COD 排放 5940 吨、二氧化硫排放 1408 吨、烟尘排放 485 吨。又如长兴县整治重污染的铅酸蓄电池产业,两年间将企业从 175 家减少到 50 家,剩下企业转产低污染的锂电池,全行业产值比整治前提高了 60%。

(二)支撑平台稳步构建

"块状经济"的支撑平台,主要包括工业园区(经济开发区、乡镇工业功能区)的发展平台,各类公共服务平台,以及企业总部集聚区。

工业园区成为"块状经济"发展的核心区。大规模建设工业园区,特别是特色工业园区,有力促进了"块状经济"二次创业,较大程度改变了"低、小、散"的面貌,形成了一大批产业基地,集聚发展效应不断显现。2007 年,117 个国家级和省级工业园区(开发区)的总投资占全省限额以上制造业的比重超过 60%,工业增加值和利润占到全省规模以上企业的 1/3。整合并规范发展乡镇工业功能区,累计入区企业达 2.3 万多个,工业总产值占全省全部工业总产值的 16%。顺应"全球化下的本地化"的国际产业发展趋势,依托工业园区,提升"块状经济"的整体发展水平。

公共服务平台为"块状经济"提供有效服务。企业、中介组织和政府部门共同构建各类服务平台,从创业服务、技术服务、商务服务、物流服务、会展服务、金融服务、培训服务、信息服务等方面,构建公共服务平台,发展生产性服务业,形成区域服务体系的初步框架。如绍兴县重点建设浙江纺织工业研究院,争取建成立足绍兴、面向全省的现代纺织技术及装备创新服务平台;诸暨市投资近 3000 万元,搭建大唐袜业公共服务平台,下设袜业研究所、行业产品质量检测中心、企业科技创新中心、电子商务中心、办证中心等"一所四中心"。

(三)产业集群引导进一步加强

不少地方重视抓好产业集群发展的引导工作,积极提供公共产品和服务,推动"块状经济"向现代产业集群转型。如金华市 2006 年以来推出了《关于培育产业集群提升工业经济竞争力的若干政策意见》等一系列政策性文件,制定了省内首个市级产业集群中长期发展规划；实施创新发展、产业升级、市场接轨、空间拓展、系统配套和开放带动等产业集群发展的六大工程，重点培育企业集聚度较高、产业竞争力较强、区域品牌效应较明显和区域创新体系、专业化分工协作体系、社会化服务体系较完善的八大优势产业集群。再如绍兴市 2007 年制定了产业集群培育提升工作方案，将发展提升"块状经济"作为推进工业经济又好又快发展的重点。

（四）"块状经济"存在的问题

浙江"块状经济"从总体上看，处于产业集群的初级形态。部分"块状经济"已发育为较成熟的产业集群，但相当数量还不是现代意义上的产业集群。正如德国的工业区位论鼻祖韦伯所说，尚处于通过企业自身扩大而产生集聚优势的初始阶段，还没有进入高级阶段，即各个企业通过相互联系的组织而实现地方工业化。许多"块状经济"虽然大量企业在同一区域、同一产业领域扎堆，但是没有构建起完善的区域创新系统和社会网络合作体系，专业化分工协作程度不高，缺乏较强的产业竞争力和综合经济实力。已经发展成产业集群的"块状经济"，总体上属低成本型产业集群，即以低成本为基础，走产业低端发展路线的产业集群，而不像发达国家的创新型产业集群，以创新为基础，走产业高端的发展路线。突出问题是：

1. 区域创新系统薄弱

创新网络方面：一是作为"块状经济"主体和创新主体的企业，大多缺乏优秀人才和自主创新能力，技术创新不够，较多依赖技术模仿和装备更新，导致"块状经济"的技术路径被锁定，产业长期低度化。二是区域合作创新机制不健全。主要是单个企业与科研机构、高等院校进行技术合作，缺乏企业之间的合作创新和知识交流，即建立在企业互信和利益共享基础上的竞争型合作创新，而合作创新是国外产业集群重要的创新战略。较多"块状经济"还没有构建科技服务平台，不少科技服务平台缺乏有效运作功能。

——创新环境方面：一是保障创新的制度安排不到位，特别是保护知识产权的法治环境不完善，产品仿制、侵害知识产权的现象较多。二是发展产业集群的公共政策支持体系不完备；社会化服务体系不健全，生产性服务业发展滞后。

2. 总体产业层次偏低

存在明显的产业结构缺陷。低层次产业、低端产品、低加工程度、低增值环节,构成大多数"块状经济"的产业结构特征。产业升级不快,轻纺和机械等传统产业依然是"块状经济"的主体,高技术产业、新兴产业发展不足。如作为高技术产业代表的通信设备、计算机及其他电子制造业,其"块状经济"只有11个,工业总产值只占"块状经济"总量的2.2%。许多"块状经济"将国际市场作为主导产品的主要市场,但企业处于国际垂直分工的底端,研究开发、营销和品牌等主要增值环节为发达国家的公司所掌控,陷于较不利的国际产业地位和贸易地位。不少"块状经济"的产业链延伸不够,产业扩张力和经济带动力不强。

"块状经济"过度竞争激烈。"块状经济"基本处在成熟的产业领域,进入壁垒较低,生产能力过剩,加之企业缺乏差异化竞争的优势和集体行动的规则,呈现"千军万马过独木桥"的状况。这导致不少企业经营困难,产业持续处于低利润率状态,影响市场经济秩序和区域后续发展能力。特别是出现了市场占有率攀高而边际效益递减的反经济规律现象。

3. 经济发展方式粗放

一方面,主要实行低成本、低价格竞争。但低成本竞争的缺陷则是明显的:其所依赖的劳动力、原材料及交易成本的廉价状况是要改变的,低成本的状况是不难复制和替代的;在全球竞争空前激烈,竞争焦点日益从价格竞争转向技术竞争、创新竞争的情势下,低成本的竞争优势是难以长期维持的。目前不少走在产业低端道路上的"块状经济",已因价格恶性竞争而难以自拔。另一方面,主要依靠物质资源消耗增长。相当部分"块状经济"缺乏创新能力,实行以大量消耗能源、原材料为基础的数量扩张,资源利用效率不高,对资源供给和生态环境带来较大的压力,可持续发展面临较大挑战。有的"块状经济"属于对环境影响较大的行业,企业分布密度大,废弃物排放量集中,不时发生环保问题,有的因此而衰退。

(五)"块状经济"的转型方向

"块状经济"进一步发展的方向,是向现代产业集群转型。产业集群是具有国际竞争力的地方产业组织形态,反映的是一群地理相邻、彼此关联的企业和相关机构,围绕主体产业展开经济活动。加快发展具有国际竞争力的产业集群,特别是推动低成本型产业集群向创新型产业集群提升,是浙江工业经济转型升级的战略重点。

推动"块状经济"向具有国际竞争力的产业集群转型,关键在于创新。产业集群提供了企业互动学习和创新发展的有效机制；创新是现代产业集群的本质特征，是产业集群持续发展的根本动力。要保持产业集群的创新活力，必须构建完善的区域创新系统，实现低成本产业集群转向创新型产业集群的较大突破。为此，立足创新，加快转型，培育产业集群发展的新优势。

培育企业集聚新优势。进一步推动企业集聚发展，完善企业组织方式，壮大产业集群规模。着力形成以大企业为龙头、中小企业为基础、专业化分工协作为纽带的企业组织结构，建立起既竞争又合作的新型企业关系。把市场机制和政策引导结合起来，突出培育主业突出、核心竞争力强的大企业大集团，发挥对产业集群发展的龙头引领作用。推动企业上市，利用资本市场做大做强。引导大企业通过联合、并购和运用品牌经营、虚拟经营等现代方式整合中小企业，提高产业集中度，破解"低、小、散"难题。完善专业化分工协作体系，构筑紧密关联的产业链，提高产业集群的组织化程度。在专业化分工基础上，培育"专精特新"的"小型巨人"企业。

培育产业升级新优势。抓住发展特色优势产业这一中心环节，推进产业结构战略性调整，构建现代产业体系。加大改造传统产业和培育高新技术产业的力度，推动主体产业从劳动密集型向技术密集型转型，从低加工度向高加工度提升，力争高产业层次、高技术含量、高附加值加工制造业占据"块状经济"的主导地位。抓好招商引资，着力引进现代制造业，形成新兴产业区，实现外力推动型的产业升级。突出产业招商，吸引龙头企业和协作配套企业集聚，促进产业链延伸。突破"行政区经济"的束缚，引导"块状经济"向更具规模优势的大产业区发展，打造国内制造中心和重要的产业基地。运用市场调节机制，发挥企业主体作用，加快淘汰落后生产能力。

培育技术领先新优势。重点推进区域技术创新体系建设，引导和支持创新资源向产业集群集聚，使之成为技术创新的活跃地、创新成果的密集区。广泛推行合作创新，采取委托—代理制合作创新、项目合伙创新、基地合作创新和研发公司合作创新等多种组织模式，在企业之间和企业与科研机构、高等院校之间开展联合创新行动。着力开发应用先进制造技术，特别是能突破产业技术瓶颈、推动传统产业升级的共性技术、关键技术及配套技术，运用领域广泛和市场潜力大的先进适用技术。以产品设计数字化、制造装备自动化、生产过程控制智能化、企业管理信息化和业务运营网络化为主要内容，推进企业信息化，实现生产经营方式根本性变革。

培育绿色制造新优势。以节能减排为主要抓手,推行高效率、低消耗和可循环、少排放的绿色制造模式,将"块状经济"发展成资源节约型和环境友好型经济。一方面,大力抓好节约发展。优化资源利用方式,尽最大可能节约各种资源。突出抓好节能降耗,特别是抓好重点用能企业的节能降耗。另一方面,着力推动清洁发展。全面促进清洁生产,防治工业污染,推动企业从先污染后治理向全过程预防污染转变。抓好公共环保设施建设,对"块状经济"的污染物实行集中处理;对废旧物质回收利用区块的污染进行综合整治。发展循环经济,有重点地构建从废弃物到再生资源的循环链,建设产业集群生态示范园区。

培育区域品牌新优势。突出实施品牌战略,推动"块状经济"从"数量经济"向"品牌经济"转型。加快企业从无牌生产、贴牌生产到有牌生产的转变,从少量品牌到大批品牌的提升,从自主品牌到知名品牌的跨越。在发展企业品牌的基础上,开展创建品牌的集体行动,进一步培育具有较大影响力的区域品牌(包括集体品牌、集体商标、原产地注册等)。构建品牌战略联盟,推动企业重组,壮大品牌经济规模。通过创建区域品牌,将产业集群打造成精品制造基地。严厉打击假冒伪劣等侵权行为,创造良好的区域品牌发展环境。学习国际品牌的创立经验,力争在发展国际品牌上有突破;加大本土品牌在国际市场的推介和输出力度,鼓励企业在海外建立自主品牌的营销网络。引导重点产业集群在创建区域品牌和有效遏制过度竞争的基础上,努力形成行业一体的产品定价优势。

培育平台支撑新优势。加强支撑平台建设,为产业集群发展提供重要依托和有效服务。一方面,建设好工业园区等发展平台。按照高水平开发、高强度投入、高标准进入、高密度产出的要求建设工业园区(经济开发区),使之成为产业集群的核心区。积极引导乡镇工业功能区健康发展,发挥其在培育产业集群中的独特作用。努力保障发展平台的建设用地需要,提高土地利用效率。依托发展平台,强力推进招商引资。规划建设好企业总部集聚区,发展总部经济。另一方面,构筑各类公共服务平台。企业、中介组织和政府部门共同构建各类服务平台,为产业集群提供创业服务、技术服务、商务服务、物流服务、会展服务、金融服务、培训服务、信息服务等多方面的服务。围绕公共服务平台建设,发展生产性服务业,提高产业集群的营运效率和竞争力,促进制造业和服务业的融合和升级。

培育网络联系新优势。把加强网络联系作为发展产业集群的重要基础。一是完善专业化分工协作网络。引导龙头企业扩大业务外包,分离扩散零部件生产;引导中小企业加入大企业的生产体系,发展专业化配套企业。通过构建协作网络,促进企业合作行动,获取范围经济。二是优化流通网络组织。以流通网络建设为核心,通过扩大销售终端、提升专业市场、推行加盟连锁和发展总经销、总代理等多种途径,推进流通组织创新,提高"块状经济"的流通效率和开辟市场空间。进一步发挥专业市场对产业集群的带动作用,重点规范发展一批辐射国内外、经济拉动力强的专业市场,使之成为产业集群的产品销售中心、价格形成中心、物流配送中心和信息传导中心。三是依托"块状经济"的龙头企业,探索推行供应链管理。将供应商、制造商、分销商和最终用户整合成网链结构,在生产经营全过程实施对信息流、物流、资金流的高效控制,形成新的竞争优势。四是加强企业自组织建设,有效发挥行业协会联系企业、服务企业的桥梁和纽带作用。

第三节　浙江省产业集群发展升级基本情况

浙江省产业集群,是以制造业为主体,富有浙江特色的区域经济形态,即"块状经济"。到2007年,在以县(市、区)为单位统计的462个区块中:工业总产值在10亿元以下的有100个,占区块总数的21.6%;工业总产值在10亿—50亿元的有250个,占区块总数的54.1%;工业总产值在50亿—100亿元的有53个,在100亿—200亿元的有37个,合计占区块总数的19.4%;工业总产值超过200亿元的有22个,占区块总数的4.8%,其中超过300亿元的有14个。

当前,浙江省产业集群升级的基本情况及主要特点表现在以下几个方面。

一、经济贡献不断增大

"块状经济"总量高速增长,在浙江省工业经济中占重要地位,"块状经济"对全省经济发展的贡献不断增大。按照亿元以上规模的统计口径,浙江省"块状经济"工业总产值从1997年的2662.2亿元增加到2005年的18405亿元,年均增长率为27.34%,工业总产值占全省工业总产值的比重从1997年的37.4%增加到2005年的60.9%。与之相比,同期全省生产总值的年均增长率为14.07%,全部工业增加值的年均增长率为13.6%。"块状经济"对浙江省经济的带动作用明显。按照 5 亿元以上的统计口径,2007 年浙江省"块状经济"工业总产值达到 2.52 万亿元,占全省工业总产值比重的 53.4%(见表 7.3)。

表 7.3 "块状经济"发展工业总产值及其占全省工业总产值的比重

年份	1997	2000	2003	2004	2005	2007
"块状经济"工业总产值(亿元)	2662.2	6086.9	10215.6	15826	18405	25200
工业总产值占全省工业总产值的比重(%)	37.4	49.0	52.8	64.0	60.9	53.4
年产值亿元以上的工业区块(个)	306	513	430	601	360	—
年产值 5 亿元的工业区块(个)	—	—	—	—	—	462
企业总数(万家)	13	23.69	—	30.84	—	23.66

资料来源:浙江省"块状经济"发展报告(1999 年、2003 年、2005 年、2007 年)。

"块状经济"在企业数量上不断增加,区块范围不断扩大,带动了区域的经济发展。按照亿元以上规模的统计口径,工业区块从 1997 年的 306 个增加到 2004 年的 601 个。2005 年区块数量减少到 360 个,但是工业产值却明显增加,达到了 18405 亿元。按照 5 亿元以上规模的统计口径,2007 年增加到 462 个。企业数量从 1997 年的 13 万多家增加到 2007 年的 23.66 万家,占全部工业生产单位的 27.2%。统计口径的改变,工业区块数量的变动,企业数量的增加,反映出不少"块状经济"已突破"一县一品"和"一县多品"的行政性区域经济特征,在更大范围内形成了产业链前后联系较为紧密、分工协作逐渐专业化的大型产业集群。

二、社会贡献不断增强

"块状经济"的蓬勃发展,加快了浙江省农村剩余劳动力的转移。2000 年,"块状经济"吸纳农村剩余劳动力 381.1 万人,2004 年达到 800.4 万人。到 2007 年为止,"块状经济"吸纳农村剩余劳动力达到了 674.5 万人,占工业部门吸纳农村剩余劳动力的 74.9%,占全省就业人员总数的 22.2%,成为工业部门吸纳农村剩余劳动力的主要方式。

"块状经济"的发展,为城乡和谐发展奠定了坚实的基础。一方面,工业经济在广大农村地区快速发展,大量工业企业向城镇集聚,乡镇产业结构逐步从以第一产业为主转变为以第二、三产业为主。2008 年 1—3 月,规模以上乡镇工业企业累计实现工业总产值 5111.1 亿元,同比增长 22.64%,占全省乡镇工业总产值比重的 60.79%,同比提高 3.73 个百分点。随着乡镇工业规模的不断扩大,供电、供水、交通运输、邮电通信、金融、商贸、餐饮等第三产业逐渐兴旺,促进了教育、科技、文化、卫生、体育事业的全面发展,扭转了农村乡镇与城市之间经济发展差距不断拉大的局面。另一方面,农村劳动力向城市转移,大大加快了城市化建设的步伐,城市化率不断提高。改革开放以来,城市人口年均增长超过 5%,城市化水平年均提高 1% 以上,到 2006 年,浙江省的城市化率已经达到 56.5%。

三、产业结构优化调整

产业集群的发展升级,促进了"块状经济"产业结构的优化调整。根据 2007 年的"块状经济"发展报告,"块状经济"所在的 28 个制造业中,产业比重上升的有 16 个,多数属于装备制造业及区域分工程度较高的特色优势产业(如金属和塑料制品、有色金属等),资源综合利用产业,高技术产业(主要是电子通信),以及近几年的热点产业(主要是以钢铁为主的黑色金属);产业比重下降的有 12 个,大多为增长潜力趋小的传统轻纺产业,此外是对环境影响相对较大的产业,重点整治产业(主要是化纤和以水泥为主的非金属制品)。资金及技术密集程度相对高的产业的产业比重上升,劳动密集型产业的产业比重下降,这一产业结构变化顺应了产业升级的一般规律,体现了推进产业结构调整的积极效应。

表 7.4

1	萧山:纺织、机械汽配	10	瑞安:汽摩配
2	镇海:化工	11	余杭:机械加工
3	绍兴县:纺织(纺丝、印染)	12	宁波保税区:液晶光电
4	永康:五金	13	鄞州:纺织服装
5	慈溪:家电、轻纺针织	14	温岭:泵与电机、汽摩配
6	乐清:工业电器	15	长兴:纺织服装
7	鹿城:服装	16	玉环:汽摩配
8	诸暨:五金、袜业	17	吴兴:印染织造
9	余姚:家电	18	宁波江北:有色金属

从主要产业集群来看,根据 2007 年浙江省经贸委对全省"块状经济"的

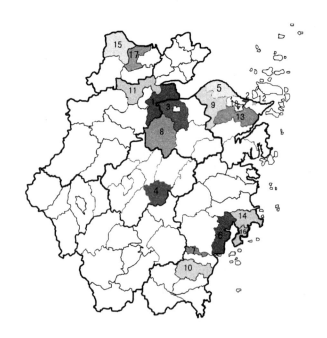

图 7.1　2007 年浙江省"块状经济"生产规模超 200 亿元的
工业区块：产业及地理位置

数据来源：根据 2007 年浙江省"块状经济"发展报告整理

发展现状的调查研究，2007 年生产规模超 200 亿元的工业区块主要有 22 个（见图 7.1），主要集中在八大产业：电气机械及器材制造业，纺织业，纺织服装、鞋、帽制造业，交通运输设备制造业，通用设备制造业，金属制品业，化学原料及化学制品制造业，化学纤维制造业。其中最主要的两大产业是轻纺类和机械类产业。

四、创新能力不断提高

全省各地围绕推进产业集群升级，加强自主创新能力建设。产业集群升级离不开自主创新能力的提高。提升技术含量、提高附加值成为产业集群升级的迫切需要。这一现实需要大大带动了全社会科研热情的提高。从研发经费上看，2007 年，全省全社会科技投入 500 亿元，比 2006 年增长 22.6%，其中 R&D 投入 275 亿元，比 2006 年增长 22.7%；全省规模以上工业企业科技活动经费支出同比增长 32.4%，新产品产值增长 29.5%，新产品产值率达到 14.3%；共获得国家科学进步奖 29 项；2007 年共有专利申请 68933 件，同比增长 30%，专利授权 42069 件，增长 36%，其中，发明专利申请量为 9532 件，同比增长 14.4%,授权 2213 件,增长 55.4%;大中型工业企业开发新产品投入从 1997 年的 86451 万元增加到 2006 年的 1787771 万元,年均增长 40% 以上。

第四节 浙江省产业集群风险

一、浙江省产业集群发展升级面临的风险

产业集群风险的存在,制约了产业集群升级对浙江经济的贡献率。按照国际经验,工业化中后期的典型特征是技术驱动成为区域经济增长的主要特征,产业结构变化对经济增长具有较大的平均贡献度。但是根据 2008 年浙江工业发展报告中的资料表明,在 2000—2006 年间,资本驱动对浙江经济的年均贡献率高达 81.2%,而产业结构变化对浙江经济增长的贡献率则仅为1.60%。目前,浙江省所面临的产业集群风险主要有:

(一)网络性风险

集群内过分集中和拥挤引起的行业过度竞争。浙江省大部分产业集群是区域性产业集中,是局限在行政区域内的区域半封闭式发展。区域半封闭式加上集群的粗放式发展,导致了新兴中小企业的横向发展战略趋同,同类企业的过度集中,集群发展出现"拥挤效应",公共物品的边际效应递减。如公共资源紧缺、要素价格上涨、交通拥挤、环境污染、过度竞争等问题涌现,集群发展的优势被削弱。浙江省企业调查队经过专项调查发现①,在全省规模以下工业企业中,39.5% 的被调查企业认为"行业过度竞争"是影响产业集群发展的主要问题。企业的过分集中和拥挤,造成集群的生产能力过剩,面对越来越狭小的市场空间,集群内竞争企业却越来越多,加上缺乏集体行动,进一步加剧了集群环境的恶化。

网络内资源性风险。如信任所带来的"代际锁定"风险。浙江省大部分产业集群的社会资本是依附于亲朋关系和家族关系的私人信任,产业集群具有天然的封闭性与排他性,逐渐会使集群内企业形成封闭的交易网络,而阻绝了与外界交易网络的联系。产业发展和集群初始阶段,这种依附于亲朋关系和家族关系的私人信任的资源和交易循环,可以为发展创造一种较为稳定的环境,有利于产业集群较快形成;但从长远来看,这种脆弱的信任关系,缺乏制

---

① 丁耀民、周必健:《浙江"块状经济"发展报告》,《浙江经济》2006 年第 12 期。

度约束和流畅的外部循环,使产业集群难以分散风险和增强抵抗风险的免疫力,不利于产业集群的健康成长。此外,在美国次贷危机影响下,中小企业极容易受到资金不足、贷款困难带来的资金链断裂的风险、民间借贷风险、技术创新投入风险,等等。

集群内企业改制缓慢。集群的活力取决于整个链条中所有企业生产经营管理的质量,企业生产经营管理的质量取决于企业制度的健全与否。浙江省大多数企业受家族式经营模式的局限,法人治理结构不完善,现代企业制度不健全,相当数量的中小企业缺乏战略经营理念,管理水平低,管理制度不健全。从企业改制进程来看,2007 年浙江最大的 247 家工业企业集团中,有的还未改制,其所有成员企业的改制面为 90.0%①。部分已改制的集团与真正意义上的现代企业制度还有一定差距。一些企业集团还存在产权关系尚未理顺、母公司体制不健全,缺乏对企业经营者的激励和约束等问题。企业改制缓慢,导致集群内的龙头企业与大企业集团存在着较大差距。2006 年世界 500 强中国有 25 家内地企业上榜,其中浙江企业为零,与浙江经济强省地位极不相称。2008 年度浙江省百强制造业企业集团中最大的杭州钢铁集团公司营业收入为 429.21 亿元,位列全国最大的 1000 家企业集团第 82 位,营业收入仅相当于世界 500 强最后一位——美国福陆公司的 37.67%。

产业集群自身调节机制不足,不能及时消除风险。产业集群自身无法调节集群内产能过剩的风险。由于市场容量有限,当处于持续高速增长时,其产能就面临着过剩的风险;集群缺乏集体行动规范。共同的集体利益无法稳固地建立在集群内企业的利益之上,当企业面临个体利益与集体利益的冲突时,难免就会为达到个人利益而不惜损害集体利益,给集群品牌、区域品牌等集体利益造成损失;必须依靠政府解决公共产品问题。公共产品供给不足与产业链断层,使得集群缺乏社会化服务体系与关联产业的有效支撑,造成人才与技术不断流失,甚至会发生集群外迁的现象;容易受周围区域经济发展的影响。由于人才"漏斗效应"以及区域土地价格差异的存在,相对弱势的区域往往选择依靠土地资源和各种政策优惠措施,进行圈地招商,通过"筑巢引凤"来发展产业集群,在建立劳动力教育培训机构和完善中介服务体系方面的积极性不足,如果对本地经济特色和产业集群发展的规律认识不足,很容易造成产业

---

① 余荣华、姜明君、于晓飞:《产业集群风险的传导与防范》,《浙江经济》2008 年第 11 期。

集群专业化分工不足,滞缓产业集群的升级。

（二）"自稳性"风险

集群内的"搭便车"行为、科技创新投入不足带来的"自稳性"风险导致产业集群创新能力衰退。一方面,资源共享是集群竞争优势的重要来源,但是大量企业都坐享外部溢出的好处,而忽视了自主创新,滑向低层次的技术模仿,引发恶性竞争,如永康的保温杯和滑板车的兴衰。二是科技投入不足。国际企业界普遍认为,研究开发经费占营业收入 5% 以上,企业才有竞争力,占 2% 仅够维持,不足 1% 的企业则难以生存。近几年,浙江省中小企业的产品销售收入虽然逐年增加,但同期研究开发费用却相对严重不足,这已成为浙江省产业集群技术创新水平差、产品科技含量低、企业核心竞争力弱的一个重要原因。据浙江省工商联 2007 年的一份调查显示,浙江省 2007 年新评上的 61 家拥有省级企业技术中心的企业,2006 年的研发投入是 3.05 亿元,占销售额的 3.69%,远远高于全国企业的研发投入占销售额 0.5% 的强度,且超过了发达国家 3% 的比例。但是,从全省范围来看,有 57.52% 的企业没有投入科研经费,中小企业研究开发新技术的费用占销售收入比重不到 0.2%,一般的劳动密集型民营企业的 R&D 投入水平平均不到 0.5%。另有一项统计数据显示,在浙江的 19 万家制造企业中,仅有 6% 拥有自己的专利。而这 19 万家制造企业当中,多数为民营企业。"搭便车"行为、科技创新投入不足,使得集群内的企业过度依赖技术模仿和价格竞争策略,造成产品仿制、知识产权侵权现象普遍存在,导致一些区块的技术路径被锁定,产业集群的总体创新能力不足,主体产业长期低度化。

（三）结构性风险

产业结构调整才刚刚起步,大部分产业尚处于全球产业链的低端,国际贸易地位不利,面临着产业结构性风险。许多"块状经济"属于出口加工型,将国际市场作为主导产品的主要市场,基本上处于国际垂直分工的低端。2007年浙江省统计年鉴显示①,在出口贸易中,一般贸易达到 993.8 亿元,其中加工贸易占 27.5%,高新技术产品占 10.2%,机电产品占 55.9%。在出口产品中,资本技术要素密集型的装备制造业也不具有优势,成套机械设备、交通运输设备、精密仪器、数控机床等产品仍缺乏国际竞争力。结构性风险的存在使

① 浙江统计年鉴编委会:《浙江统计年鉴 2007》,《浙江省统计局》2007 年第 12 期。

得不少企业为争夺出口订单不惜相互倾轧价格,出口无序现象突出,低价竞争现象长期存在,既会影响到国际价格谈判、出口效益,又容易引起国际贸易摩擦。例如,浙江纺织企业的国际地位已举足轻重,但在全球纺织品价值链中所占利润不足10%,难以进入产业链的高端,也存在这一方面的原因。

粗放型经济影响产业集群的升级发展与可持续发展。从浙江经济的发展来看,粗放型仍然是浙江经济增长的主要方式。2007年,浙江省规模以上工业增加值年增长17.9%,比全国规模以上工业增加值低0.6个百分点;而年利润增长率29.8%,却比全国要低6.9个百分点。经济的粗放型发展必然反映在产业集群的可持续发展上,如义乌小商品产业集群开始走的就是粗放式规模发展之路,一个很小的产品,通过集群内的规模化生产,就可以占到全球产量的一半以上,但由于这些商品大多技术简单,又没有品牌,很容易被人模仿,并常常由此引发恶性价格竞争,利润空间逐渐被大幅压缩。如果不扭转粗放型经济发展方式,产业集群内中小企业在蓬勃发展的同时,必然会过度集中在低成本、低技术、低价格、低利润、低端市场领域,这样不仅会导致土地、能源的大量低效率消耗,还会造成企业扎堆、产业集群集聚度偏高、应变能力下降等后果。因此,在今后一段时间内,必然会影响到产业集群的产业升级、结构升级和可持续发展。

(四)经济周期风险

美国次贷危机影响严重。浙江省约1/3的工业增长来自外需,美国是浙江省长期以来最重要的出口市场。浙江信保承保和报损的有关数据显示,金融危机对浙江出口行业的风险已经来临。过去5年里,浙江信保承保的出口业务中,金额报损率平均为1.3%,即每100万美元出口中平均有1.3万美元报损。但2008年以来,这一数据不断攀升,还没有出现到顶的迹象。上半年,浙江信保报损率已经达到1.6%,进入9月份以来,金额报损率出现攀升态势,9月份达到2%,10月份更是达到2.3%,比过去5年的平均水平增长了77%。这就是说,浙江省出口企业的收汇风险已经增加了77%,并将继续增加。

(五)社会性风险

集群的社会支撑体系尚不完备。国际经验表明,区域经济发展战略的主要着眼处,已不再是如何利用资源条件来选择发展支柱产业,而是如何通过发展产业集群,构筑具有国际竞争力的地方生产系统。20世纪90年代中期以来,产业集群的战略和政策,得到了联合国工业发展组织、经济合作与发展组织等国际机构的高度重视和积极倡导。意大利、英国、日本、澳大利亚、加拿大、芬兰、新西兰等许多国家及其地方政府,都把培育和推动产业集群创新发展作为重要的工业发展政策。目前浙江省、各地政府逐渐开始重视产业集群升级研究,开始采取了一些支持性的政策措施,但在政府部门定位、公共政策框架、创新发展体系、产业集群发展升级专项规划等许多方面的研究还不够深入,在制度支撑体系和配套服务支撑体系方面尚未取得具有可操作性的实质性进展。

(六)自然性风险

浙江省是资源小省,始终面临着自然资源、环境资源的约束。在新一轮的全球性原材料价格上涨和贯彻落实节能降耗政策的同时,区域经济稳定增长需要与资源约束现实之间的矛盾日渐突出。浙江省自然资源人均占有量低,一直是经济发展的硬约束,尤其是能源资源,90%以上的能源靠省外调入,外向依存度高,在全国已进入新的快速增长期、能源需求旺盛的大背景下,资源要素供给紧张、价格大幅上涨,压缩了企业的利润空间,对于集群的稳定发展产生了严重的制约。据绍兴县统计数据显示,2008年第一季度内,工业企业原材料购进价格的涨幅达到8%左右,远远高于工业品出厂价格2%的涨幅。土地资源原本就十分缺乏的浙江省在经历了大规模的土地开发利用之后,当前可供开发利用的土地更加稀缺,这使得先进制造业基地、众多正处于高速成长期的中小企业,由于土地的缺乏而不得不抑制企业规模的扩大,或者进行产业的转移。此外,环境的承载能力有限也成为产业集群升级的一个瓶颈。

二、浙江省产业集群风险演化趋势

在新的时代背景下,浙江省产业集群风险的演化趋势是,内源性风险的诱发因素增多、危害加剧,外源性因素的影响范围不断扩大;内源性风险和外源性风险在传导的过程中相互作用、相互加强,不断向产业集群风险演化。

（一）在新技术革命背景下,技术创新、产品单一化、资本专用性等风险突出显现。在共性技术节点上,由于产业集群的技术含量仍然较低,迫切需要共性技术产业的支持,但是中小企业无法承担起需要高投入的共性技术产业所带来的高风险;技术更新加快与单一化产品更新缓慢之间的矛盾突出。浙江省许多发展较早的产业集群,都或多或少地存在着产品单一、技术落后等问题;新技术革命加快了固定资本的更新和扩散,缩短了固定资本更新的期限,使得资本专用性风险更加突出,使处于产业纵向价值链的各环节上的企业面临着前后衔接和依赖关系的严峻考验。

(二)在信息时代背景下,信息传递速度加快,信息风险成为影响产业集群发展的新问题。信息流在从最终客户端向原始供应商传递的过程中,中国的中小企业间常常无法及时有效地实现信息的共享,导致信息扭曲和逐级放大,使需求信息失真增多,供应链上的需求变异放大现象,即"牛鞭效应",必然使产业集群的发展频繁出现波动。

(三)在知识经济背景下,知识产权保护成为一种重要的非关税壁垒,制约发展中国家相关产业的产业集群。近年来,更严格的知识产权保护已成为许多国家尤其是发达国家对抗发展中国家的主要贸易壁垒。以中美知识产权纠纷而言,中国若按照美方所提出的知识产权保护要求对其出口到中国的商品进行彻底的保护,实际是保护了美国的利益,促进了美国商品在中国市场上的垄断。对中国而言则是对本国相关产业集群的发展设置了障碍,阻碍了技术发展与创新。

(四)在金融全球化的背景下,集群内企业间紧密的协同合作关系将会加快金融风险的扩散。浙江省民间借贷活跃但不规范,当风险沿着资金流传导时,容易引起企业资金链断裂,造成资金停滞在资本循环的某一阶段,这往往会导致中小企业的资本运动中断,供、产、销活动无法顺利衔接。同时,由于跨国公司主要经济活动范围从国际流通领域扩大到国际生产领域,又深入到金融货币领域、信用衍生品市场,产业集群风险的影响范围也从单纯生产领域扩大到流通领域,金融危机、信用风险的市场影响作用更加明显。在浙江前十大贸易伙伴中,美国是第一大风险发生地。随着金融风暴像传染病一样在全球各洲蔓延后,浙江的报损率快速上升。根据中国信保统计资料显示,受次贷危机影响,2008年1—5月,浙江企业报损案件激增,报损金额高达3023.6万美元,同比增长80%;已决赔款892.4万美元,同比增长524%;短期险赔付率达到79%,高于中国信保平均水平47个百分点。进入9月份以来,金额报损率出现攀升态势,9月份达到2%,10月份更是达到2.3%,比过去5年的平均水平增长了77%。这就是说,浙江省出口企业的收汇风险增加了77%。

(五)在经济全球化的背景下,受国际市场影响明显。由于浙江省的经济外向性高,国际性的经济周期波动将对产业集群的发展造成一连串的损失。同时,在国际市场上,既受到发达国家的技术性遏制,也受到追赶国家的技术追赶。产品内需不足的问题日益严重,产能过剩势必导致集群内恶性竞争加剧。根据浙江省海盐紧固件同业商会的有关资料表明(李卫东,2008)①,自2008年9月份钢材、铜、铁等基本金属价格暴跌以来,在有"紧固件之城"之称的海盐,绝大多数企业已有一个多月几乎没有外来的订单了。有关研究表明,欧洲GDP增长率每下降1个百分点,中国对欧洲的电子和机械行业的出口(欧元计)就下降15个百分点。纺织品和服装行业的出口(对欧元区经济增长)弹性则是下降5%左右。鞋类产品的弹性最低,为2.5%。

(六)在经济区域化和一体化的背景下,产业集群的同构竞争严重,不利于区域内的资源优化。区域空间生存压力导致各地产业集群追求小而全,再加上市场细分不够合理、低水平重复建设,从而导致区域同构化严重。孙海鸣和赵晓雷(2005)②研究发现,长三角15个城市之间的产业同构率达到65%以上,支柱产业(如电子信息、汽车、新材料、生物医药工程等)的趋同率高达70%。随着新一轮的长三角高速公路建设,大上海与周边地区的"同构效应"愈加显现,若各区域的产业集群不能合理地错位发展,那么长三角经济带就会因为区域产业过于雷同、资源大量浪费而陷入发展困境。

(七)在产业全球化的背景下,国际产业重组与转移关系到一个地区的产业集群的发展。从历史经验来看,国际分工是一个不断重组、变化和转移的过程,先进国家的创新活动带动世界产业和贸易分工的不断上移,使产业结构不断进入资本和技术密集型的高级阶段,进而给后进国家腾挪出更大的分工空间。目前,随着浙江省产业结构的升级,劳动密集型轻纺产业维持快速发展所需的内力和外力都明显弱化,这给传统产业集群的生存和发展形成越来越大的压力。

(八)第二次世界大战后的再生产周期和经济危机产生了新的特点,日益频繁的周期性风险除了带来商品滞销、利润减少,导致产业集群生产急剧下降、生产力和产品遭到严重的破坏和损失外,已经扩散到资金、信用领域,主要表现为:集群内的中小企业财务风险加剧,企业资金周转风险加剧,集群信用、集群品牌甚至区域品牌日益重要。

---

① 李卫东:《金融危机对中国影响显现》,《浙江出口企业遭遇"订单荒"》,[2008-10-29] http://www.wlmqwb.com/2880/200810/t20081029_233109_1.shtml.

② 李永周:《美国硅谷发展与风险投资》,《科技进步与对策》2000年第11期。

三、产业集群风险传导扩散研究

在产业集群风险传导扩散过程中,风险扩散方式、扩散路径等实际问题应根据实际情况予以考虑。分析浙江省产业集群风险的传导扩散过程,主要从风险源、传导节点、传导途径、扩散节点四个因素加以考虑。

(一)风险源

从区域范围来看,浙江省产业集群所面临的风险来源主要有三类:第一,从国际方面看,受美国次贷危机影响,全球经济增长放缓,浙江省的外需动力减弱,主要新兴市场和发展中国家逐渐成为经济增长的新动力、产业阶梯转移的新区域;在国际技术合作中,将在较长一段时间内主要依靠国际技术转移提升产品技术含量,始终面临着来自发达国家的技术遏制和来自新兴市场所在国的技术追赶;在国际贸易中,随着我国经济不断增强,全球经济失衡日趋严重,发展中国家新兴市场的兴起,发达国家的贸易保护主义日趋严重,并开始向发展中国家蔓延,浙江省出口加工型企业将进入贸易摩擦的高发期。第二,从国内环境看,我国经济增长偏快转过热的趋势没有得到缓解,并难以得到根除,社会总需求和总供给的平衡关系趋紧。在政策上,节约集约用地的调控政策要求企业用地提高土地利用效率,稳中从紧的货币政策要求中小企业加强资金流动性管理,外贸出口政策的大调整、人民币持续升值都对企业构成经营压力,要求企业在行业洗牌中寻求突破。在劳动力问题上,劳动力成本优势逐渐削弱,技术型和高素质人才的紧缺,制约着企业创新发展。第三,从浙江省情况来看,工业经济快速发展付出了较大的代价。一些地方过度开发、不计代价发展的恶果不断暴露,高耗能、高排放行业增长偏快,节能降耗和污染减排的压力很大;工业投资增长不快,研发投入增加缓慢,难以从外延式投资向内涵挖潜式投资转变;工业发展受土地资源的严重约束,征地和项目落地难度趋大,开发空间不足,部分企业向外转移,无助于产业素质的提升;中小企业对资金、技术、管理等存在严峻挑战,生存经营难度加大;区域财政、技术、服务支撑体系有较大发展,但远远没有满足中小企业技术创新的需要。

(二)传导节点

目前,浙江省产业集群,主要加强集群品牌、共性技术服务支撑体系、自主创新能力等节点的建设,在提升区域品牌,建设区域共性技术平台、技术研发平台建设等方面取得了较大成就。但是,在融资、战略、信任、管理、道德等节点上还存在不足。例如,建材行业、纺织行业内许多企业存在着流动资金偏紧、融资难的问题;纺织行业的产品创新以仿制为主,大企业大力投资于证券、房地产、能源、交通及其他高收益商品中,对主营业务的研发创新投入较少等。

（三）传导路径

第一,在物流方面,一些中间层次的企业,刚有了改造提升的能力,由于在省内无法落实而外迁,导致产业集群内的分工协作链条断裂;一些装备水平不高的零部件加工、基础件锻造等行业缺乏投资、技术、土地的支撑,零部件维持在低水平上难以与产业升级后的产品标准相适应,集群内整机企业所需要的高要求、高标准的零部件只能从集群外调入。第二,在技术流方面,主要面临国外技术遏制、技术追赶和国内技术提升缓慢之间的矛盾问题。第三,在资金流方面,主要面临资金链断裂和高利贷等问题。第四,在信息流方面,主要存在风险预测信息不足、预测程度较低等问题。

（四）扩散节点

企业作为风险扩散网络中的主体,主要面临以下问题:第一,企业的科技投入和经营发展受到资金和人才的限制,造成技术创新能力薄弱,核心竞争力不强,仍然有48%的企业没有自己的注册商标。第二,企业的规模扩张发展路径受土地政策制约,集约发展受技术水平制约,造成整个传统产业结构升级缓慢。第三,产品成本受用工成本、资源要素成本的影响,产品销售受到美国次贷危机、人民币升值、贸易政策调整等影响。因此,浙江省的中小企业赢利水平不高,2007 年规模以下工业企业的每百元营业收入利润仅为 5.48 元,50% 的企业利润率仅仅为 5% 左右。第四,企业的抗风险能力差。以出口为例,由于受资金、产能和人才等制约,浙江中小纺企一般依赖国内外中间商,甚至会接下已转过三四手的订单,通过代客加工和贴牌生产赚取低廉加工费。一旦失去中间商订单,这些中小企业很容易陷入困境。在美国次贷危机影响下,一些抗风险能力弱的中小企业已处于停产或半停产的"濒危"境地,几个地区甚至发生大企业主卷款外逃的案件。

第五节　浙江省产业集群发展升级面临的问题

根据前面对产业集群升级、产业集群风险及风险传导扩散的分析,结合对温州打火机产业集群（见附录一）、台州缝制设备产业集群（见附录二）的研究,可以看出浙江省在产业集群升级过程中主要面临着以下问题。

一、工艺流程升级乏力

浙江省"块状经济"主要是借助跨区域联合发展,通过裂变、集聚、延伸、派生等形式,从"一乡一品"走向县域范围,甚至走向更大区域,融合成跨区域跨行业的产业链体系。如绍兴纺织与萧山纺织的逐步融合,产业链从织造前向延伸到PTA、化纤,后向延伸到印染、服装,形成了在全国乃至世界都有巨大影响的萧绍纺织基地。但是这种工艺流程升级,其实质是通过对生产体系在区域内的重组而完成的,对区域生产体系能够起到优化作用,但并没有发生本质上的提升。

要完成具有实质突破性的工艺流程升级,只有提高自主创新能力,通过采用具有自主知识产权的新技术,从OEA向OEM推进,才能突破性地提高价值链中的某一环节的生产加工工艺流程的效率,提高产品的附加值。与具有技术领先优势的发达国家相比,虽然浙江省的自主创新能力已经有较大提高,但仍然相对薄弱。在国际经济追赶中,始终受到发达国家的技术遏制。中小企业的创新意识和创新能力不强,40%的企业以模仿和委托加工为主,48%的企业没有自己的注册商标。始终面临着技术创新能力薄弱带来的"倒逼"压力。企业自主创新能力不足,造成内生增长机制乏力,因而在产业结构调整、经济发展方式转变的大背景下,更容易受到工业用地政策、节能降耗政策、税收政策、贸易政策、财政政策、金融调控、次贷危机等外源性风险的影响。

二、产品升级步步维艰

首先,随着产能饱和、市场竞争的愈加激烈,生产厂商的利润空间逐渐减少,阻碍了企业在提升自主设计和加工能力方面的投入。其次,企业在从OEM向ODM转型升级的过程中,还受到拥有研发能力和终端客户的外商的技术遏制,新产品的开发依然受制于跨国公司、国外大企业。再次,大部分中小企业仍然以初级的代加工为主,而新产品研发需要资金大、周期长、风险大,一旦超出了企业的抗风险能力,就会在经济环境动荡或者国际市场改变的时候遭遇危机。最后,产业集群在内部面临着假冒伪劣、知识产权纠纷等问题,这进一步阻碍了企业的自主创新动力,不利于提升自主设计和加工能力,最终也会影响到区域品牌产品。

三、功能提升受到制约

浙江省"块状经济"经历了早期的空间集聚和产业链延伸阶段,正走向以抢占价值链高端、重组价值链为主要特征的功能提升阶段,各类专业化服务、研发、贸易、现代物流等配套支撑产业不断增强。传统"块状经济"正在向高新技术产业发展，初步形成了区域品牌效应。如乐清智能电器、桐乡新型纤维、富阳光通信等 30 个"块状经济"被认定为国家火炬计划产业基地或省级高新技术特色产业基地；温州皮鞋产业，已有 5 个中国驰名商标、3 个中国名牌产品。

但是恶性竞争造成价值链上的主体之间无法完成从单纯的利益合作向战略合作的转变；信任风险、"搭便车"等风险使企业无法通过投资、协同、合作等战略手段，深化与产业价值链上、下环节的合作关系；同质化竞争减少了产品的有效差异性，降低了内部产业链的整体竞争能力，区域品牌的负面市场印象阻碍了企业走自创品牌的道路，等等。这些内源性风险的存在，不利于提升上、下游主体的价值链，不利于巩固和加强自主品牌产品的竞争优势，同时也不利于推动产业链的控制权和利润区向末端转移，这就必然使得产业集群升级后难以获得较高的长期利润回报，难以形成更强的国际竞争优势。

产业集群升级与产业集群风险分不开的。一方面，产业集群升级过程中，不解决原有的产业集群风险，就无法充分调动企业在产业集群升级过程中的积极性；另一方面，产业集群升级之后，不解决新的产业集群风险，企业就无法充分利用产业集群升级带来的巨大机会。

总之，我们应该看到，当前产业集群升级过程中所凸显出来的一些问题将大大削弱产业集群竞争力，甚至给产业集群升级带来不利影响。因此，研究当前的产业集群风险现状与演化趋势，进而控制产业集群风险的传导与扩散，是摆在浙江"块状经济"面前一个严峻而现实的问题。

第八章　对策建议

第一节　防范产业集群发展的风险

一、增强风险防范意识

目前,国际经济环境复杂多变,浙江省正处于经济快速发展阶段、产业集群升级阶段,应对风险控制形势严峻,任务艰巨,必须增强风险防范意识。

(一)区域政府需要充分认识应对产业集群风险的重要性和紧迫性,从全面落实科学发展观、构建社会主义和谐社会和实现可持续发展的高度,采取积极措施,主动迎接产业集群升级中的挑战,做好区域内产业集群风险的防范措施。加强宣传教育,提高各地政府对产业集群风险问题的科学认识,加强地区间的协调配合,抓紧制定本地区应对产业集群风险的方案,并认真组织实施。加强对产业集群发展的规划引导和政策支持方面的研究,深入研究如何引导和促进产业集群发展,建立健全产业集群公共政策框架体系。将发展产业集群作为区域经济发展规划的重要内容,探索并编制有利于产业集群科学发展的专项规划。鼓励并支持企业的工艺流程升级、产品升级,严格做好项目审核工作,提高财政补贴力度。加强区域间合作,积极促进产业集群在区域间的重组,引导产业集群走自主创新的道路。

(二)行业协会应该把控制产业集群风险与实施可持续发展战略、加快建设资源节约型、环境友好型社会和创新型社会结合起来,纳入现代产业体系建设的总体规划,积极贯彻落实产业集群升级工作和产业集群风险防范工作。推动区域产业集群积极融入全球产业价值链体系之中。行业协会不能仅仅满足于产业集群在现阶段的成功,还必须要认识来自国际市场的风险。不断地推动产业集群融入更大区域的产业价值链体系之中,不断朝着全球价值链的高附加值环节发展,实现产业集群的健康可持续发展。进一步明确行业协会的职能,加强行业协会的组织职能和监督职能,增强企业抵御市场风险的能力,维护企业共同的经济权益,规范市场行为,调配市场资源,引导同类企业走良性竞争道路,鼓励上下游企业走共同和谐发展道路。

(三)企业需要不断提高抵抗风险冲击的能力,使企业发展与人口、资源、环境相协调,为转变经济发展方式、产业集群升级和建立健全现代产业体系作出新的贡献。提高民营企业家的现代企业经营意识和风险意识,消除家族企业管理的弊端,必须积极推进企业制度创新,提升企业的制度化管理运行能力,逐渐建立起完善的现代企业制度和科学的风险管理体系。增强企业间的分工协作,增强产业的关联度,实现产业链条的逐步延伸。鼓励龙头企业分离辅业,推进辅业自主经营,走专业化发展道路。重视品牌建设,加强企业间合作研发能力,走自主创新道路和差异化竞争道路。控制企业规模扩张,走集约化发展道路。建立相关激励机制,通过制定一系列鼓励和支持创新的政策,将创新者的利益与创新所带来的回报结合起来,调动和激发员工自主创新的积极性。

二、提高风险预警能力

从实践来看,风险预警是识别风险和防范风险的有效手段之一,主要有以下几点建议。

(一)政府部门要逐渐建立企业、行业、产业的区域风险预警机制,加强市场分析监测,防范化解产业集群风险。加强产业集群风险的预警机制、传导扩散监测系统及风险应急机制建设,加强对各类极端风险传导事件的预警、预报、监测、应对能力,及时发布风险相关信息,引导企业防范和应对极端风险传导及其衍生灾害。加强与企业、行业协会的联动机制,构建防范化解风险的长效机制。近期,国际金融市场剧烈动荡,世界经济受到严重冲击,对浙江省"块状经济"的负面影响已经显现并日益加重。浙江省产业集群缺乏应对系统性风险的经验,可以以应对经济危机为契机,树立科学的监管理念,大力推进监管制度建设,建立健全风险预警机制。

(二)行业协会提高风险预警能力,需要解决监管效率不高、执行力不够等问题。高度重视当前产业集群存在的恶性竞争、技术水平低、创新能力弱、专业技术人才缺乏、融资困难等问题,要从监管部门、协调部门等多角度查找原因,研究并制定解决问题的措施,既要完善制度,又要强化制度的执行力和约束力。加强产业集群的风险预测能力。规范和整顿市场经济秩序,营造有利于公平竞争的市场法制环境。要围绕"诚信浙江"建设,进一步规范和整顿市场秩序,依法维护企业的合法权益。建立长效监督机制,维持市场经济规范运作,保护知识产权制度的贯彻实施。

（三）企业应该强化生产经营预警机制,提高抗御风险能力。在当前经济危机的形势下,尤其要注重企业的资金流动性风险、财务风险。提高企业经营管理者素质,造就一支有眼光、有胆识、有作为、高素质的企业经营管理者队伍,提高企业风险应对能力,推动企业制度的创新、管理理念的变革、经营战略的抉择和管理现代化的实施。

三、防范风险能量积聚

风险在传导节点上与其他节点进行着风险的传导与能量的积聚。因此,在产业集群升级过程中,加强对风险积聚的防范,有利于化解与消除潜在风险,减轻产业集群升级的负担。

（一）在技术节点上,防范技术锁定风险的积聚。一方面,积极吸引风险投资参与到共性技术产业研发中来,以提高浙江省传统产业集群技术创新能力,随着产业集群的升级壮大,龙头企业的资金实力不断增强,有的已经具有一定实力参与到共用技术的研发及其产业化过程中。根据发达国家的经验,结合浙江共用技术产业发展的实际情况,可以适当采取一些激励措施,鼓励与扶持集群内的大企业对共用技术进行风险投资。另一方面,遵守和使用知识产权保护法保护企业核心技术,提高技术创新的动力,不断进取,避免低层次低技术的恶性竞争,为产业集群升级扫清自主创新道路上的障碍。

（二）在信任节点上,塑造集群内新型的竞争合作关系,逐步引导企业参与并建立良好的共同行动规范,巩固产业集群升级的信任基础,化解潜在的信任风险和道德风险。引导集群内企业树立"荣辱与共"的理念,正确对待集体利益与个体利益,充分发挥产业集群升级后的整体竞争优势。

（三）在固定资产节点上,消除资产专用性类风险。积极予以政策上的鼓励和经济上的扶持,鼓励中小企业设备更新和技术研发,推动集群产品更新和产业升级。

（四）完善人才队伍建设、基础设施建设、自主创新体系建设等支撑体系建设。加强区域技术创新体系建设,以产学研为导向,积极发挥企业、高等院校、科研机构、政府部门、中介机构的积极作用,加快技术研发速度,提高技术向产品的转化效率,增强企业的自主创新能力。加强人才队伍和中介服务机构建设,高度重视高技能人才的培养,积极构建人才支撑平台。加强行业协会建设,规范集群内部行为,为产业集群升级保驾护航。

控制产业集群风险传导扩散,还要做好以下理论研究工作:第一,加大对产业集群风险传导关键节点的判断与控制研究,积极防范风险积聚,化解甚至消除潜在风险。第二,加强对产业集群网络的容错率和抗毁性的研究,提高集群应对不同风险积聚的分散能力,应对不同风险冲击的抵抗能力。第三,加强减少风险传导的能量的研究,最大限度地减少产业集群风险传导过程中的冲击力和破坏力。第四,合理优化产业集群内的资源配置,加强集群内网络优化的基础建设,加大共性风险积聚研究力度,在关键传导节点上加强共性风险防御体系的建设,提高集群关键节点的整体抗风险能力。

四、控制风险传导扩散

物流、资金流和信息流是产业集群风险传导的三种途径,关键的扩散路径在风险扩散中起着重要作用。可以通过加强对风险传导途径上的风险管理意识,加强对风险传导、风险扩散的控制。

(一)从物流上做好原材料价格、产品价格波动的风险控制工作。加强重要原材料的库存管理,避免物价上涨或原材料供应中断造成集群产能下降。加强安全生产以避免发生生产事故,加强质量检测工作。

(二)从资金流上做好融资、资金周转等方面的风险控制工作,避免大型企业发生重大财务风险。建立规范的资金管理体系,有效控制和保障资金流动顺畅,提高资金使用效率,确保资金安全。完善财政政策、信贷政策和投资政策及相关的资金监督管理制度,切实做好各项扶持工作,引导中小企业做强做大。

(三)从信息流上做好产业政策信息、出口政策信息、国际贸易壁垒信息等方面的风险控制工作。加强政府、企业的信息化建设,提高对风险潜在因素的敏感度。尤其是在产业政策信息、出口政策信息、国际贸易壁垒信息等方面,加强企业与政府、企业与企业之间的信息沟通,建立及时、互动的信息沟通渠道。既要关注正式信息沟通渠道,也要关注非正式组织建立的非正式信息沟通渠道。加强信息反馈以纠正偏差,维持信息的正常传导,进而及时准确地处理信息,做好产业集群风险控制工作。

此外,还需要加大对风险控制相关科技工作的组织协调和投入力度,加快控制风险控制域的研究。加强风险控制领域的人才培养,建立高素质、高水平的人才队伍,为加强应对集群风险变化的政策、战略方案研究和政策制定提供智力支撑。

第二节　做好区域产业集群发展规划

产业集群发展规划不仅仅只是对中长期资源配置、产业集群发展中长期发展定位起着关键性作用,且对产业集群风险的防范有不可替代作用。以浙江省为例,浙江"块状经济"形成时间早、发展较为成熟,但并未发展成为真正的产业集群。因此,在国际金融危机的传导效应显现后,浙江部分区域的产业集群发展,出现了大面积的企业停产、倒闭的"区域性经济危机"。以绍兴为例,其纺织服装业发展最早,产业最为成熟,已经形成了 PX—PTA—纺丝—织造—印染—服装生产的链式集群。然而,在 2008 年全球金融危机的冲击下,绍兴轻纺集群,不仅出现了中小企业倒闭的现象,而且当地华联三鑫、江龙控股、纵横集团等龙头企业也出现较为严重的资金危机。其中一个重要原因是,地方政府在产业集群雏形——"块状经济"形成时对产业集群发展缺乏中长期谋划。

地方政府在产业集群发展中,有其特定的角色定位,应该立足于当地区域经济情况,积极谋划当地的产业集群发展,在风险应对、风险控制等推动产业稳定发展方面,起到积极的推动作用,才能在推动产业集群发展的同时避免产业集群危机的爆发。特别需要指出的是制定规划时,应将产业集群风险的防范、控制纳入规划的本义之中。浙江省在这方面的不足在我国各省区产业集群发展过程都不同程度地存在。

我们的上述观点,在接下来的案例叙述中可以得到充分支持。

一、国家发改委关于制定产业集群发展规划的要求

2007 年下半年,为促进产业集群又好又快发展,大力实施中小企业成长工程,国家发改委按照《国务院关于鼓励支持和引导个体私营等非公有制经济发展的若干意见》和《国民经济和社会发展第十一个五年规划纲要》要求,提出了促进产业集群发展的若干意见。《意见》的意图很明确,既是对这一时期各地制定产业集群发展规划工作的肯定,同时指明面对产业集群发展存在问题与风险,或明或暗提请各地不仅要重视产业集群发展规划工作,而且在规划过程中十分关注产业集群风险的防范与控制。

(一)我国产业集群发展现状与存在问题

改革开放以来特别是近年来,产业集群已成为我国区域经济发展的重要产业组织形式和载体。随着国家统筹区域发展战略的实施和区域经济结构调整步伐加快,目前,东部沿海省市产业集群已占到本区域工业增加值的50%以上,中西部地区产业集群发展迅速,东北地区装备制造业集群优势日益显现。同时,产业集群覆盖了纺织、服装、皮革、五金制品、工艺美术等大部分传统行业,在信息技术、生物工程、新材料以及文化创意产业等高新技术领域加速发展,并涌现出一批龙头骨干企业和区域品牌。

实践表明,产业集群在强化专业化分工、发挥协作配套效应、降低创新成本、优化生产要素配置等方面作用显著,是工业化发展到一定阶段的必然趋势。引导和促进产业集群发展,有利于优化经济结构,转变经济发展方式;有利于集约使用土地等资源,集中进行环境治理;有利于带动中小企业发展,提升区域和产业竞争力;有利于统筹区域和城乡发展,加快工业化和城镇化进程,对于实现全面建设小康社会目标和社会主义和谐社会建设具有十分重要的意义。

当前,产业集群发展过程中也存在一些值得注意和需要解决的问题,主要是:对产业集群发展缺乏整体规划和引导,一些地区盲目搞园区建设、铺摊子、上项目,导致地区分割、资源浪费严重;部分产业集群以贴牌生产为主,技术含量较低,产业链不完善,自主品牌和创新能力缺乏;社会化服务体系不健全,特别是对产业集群配套的生产性服务业发展滞后,有些对分散排放没有集中治理,环境污染严重,有些落后生产能力在产业转移中没有依法淘汰。为解决上述问题,研究提出《促进产业集群发展的若干意见》。

(二)促进产业集群发展的总体思路和措施

促进产业集群发展,必须牢固树立和落实科学发展观,切实把产业集群发展和转变经济发展方式、促进结构调整和产业升级、推进技术进步、实现节能减排有机结合起来,加强科学规划引导,优化产业集聚环境,突出优势和特色,提高专业化协作水平,增强自主创新能力,加强资源节约和环境保护,培育和发展一批特色明显、结构优化、体系完整、环境友好和市场竞争力强的产业集群,切实推动产业集群转入科学发展轨道。

1. 加强科学规划,优化区域和产业布局。严格贯彻《产业结构调整指导目录》和国家产业政策,遵循产业集群形成、演进、升级的内在规律,准确把握产业集群不同发展阶段特征,结合区域优势和特色,科学规划,合理布局,统筹区域协调发展,提升产业集群整体优势。推进东部加工制造型产业集群向创新型集群发展,加快提升在全球价值链中的分工地位。以特色产业和自然资源为突破口,主动承接发达地区产业转移,延伸产业链条,加快中西部地区产业集群发展。健全体制机制,发展专业化协作配套,促进东北地区等老工业基地形成一批新型装备制造业集群。在具备条件的中心城市适度发展文化、创意设计等新兴集群,促进现代服务业集聚发展,着力发展一批具有国际竞争力、在同行业中具有较大影响的高技术产业集群。

2. 坚持节约发展,提高土地等资源利用效率。按照布局合理、土地集约、生态环保原则,充分利用现有资源和条件,改善交通、电力、给排水、污染治理等基础设施水平,加快产业集中区建设。整合提升各类开发区(包括经济开发区、高新区和工业园区等),促进特色产业集聚发展。依法搞好土地整理,推进土地资源整合,盘活土地存量,用地指标优先向优势产业集群倾斜。合理规划土地使用方向,优先满足环保型、科技型企业小规模用地需求,为企业集聚发展提供必要空间。

3. 壮大龙头企业,提高专业化协作水平。积极培育关联度大、带动性强的龙头企业,发挥其产品辐射、技术示范、信息扩散和销售网络中的"领头羊"作用。引导龙头企业采用多种方式,剥离专业化强的零部件和生产工艺,发展专业化配套企业,提高企业间专业化协作水平。支持热处理、电镀等工艺专业化企业发展,加快解决产业链薄弱环节。支持符合产业发展方向、具有相关配套条件的企业实施自主知识产权的产业化,促进产业链延伸。

4. 增强自主创新能力,提升产业层次。鼓励企业在产品设计、生产制造等环节采用先进信息技术,提升工业设计水平,大力推广应用先进制造技术,促进传统产业集群加快由委托加工(OEM)向自主设计加工(ODM)、自主品牌生产(OBM)转变。引导企业采用国内外先进技术标准,主动接轨国际制造业标准体系,推进产品国际标准认证,支持企业参与国家和国际标准制定和修订。鼓励科研院所和产业集群加强产学研联合,积极吸引跨国公司以及优势企业在产业集群设立制造基地、研发中心、采购中心和地区总部。严厉打击假冒伪劣行为,保护技术创新成果,保护诚实守信者,形成良好的市场秩序和创新氛围。

5. 切实推进发展循环经济和生态型工业。选择若干产业集群开展循环经济试点,建立产业集聚区内物质能量循环利用网络,发展生态型工业和生态型工业园区。贯彻实施《清洁生产促进法》和《节约能源法》等法律法规,通过清洁生产、资源节约、污染治理和淘汰落后等手段,推动高消耗高污染型产业集群向资源节约和生态环保型转变。加强对废旧物资回收利用集群污染综合整治。对于排放集中、污染严重的产业集聚区,探索集中治理方式,推广节能减排共性技术,降低企业治理成本。

6. 大力实施品牌战略,积极培育区域品牌。把企业品牌和区域品牌建设有机结合,重点发展一批技术含量高、市场潜力大的名牌产品和企业,支持有条件的企业和产品争创国际知名品牌。支持产业集群以品牌共享为基础,大力培育区域产业品牌(集体品牌或集体商标、原产地注册等)。鼓励有关商会、协会或其他中介组织提出地理标志产品和出口企业地理标志产品的保护申请,依法申请注册集体商标。有条件的产业集群可以发展工业旅游和产业旅游,提高区域品牌的知名度和美誉度。

7. 大力发展生产性服务业,健全社会服务体系。在发展制造业的同时,加快发展金融、信息和商务等生产性服务业。在规模较大的产业集群中,按照"政府推动、市场运作、自主经营、有偿服务"原则,重点支持研发中心、检测中心等公共服务机构建设,构筑第三方信息服务平台。发展一批以特色产业为依托的商品批发市场,加快建立社会化、专业化现代物流服务网络体系。依托产业集群建立职业技术学院和技工学校,引进国内外职业培训机构,加强职业教育。引导和推动在产业集群内依法组建行业协会(商会、同业公会等)。

8. 规范引导区域产业转移。要加强对产业转移的引导,结合区域资源环境承载能力、发展基础和潜力,按照减少资源跨区域大规模调动的原则,鼓励符合国家产业政策和能够发挥区域优势特色的生产能力向中西部地区转移。在产业转移过程中,必须严格执行国家产业政策、行业规划和市场准入条件,坚持"不污染环境、不破坏资源、不搞低水平重复建设"的原则,禁止"两高一资"和已明令禁止的落后生产能力转移,切实加强监督和检查。

(三)加强组织领导,切实搞好产业集群工作

1. 加强对产业集群工作的宏观指导。要充分认识产业集群的重要作用,把发展产业集群作为推动转变经济发展方式的重要途径,建立和完善促进产业集群发展的工作协调机制,切实加强对产业集群发展的宏观管理、规划引导

和协调服务。要组织研究制定本区域重点产业集群发展战略和规划,并纳入各级规划体系。加强对产业集群培训力度,建立产业集群信息交流平台。建立健全产业集群的统计监测体系。

2. 加大对产业集群财政和金融支持力度。统筹政府相关部门政策手段,形成共同扶持产业集群发展的合力。现有各项财政专项资金要向产业集群公共服务平台和龙头企业倾斜,有条件的地区可设立产业集群发展专项资金,重点用于产业集群发展环境建设。加强产业集群与各类金融机构的对接与合作,搭建产业集群新型融资平台。充分发挥国家开发性金融在县域经济发展中的作用,完善对外投资、进出口信贷和出口信用保险等支持措施。开展以产业集群中小企业发行集合式企业债券等方式进入资本市场的探索。

3. 推动重点产业集群示范建设。各地要选择一批具备条件的产业集群作为工作重点,加强调查研究,发挥其在产业升级、服务平台建设等方面的示范引导作用。要按照规划科学、布局合理、技术先进、环境友好等方面要求,在全国推动一批重点产业集群示范建设,支持一批产业集群环境建设项目,促进产业集群做强做大。

二、杭州市的产业集群发展规划

2007 年 9 月 5 日,杭州市出台了《关于加快发展新型"块状经济"的若干意见》,着力推动"块状经济"走创新型、集约型、节约型、环保型发展模式,形成一批总量规模大、创新能力强、品牌影响广、市场份额高和具有国际竞争力的现代产业集群,使全市"块状经济"发展再上新台阶。"块状经济"发展目标是,到 2010 年,全市"块状经济"总量规模进一步扩大,年工业销售产值超过7500 亿元;销售产值超过 10 亿元的"块状经济"达到 55 个,其中 600 亿元以上 2 个、300 亿—600 亿 4 个、100 亿—300 亿 12 个。培育具有自主知识产权和综合竞争力的全国知名区域品牌和国际品牌,省级品牌位居全省领先地位。综合能源消耗降低,至 2010 年,全市新型"块状经济"的单位工业增加值综合能耗要比 2005 年下降 20% 以上。建成集技术研发、质量检测、人才培训、产品展示营销、行业信息服务等"五大功能中心"于一体的区域性行业公共服务平台 30 个。全文如下:

"块状经济"是杭州市工业的重要特色和优势,是推动杭州市经济快速发展的重要力量。提升"块状经济"发展水平,对于促进杭州市传统优势工业改造提升,促进社会充分就业,促进社会主义新农村建设,推进资源节约型和环境友好型社会建设,建设"生活品质之城",具有重要意义。为深入实施"工业兴市"战略,有效推动传统"块状经济"发展模式转型,加快发展新型"块状经济",特制定如下意见。

(一)加快发展新型"块状经济"的总体要求

1. 总体思路。坚持以科学发展观为统领,以提升产业集聚程度和创新发展能力为重点,坚持特色发展、集聚发展、创新发展、联动发展,进一步加强产业基地建设、加快构建区域创新体系、优化产业经济组织、完善公共服务体系,着力推动杭州市"块状经济"走创新型、集约型、节约型、环保型发展模式,着力推动传统"块状经济"向现代产业集群转型,着力形成一批总量规模大、创新能力强、品牌影响广、市场份额高和具有国际竞争力的现代产业集群,使全市"块状经济"发展再上新台阶,确保工业经济在全省"一高一领先"的地位。

2. 发展目标。到2010年,全市"块状经济"总量规模进一步扩大,年工业销售产值超过7500亿元;销售产值超过10亿元的"块状经济"达到55个,其中600亿元以上2个、300亿—600亿元4个、100亿—300亿元12个。发展质量进一步提升,培育以"块状经济"为依托的区域品牌35个,其中全国知名区域品牌10个以上;培育具有自主知识产权和综合竞争力的国际品牌若干个;拥有中国名牌产品20个、驰名商标25个、国家免检产品40个;拥有浙江名牌产品100个、省著名商标300个、省知名商号150个,省级品牌位居全省领先地位。综合能源消耗低,至2010年,全市新型"块状经济"的单位工业增加值综合能耗比2005年下降20%以上。公共服务体系进一步完善,建成集技术研发、质量检测、人才培训、产品展示营销、行业信息服务等"五大功能中心"于一体的区域性行业公共服务平台30个。专业市场建设进一步加强,建成特色明显、功能齐全、管理规范、辐射国内外、经济拉动力强的专业市场20个。

3. 基本原则。一是强化特色原则。"块状经济"最主要的特色是差异化竞争、错位发展。必须在强化产业特色、促进专业化分工、形成产业生态上下工夫,做优做强"块状经济"。二是推动集聚原则。"块状经济"的优势在于形成产业集群。必须优化产业组织结构,发挥龙头企业带动作用,引导中小企业向龙头企业配套、向工业功能区集聚,形成低成本、大批量、高质量的企业生产模式和产业发展模式,实现集聚集群发展。三是突出创新原则。创新是"块状经济"持续发展的根本动力。必须进一步提高企业自主创新能力,完善区域创新体系,优化创新环境,激励企业创新创业创造,增强"块状经济"活力和核心竞争力。四是联动发展原则。"块状经济"是先进制造业基地的重要依托。必须与加强工业功能区建设相结合,促进企业向工业功能区集聚,坚持扶持大企业大集团与培育"专精特新"的中小企业并举,推动发展民营经济与发展开放型经济共进,不断提升发展层次和发展质量。

(二)加强产业基地建设,加快新型"块状经济"集聚发展

1. 科学制定发展规划。依据《杭州市国民经济和社会发展第十一个五年规划纲要》和《杭州市"十一五"时期先进制造业基地建设规划纲要》,结合修编城镇总体规划和土地利用规划,精心编制《杭州市新型"块状经济"发展规划纲要》,进一步明确发展重点、产业布局,引导企业向各类工业功能区集聚,推动"块状经济"向现代产业集群转型。各区、县(市)要结合实际,制定本地区发展新型"块状经济"的规划。

2. 加强重点产业基地建设。工业功能区是地方政府组织有效供给公共品,加快产业集聚,发展新型"块状经济"的最佳平台。要把建设工业功能区与发展新型"块状经济"紧密结合起来,结合城市(城镇)规划和新农村建设,积极引导"块状经济"向工业功能区集聚,引导区内企业实行专业化分工协作,拓展"块状经济"发展空间,使之成为块状产业集群和升级发展的核心区,打造更具集聚效应和发展优势的产业基地。

3. 加大招商引资力度。招商引资是促进新型"块状经济"发展的重要途径。深化"产业链"招商,注重大规模、集群式地引进现代制造业,形成同类及相关产业的投资密集区和新兴产业区,推动创新型产业集群发展的新突破。推进"以民引外、民外合璧",促进民营企业"二次创业",着力引进世界500强企业和国内外大公司大集团、行业龙头企业和知名民营企业,注重引进先进技术、优秀人才、知名品牌和现代管理经验,实现对传统"块状经济"的嫁接改造,加速传统"块状经济"提升转型。

4. 优化产业组织结构。坚持大小并举,加大企业组织结构调整力度,大力扶持一批具有产业辐射、带动作用的大企业大集团,培育一批具有"专精特新"优势的中小企业,形成以龙头企业为骨干、大量中小企业专业化分工与协作的现代产业集群。特别是要依托龙头企业,推进供应链管理,实现向现代产业集群转型。通过对信息流、物流、资金流的高效控制,鼓励成员企业加强产业联系,建立起既竞争又合作的新型企业关系,将供应商、制造商、分销商和最终用户整合成网链结构,形成产业生态,发挥产业集聚效应。

5. 培育新型流通组织。新型流通组织是发展新型"块状经济"的重要载体。要加强规划布局和市场引导,运用先进的组织方式和经营方式,提升特色专业市场功能,推动市场主体由单个企业经营向集团连锁经营转变,由区域性的固定市场向跨区域、开放型市场转变,由"现场、现货、现金"的传统交易方式向网络交易、电子商务、连锁配送等现代营销方式转变。重点规划和发展一批辐射国内外、经济拉动强的专业市场,使之成为产业集群的加工销售中心、价格形成中心、物流配送中心和信息传导中心。

(三)坚持创新带动,增强新型"块状经济"的核心竞争力

1. 提高企业自主创新能力。进一步强化企业作为研究开发投入、技术创新活动和创新成果应用的主体地位,引导、鼓励企业加大技术创新投入,提升原始创新、集成创新和吸收引进消化再创新的能力。引导、鼓励企业实施技术改造,积极运用高新技术和先进适用技术改造传统产业,提升产品档次和附加值。引导企业积极开展专利、商标等申请注册工作,营造良好的自主创新环境。

2. 加强创新服务平台建设。加快以质量检测中心、技术研发中心、人才培训中心、营销展示中心和信息服务中心等"五大中心"为支撑的区域性行业公共服务平台建设,建立健全管理与运行机制,充分发挥公共服务与保障作用,促进产业提升发展。特别是要加快建立与培育行业技术研发中心,争取用3年时间使50%以上的"块状经济"都建立行业技术研发中心,为加快发展新型"块状经济"提供公共技术支撑。支持发展各类技术创新中介服务机构,为企业提供信息咨询、成果转化、项目转让和科研融资等服务。积极推进"清洁生产"、柔性制造、计算机集成等先进制造模式向中小企业延伸,进一步加大对加快发展新型"块状经济"有带动作用的重大项目、共性问题和关键技术攻关项目的扶持力度。

3. 实施品牌战略。鼓励企业培育拥有自主知识产权的商标、品牌,争创国家和省、市驰名(著名)商标、知名商号和名牌产品。鼓励有实力的企业积极参与国际、国家和行业标准体系的制定。积极采用先进标准并按国际标准组织生产。引导和支持企业积极进行国际商标、专利申请和知识产权备案,进一步实施自主出口品牌战略。充分利用块状产业集群效应为品牌建设带来的有利条件,引导中小企业依托"块状经济"区域优势,整合个体品牌资源,积极打造产业集群的区域品牌,提高区域经济的综合竞争力。

4. 加强环境保护。切实加强环境监管与治理,积极发展循环经济。全面推行清洁生产,引导企业采用新技术、新设备、新工艺,推动企业节能、降耗、减排、增效,发展高标准、规范化的绿色示范企业。加快环境基础设施建设,兴建集中式大型污水处理厂和集中供热设施,通过企业集聚提高污染的集中处理程度,促进资源循环利用,打造工业生态示范园区,发展资源节约型和环境友好型"块状经济"。

(四)健全保障机制,促进新型"块状经济"健康发展

1. 完善公共政策体系。认真贯彻实施国家和省、市有关产业政策,综合运用现有的工业发展财政政策,强化政策导向作用。加强软硬环境建设,制定出台鼓励建设工业标准厂房、行业公共服务平台、中介服务组织、专业市场体系等有关政策措施,促进新型"块状经济"健康持续发展。

2. 加强行业协会(商会)建设。依据《杭州市行业协会管理办法》,积极培育、引导和支持企业组建商会或行业协会,争取用 3 年时间使 50% 以上的重点"块状经济"建立相应的行业协会,充分发挥行业协会在密切政企联系、协调企业关系、促进行业自律、维护有序竞争等方面的作用。积极拓展行业中介服务组织在行业指导、行业预警、产品认证、区域品牌维护等方面的职能,促进行业健康有序发展。

3. 加快企业信息化建设。发展新型"块状经济",必须加强企业信息化建设和管理,积极运用现代信息技术改造提升传统产业。加快推进全市中小企业"386"上网培训工程,争取用 3 年时间推动全市 80% 以上、约 6 万家中小企业实现上网,引导企业利用互联网交流信息,推进电子商务,提高中小企业信息化应用水平。总结推广现有行业特色网站建设经验,创建和完善更多的特色网站,实现政企信息和经济信息的互通互享,为企业提高经营管理水平、开展电子商务提供有效的信息服务平台。

4. 加大知识产权保护力度。完善保护知识产权的地方性法规规章,建立知识产权保护举报投诉中心,依法加大知识产权保护力度。重视和加强知识产权的宣传工作,帮助传统优势产业树立知识产权意识,提高应对知识产权纠纷能力,积极应对国外技术壁垒和国际国内产权纠纷,维护企业合法权益,维护市场良性竞争环境。

5. 加强人才队伍建设。构建政府、行业协会（商会）、企业和学校等共同参与、适应企业发展需要的多层次、多形式、开放式的人才培训体系。继续实施新一轮"356"培训工程,力争用 3 年时间,完成全市 500 家重点骨干企业和6000 家有发展潜力企业主要经营者轮训任务,切实提升企业经营者素质和企业现代化管理水平。引导企业建立和完善人才引进机制,加大创业领军人才的引进力度,并积极鼓励企业、行业协会（商会）与职业学校合作培养高技能劳动者。对在引进高科技人才方面成绩显著的企业,给予政策扶持。

6. 进一步形成发展合力。各级党委、政府要把加快发展新型"块状经济"作为提升传统优势工业的重要抓手,切实加强领导,调动基层的积极性和主动性,创造性地抓好各项措施的落实。进一步完善发展新型"块状经济"的管理体制,市经委和各区、县（市）经贸部门作为发展新型"块状经济"的归口主管部门,要与各有关部门加强合作、各司其职,形成发展合力。进一步完善政府激励机制,加强对区、县（市）和乡镇（街道）发展新型"块状经济"的考核。进一步完善舆论引导机制,继续总结推广"分水经验"等先进典型,挖掘杭州市"块状经济"发展亮点,为加快发展新型"块状经济"营造良好的氛围。

三、江苏无锡市的产业集群发展规划

2006 年 12 月,江苏省无锡市发改委根据《无锡市国民经济和社会发展第十一个五年规划纲要》的基本要求,结合无锡市产业集群的实际发展情况,在"十五"发展的基础上,制定了《无锡市"十一五"产业集群发展规划》。

（一）指导思想

"十一五"期间产业集群发展的指导思想是:按照"富民强市"和争创全省科学发展先导区、和谐发展示范区的要求,以科学发展观为指导,以创新和发展为主题,以特色鲜明、支撑力强、带动强劲的产业集群促进区域产业整合和布局优化,加速实现资源集约利用和经济增长方式的根本性转变,全面提升无锡产业的持续竞争优势。

（二）总体战略

按照立足实际,体现特色的要求,从建设制造业基地的目标出发,"十一五"期间产业集群发展的总体战略是"以集促群、创新升级"。

"以集促群",就是要以大集团、大企业为核心,实现"区域集中、企业集聚、产品集成、开发集约",加速产业集群的形成与壮大,走出一条适合无锡市情,低消耗、少污染,符合科学发展观、新型工业化道路和循环经济要求的区域

产业发展新路。"创新升级",就是要紧紧围绕高新技术产业和先进制造业,以制度创新为保障,加快技术创新步伐,推动产业集群升级,促进产业结构调整,提升特色产业的竞争优势,实现无锡产业集群的可持续发展。

(三)发展方向

根据"以集促群、创新升级"发展战略的要求,"十一五"产业集群发展的方向是:紧紧抓住国际产业转移、沿江开发和长三角一体化发展的历史机遇,围绕高新技术和先进制造两大重点,全面引导现有大型企业(集团)和全力引进国际性大企业群,使其在产业集群的形成和发展中发挥主导作用,全面提高无锡产业集群的国际竞争力,打造无锡国际制造业基地的核心平台,实现人才成长、社会和谐和文化繁荣。

在引导大型企业发展的同时,注意发挥中小企业的作用,促使大型企业和中小企业之间形成合作共生的生态关系。

(四)发展策略

"十一五"期间产业集群发展将按照"发展"和"培育"两个层面展开。重点发展市区集成电路等 12 个产业集群,重点培育市区计算机及配件制造等 14 个产业集群。

要推进产业集群和龙头企业的同步发展,注意产业集群发展战略和大型企业(集团)发展战略之间的衔接和互动。

1. 优化以"三谷三基地"为重点的高新技术产业集群

"十一五"期间要重点落实"硅谷"、"液晶谷"、"药谷"和软件外包、离岸外包、动漫基地的建设,继续引进国内外知名品牌和企业,继续拉伸产业链,在进一步做大产业规模的过程中提升产品技术水平和自主创新能力。

"硅谷"建设要形成以新区为核心,包括蠡园 IC 设计企业孵化区、锡山经济开发区和江阴经济开发区的"一谷四区、联动发展"的产业集群格局。新区全力打造集 IC 设计、芯片制造、封装测试、专业配套和公共服务为一体的全国领先的硅谷品牌;蠡园 IC 设计企业孵化区以产业链前端的研发设计为主,锡山经济开发区以集成电路配套材料为主,江阴经济开发区以产业链末端的封装测试环节为主,构建相互支持的发展格局。

"液晶谷"建设要紧紧抓住当前国际液晶产业发展的大好机遇,整合资源、壮大发展、营造环境,促进经济增长方式向集中型、创新型转变,全力引进主业及配套企业,做大产业规模,提升产品技术层次和国际竞争力,在新区形成区域功能完善、产业特色明显、外在形象一流的国内知名的液晶产业带,加快推进无锡电子工业园、锡山经济开发区内液晶产业配套区的建设和发展。

"药谷"建设要以无锡新区、马山生物工业园和惠山华源生命科技园为载体,构建"一谷三园、错位发展"的产业集群格局。马山工业园重点发展生物保健品产品链,无锡新区重点发展生物医药制剂产品链,华源生命科技园重点发展植物药提取、中药饮片现代化等产品链。

"动漫基地"要整体打造动漫产业链,在新区和滨湖区分别建设国际数码娱乐产业中心和数码动漫影视产业园,形成"一基地两园区"的产业集群格局,努力形成动漫策划、创作、研发、生产、加工、销售、品牌经营及衍生产品开发的竞争优势,进入长三角地区动漫发展的第一方阵,成为苏南地区动漫原创作品的高地和国内重要的动漫产业基地。

2. 整合与提升汽车及其零配件产业集群

"十一五"期间要重点激发整车厂的带动作用,形成整车厂及其零配件企业相互协作的"一簇三群"发展格局。新区汽车电子及动力系统零配件产业集群重点发展汽车电子及动力系统零配件;惠山轿车及零配件产业集群重点发展轿车、客车整车及零配件设计、汽车文化展示;锡山区重点发展大型客车、改装车及零配件,构建全市从零配件到整车、从设计到制造、从展示到销售,分工合作、布局合理的完整汽车产业链。

3. 明晰与发展新材料产业集群

"十一五"期间要重点打造新材料产业的"一个主业三个龙头企业",以法尔胜集团为龙头,重点发展特种金属新材料、光纤新材料;以亚洲包装制造中心和申达集团为龙头,重点发展软塑包装新材料;锡山区依托现有产业基础,重点发展泡沫塑料新材料。

4. 集聚与创新纺织服装产业集群

纺织与服装既是无锡的传统产业,又是近10年来在国际市场上已经占有一席之地的新兴产业。"十一五"期间要结合无锡产业结构调整、产业布局优化和产业园区建设,重点集聚纺织、服装和印染等重点企业,形成"一个主业、多元经营"的产业集群发展格局。

(五)规划目标

"十一五"期间要加强特色园区的开发与建设,重点打造电子信息、汽车零配件、新材料、生物医药、纺织服装等特色产业集群。全市力争形成 5 个销售规模 200 亿元以上的特色鲜明、支撑力强、带动作用突出的 A 级产业集群,15 个左右销售规模在 100 亿元以上的 B 级产业集群和 10 个左右产业集群示范园区。产业集群的总销售规模 3000 亿元以上,占全市工业经济总量的 1/3 以上。实现无锡打造国际先进制造技术中心的战略目标。

"十一五"期间无锡要重点发展新区集成电路产业、新区液晶显示器产业、锡山区纺织服装制造产业、江阴毛纺织化纤产业、新区汽车电子及动力系统零配件产业、市区生物医药产业、锡山区摩托车(电动车)制造产业、江阴包装产业、宜兴电线电缆产业、宜兴环保设备产业、宜兴精细化工产业、宜兴陶瓷等 12 个产业集群,重点培育新区计算机及配件制造产业、新区新型电子元件产业、新区智能化专用仪器仪表产业、江阴特种钢铁产业等 17 个产业集群。将新区集成电路产业、新区液晶显示器产业、新区计算机配件制造产业、新区新型电子元件产业、新区智能化专用仪器仪表产业、新区汽车电子及动力系统零配件产业、新区软件产业、惠山区生命科技产业、锡山区东亭纺织产业、锡山区纺织服装制造产业、锡山区计算机制造产业、江阴包装产业、江阴磷化工产业、宜兴环保设备产业、宜兴精细化工产业等作为产业集群示范园区培育和发展。

(六)空间布局

1. 布局原则与要求

"十一五"期间无锡产业集群将"沿江、沿路、沿城、沿湖"布局。具体要求是:

"沿江"做大。将推进产业集群与落实无锡沿江开发规划相结合,以建设沿江开发规划的 6 个主题工业园区为重点,充分利用长江岸线资源,通过引进外资企业和培育本土企业并举的方法,促进产业的升级,形成分工合理、重点突出、协调发展的沿江产业集群带。

"沿路"做畅。产业集群的发展需要快速、便捷的物流系统。大批企业沿交通线集聚,虽能享受交通网的便利,也会给交通动脉形成交通压力。要通过系统统筹的方法,使交通物流网络的建设略超前于产业集群的形成与发展。

"沿城"做强。充分依托沿主城区边缘分布的新区、开发区和工业集中区的产业基础,在中心城区的企业退城入园中,积极引导同类相关企业到有关主题园区集聚发展,提升各园区的产业特色,通过调整实现产业集群布局的优化。

"沿湖"做专。充分挖掘太湖文化内涵,通过传统文化、创新文化和创业文化的引领,以国家集成电路设计(无锡)产业化基地、太湖国家旅游度假区、无锡(国家)工业设计园、无锡太湖国际科技园和无锡硅产业园等园区为依托,吸引本土和境外创业者在环太湖地区集中创业,形成富于独特太湖文化精神的、以 IC 设计和生物医药为特色的创业、创新和创优的高科技产业集群带。

在四沿过程中,要引导企业向园区集中,将园区做专。通过产业整合、老企业迁移和新企业引进,逐步明确园区的产业特色,实施针对专门产业的基础设施改造。以专业化树立区域品牌,进行"选业引资"。

2. 目标模式

"十一五"期间无锡产业集群的空间布局将在"点、线、面"结合的基础上进一步形成"南进园、北连线、中成谷"的分布特点。无锡南片(宜兴)、中片(无锡城区)和北片(江阴)的特色是:

南进园:南片以建设专业化特色园区和项目集中区为核心,加快园区基础设施建设,引导相邻各镇的同类相关企业向工业园区集聚。

北连线:北片以长江岸线和滨江、澄杨公路为两轴线,引导大型企业集团向沿江、沿路集聚,进一步加强大企业的配套,重点引进和发展沿江基础制造产业集群。

中成谷:中片以新区国家高新技术产业开发区、滨湖区蠡园经济开发区、滨湖区太湖旅游度假区为基础,以产业化与城市化的协调、同步发展为主线,重点发展以"硅谷"、"药谷"和"液晶谷"为代表的高新技术产业集群。

(七)对策措施

在产业集群的发展中,政府将以公共管理者的身份为企业提供公共产品,协调集群中企业间关系,以引导和服务推动产业集群的发展;从完善条件、理顺体制、健全制度入手,营造产业集群发展的环境和氛围,消除阻碍集群创新能力和竞争力提升的因素;发现与挑选有发展潜力的产业,通过有效措施促进和引导地方网络的形成。

"十一五"期间,政府将以科学规划和观念创新为引领,以做强企业和做响品牌为抓手,以环境建设和以评促建为保障,努力推动无锡产业集群的协调、健康和可持续发展。

1. 通过科学规划引领产业集群的可持续发展

从产业集群层面制定"高起点、高质量、可操作、一群一策"的,涉及土地、环境、资源、动力、物流等生产要素的集群发展和建设规划,及时启动对生产性服务业、物流产业、咨询与信息服务业、金融服务业,以及中介体系的规划工作,给无锡市的产业集群发展提供立体式、全方位服务,将产业集群作为常抓不懈的战略目标。

市发展和改革委员会负责梳理与明确推进产业集群发展的系列配套政策与措施,充分发挥政策的综合效果,并优先在重点发展的产业集群中给予应用。各部门负责有关政策的宣传咨询工作,建立规划制定、修改与实施中的协商、反馈机制和部门会商制度。

将规划的引导和规范作用法律化。对涉及产业集群发展的新举措实行先试点、后推广,切实维护规划的权威性。在制定全市产业发展规划时同步制定产业集群指导目录及政策导向,明确重点发展的产业和鼓励集聚的区域。今后凡工业项目建设,包括省属重点易地搬迁技改项目,原则上都要执行产业集群的指令性目录,通过各市(县)、区的协调、项目对换等,确保产业集群战略的实施,结合产业集群的发展同步推动产业布局优化。

建立与健全引导、管理和服务于产业集群发展的政府派出机构,落实有关政策与措施。优先配置跨区域发展的产业集群的工作班子。

2. 通过观念创新激发内生发展机制

通过进一步解放思想和观念创新激发产业集群化成长的内生动力,以太湖文化和企业家合作精神提升产业集群,通过舆论导向和榜样带动引导企业家将竞争性合作理念贯彻到企业的运营过程中。

成立专门的组织,采用委托研究等多种方式系统提炼和挖掘太湖文化的产业发展内涵和无锡企业家精神,从"全面、协调、可持续"的高度和社会经济发展的广度认识太湖企业文化,提炼包容于太湖文化的产业集群文化。

通过舆论和"走出去、请进来"的多种方式大力宣传集群式发展理念和"共赢"合作的发展模式,培养公众对新时期产业集群式发展的共识,探讨无锡产业与企业发展的新模式。

3. 通过合作竞争方式进一步培育企业竞争力

对大型企业和中小企业实行分类指导,帮助他们解决发展中的难题。以大型企业、企业集团和引进企业引领产业集群的发展,放活中小企业,降低中小企业的产业进入门槛。

通过典型项目带动、优先立项等措施鼓励企业集团发挥以大带小的龙头作用,逐步建立为多个大型企业集团配套的中小企业群。动员大企业通过研发、投资等方式获取创新性技术,提高产品技术含量,拉开产品档次,或向相关产业扩展,避免大企业间的恶性竞争。

允许适度的民间产业资本和商业资本的结合,培养民间资本市场,开展综合商社型企业集团的试点。完善风险投资与担保机制,形成政府资金为引导、民间资本为主体的风险投资机制。

围绕重点产业加快专业化进程和产业链的延伸,通过有效、合理的分工促进产业合作,形成既有分工又具规模效应的发展态势。进一步从境外、市外引进骨干企业、重大项目和有影响力的大型外资企业,在部分产业中试行专业化与协作化门槛,考核零部件的本地配套率。围绕核心企业和主导产品,发展零部件的本地配套。

4. 借助产业规模强化品牌优势

充分利用无锡现有的产业基础,围绕特色园区和特色产业,尤其是"硅谷"、"液晶谷"和"药谷"挖掘新兴产业的发展潜力,聚合生产要素,培植区域品牌,确立和扩大品牌效应。

从本地资源、区位和传统特点出发,帮助工业园区进行合理的产业集中和转型,明确主导产业,结合招商引资吸引更多的"同群"企业进驻,并补偿性地迁移出部分非相关性企业。

实施公共品牌建设与宣传工程,以无锡太湖文化为核心要素,打造代表产业集群的战略型地区品牌。组织集群品牌的评选、推介和保护。指导和帮助企业结合集群发展规划实施企业品牌战略,形成品牌与规模互动、企业品牌和区域品牌互动的态势。制定与实施品牌绩效考核奖励办法,对集群内的企业进行评估与奖励。

以大企业为核心,通过联盟、合作等形式组建品牌俱乐部,不断扩大产业营销空间。共享知名品牌的无形收益,增强区域名优产品的市场供给能力。

5. 通过专项基金推动产业关联与基础设施建设

设立推动产业集群发展的专项基金,用于与产业关联、创新体系和公共平台有关的环境与基础设施建设。以科技创新为切入点,重点建设 IC 设计共性技术服务与测试、数字设计制造应用集成、科技数据与文献共享、科学仪器与设备设施共用、成果推广和转化网络、知识产权公共服务等平台,实现各专业技术平台间的对接,使科技基础设施和共性技术平台成为成果转化、产业人才培训、承接国际产业转移和信息共享平台。通过信息中心帮助集群企业及时掌握国际商情和了解国外企业的外包动向,承接国际外包业务中学习先进技术、国际操作理念和管理方法。

通过政府引导、市场准入的方式提升和完善地方网络的基础设施,实现集群区专用型基础设施的现代化。强化为产业集群发展配套服务的公路网、电力、排污系统、专业性贸易市场等基础设施的建设。加快区域贸易中心、物流中心的形成,以无锡现有的批发市场为基础,在城乡接合部和交通枢纽地带建立物流和批发基地。同步推进外向型经济服务能力、产业配套能力和基础设施的建设。利用直通式的海关监管点、公共保税区、出口加工区等形式引导企业向专业化园区的集聚。

通过政府推动与市场调节,培育一批服务专业化、发展规模化、运行规范化的中介服务机构,造就一支具有较高专业素质的中介服务队伍,逐步形成符合产业集群建设要求的,开放协作、功能完备、高效运行的中介服务体系。加强高新技术产业集群科技中介服务机构的建设。根据高新技术产业集群科技创新的实际,面向市场,重点加快工业设计、研发服务、技术开发、技术交易与技术转移、质量鉴定、技术标准、技术评估与咨询、知识产权服务等科技中介服务机构的建设,促进技术和知识的有效流动。

加大人才的引进力度,明确集群企业在人才引进与培育方面的政策待遇。建立产业集群专业人才信息库,为产业集群发展提供人才储备。根据高新技术产业集群发展的需求,加大高水平科技创新团队的引进力度。经批准引进的各类人才,在子女入托入学、医疗保险和购置安居房等方面享有规定的优惠和待遇。在政府人才发展资金中设立专项,用于海外留学人才的引进,切实解决留学人员创新创业和生活上的困难。

6. 实施绩效评估制度实现"以评促建"

通过政府部门和社会中介的多种渠道对产业集群的规划落实和发展绩效进行评估,及时发现规划落实、资源应用、网络建设等方面的问题,推广经验和纠正不足,对带动力大的产业集群,由政府授牌并进行推广。定期对已认定的产业集群进行绩效评估。

组织专家和社会力量建立科学、公正,符合"全面、协调、可持续发展"原则,体现国家产业发展政策的产业集群发展绩效评估体系。将有关的评估结果作为奖优促劣、支持产业集群发展的依据。将集群绩效的评估纳入政府部门工作业绩考核体系,通过评估进一步明晰政府指导产业集群建设工作的重点,达到"以评促建"的目的。

四、四川成都市的产业集群发展规划

为加快成都电子信息产业集群发展,根据《成都市国民经济与社会发展第十一个五年规划》、《成都市工业经济发展第十一个五年规划》和《成都市工业发展布局规划纲要(2003—2020 年)》等文件精神,成都市制定了《成都市电子信息产业集群发展规划(2008—2017 年)》。主要内容如下。

(一)发展现状分析

1. 产业现状

(1)国内信息产业现状

2007 年,国内电子信息产业运行呈现平稳发展态势。一是产业规模不断扩大,全年实现销售收入 5. 6 万亿元,增长 18% ;软件业务收入 5800 亿元,增长 20. 8%。产业规模继续在国民经济各行业中领先,销售收入占全国工业的 12%。二是经济效益稳步提高,2007 年实现利税 2870 亿元。三是对外贸易增势平稳,贸易额达到 8047 亿美元,增长 23. 5%。四是企业实力不断增强,全年电子信息百强企业完成营业收入超过 1 万亿元,实现利税超过 500 亿元,逐渐成为推动行业平稳运行的中坚力量。五是科技创新日趋深入,全行业新品产值率超过 20%,企业研发投入不断提高,全行业研发投入超过 1000 亿元。

2007 年,国内电子信息产业呈现出阶段性发展的新特征,结构转型调整的趋向明显,电子信息产业增速回落与全国工业相比基本持平,内资企业发展速度大大高于三资企业,基础行业逐步成为拉动产业增长的主要力量,整机更换效应明显,高端产品增长较快。

(2)成都市信息产业现状

A. 产业规模不断扩大。一是产业持续高速增长。2007 年全市电子信息制造业销售收入达 427. 09 亿元,增长 39. 35%,软件及信息服务产业实现经营收入 310 亿元,增长 50. 3%,软件出口额达 1. 6 亿美元,增长 41. 8%,推动四川省软件产业指标在全国排名由 2006 年的第 11 位上升至第 7 位。二是企业规模不断扩大。2007 年全市电子信息产品制造业规模以上企业 311 户,1 家企业入围中国电子信息百强企业;6 家软件企业销售收入突破 10 亿元,5 家企业成为国家重点布局软件企业。全市共有软件认证企业 503 家,通过

CMM/CMMI 三级以上认证企业 16 家,软件从业人员超过 10 万人。

B. 产业结构不断优化。一是重点领域快速推进。成都电子信息产业正在向高技术、高品质、高附加值方向发展,产业结构进一步向专业化、规模化、集成化方向转变。在软件及信息服务业、集成电路、信息安全、光通信、军事电子、电子元器件及信息材料等领域形成了一定特色和优势,具备了快速发展的基础和潜力。二是软件业占电子信息产业的比重逐步加大(见表 8.1)。应用软件、信息服务外包、信息安全、数字娱乐、IC 设计、嵌入式软件和实用性软件人才培养等重点领域实现了同步增长,整体推进。软件业销售收入占电子信息产业销售收入的比例逐年上升,到 2007 年达到 42.06%。软件产业总收入中软件产品所占比重有所下降,软件服务比重不断上升,软件服务的增速超过软件产品增速。

表 8.1 软件业销售收入在电子信息产业中的比重

年　　度	2004	2005	2006	2007
电子信息产业销售收入(亿元)	254.46	342.78	512.73	737.09
软件业销售收入(亿元)	100.25	135.43	206.26	310
软件业所占比重(%)	39.40	39.51	40.23	42.06

C. 产业载体不断完善。一是专业园区基地建设快速发展。以成都高新区、经开区为主要载体,相继成立了国家软件产业基地(成都)、国家信息安全成果产业化(四川)基地、国家集成电路设计成都产业化基地、国家(成都)电子元器件产业园、国家数字娱乐产业示范基地、青城山软件产业基地、武侯科技工业园、锦江工业总部基地、金牛高科技产业园等产业基地(园区),各类技术公共平台和产业发展服务平台不断完善,国内外大批产业相关企业和人才迅速向基地聚集,加速了成都电子信息产业的发展。2008 年国家发改委认定成都为电子信息产业国家高技术产业基地。二是电子信息产业集群正在加速形成。一批国内外知名的 IT 企业相继落户成都,初步形成了集成电路、信息安全、数字娱乐、电子元器件和通信等产品设计、研发、制造和服务的产业链,以配套吸引大企业,以大企业为龙头带动若干中小企业、上下游企业协调发展的产业集群正在逐步形成。

D. 信息产品不断丰富。一是"成都制造"的产品种类不断丰富。电子信息产品制造业逐步形成了包括通信技术及设备、广播电视设备、计算机及软件、数字视听产品、电子元器件、集成电路封装测试与信息材料、军用电子产品、医疗、环保及电子仪器等 15 个大类、1000 余个品种;在软件产品领域,嵌入式操作系统、中间件、网络与通信管理软件、嵌入式应用软件、信息安全管理软件、工具软件、企业管理软件、网络游戏软件、多媒体应用软件、教育软件等软件产品取得了新突破,并形成了具有自主知识产权的核心技术和品牌产品,涌现出一大批自主创新的重要成果和软件产品,2007 年成都市登记的软件产品总数达 1595 个。二是"成都创造"的产品质量不断提升。一部分产品的技术水平在国内外处于领先地位,不少产品出口到东南亚、日本、欧美等地。2007 年"成都造"视频游戏首次在全球发行,一批原创动漫产品实现了在央视播出,成都软件在公安、卫生、税务、政务、社保、广电等应用领域的影响力不断提升。

2. 对比分析

成都电子信息产业与北京、上海、广州、南京、西安、重庆等城市对比,具有一定的优势。

(1)产业规模发展势头位居前茅。从产业规模上看,成都电子信息制造业、软件及信息服务业在产值上虽然与北京、上海等有一定差距,但是增幅在 7 个城市中位居前列;信息产业占 GDP 的比重,与东部城市相比基本相当,超过重庆、西安市。

(2)科技创新趋势占优。从科技水平看,成都电子信息制造业的研发投入较高,研发经费占销售收入比重指标在 7 个比较城市中排名第一。申请专利数量、新产品销售收入等具有一定优势,表明成都电子信息制造业的科技创新能力较强,特别在中西部地区优势突出。

(3)人力资源优势明显。目前成都规模以上电子信息制造业、软件产业从业人数高于中西部的南京、西安、重庆;人力资源成本与西安、重庆相当,但远低于北京、上海、广州等发达城市,也低于同期全国平均水平。

(4)产业聚集能力强。据《成都市信息产业集群研究》,2006 年成都区位明显高于西安、重庆,同南京、上海相当,目前成都电子信息制造业、软件及信息服务业专业化程度较高,在集聚规模上具有一定的比较优势。成都软件及信息服务业的产业聚集指数位居前列,软件及信息服务业的集群发展速度较快。成都电子信息制造业的产业聚集指数尽管落后于北京、广州、南京等城市,但差距不大。

3. 优、劣势分析

(1) 优势

A. 具有完整的电子信息产业体系优势。成都电子信息产业体系比较齐全,重点发展领域覆盖面广,形成了电子材料及元器件—集成电路—网络通信设备—信息安全—数字娱乐—系统集成服务—信息服务外包—互联网增值服务—IT人才实训和人力资源服务等比较完整的产业链条。

B. 具有区域竞争力的产业创新优势。成都电子信息产业增幅位居国内前列,电子信息制造业研发经费占销售收入比重位列国内电子信息产业代表城市首位;申请专利数量、新产品销售收入等在中西部地区优势突出;从业人数在中西部居首位,人力资源成本低于全国平均水平;成都电子信息产业基础设施较为完善,与东部发达城市相比差距较小,与周边城市相比优势明显。

C. 具有集群发展的产业聚集优势。目前成都电子信息制造业、软件及信息服务业专业化程度较高,在集聚规模上具有一定的比较优势。成都电子信息产业已形成较为完整的产业体系,在国家重点支持发展的集成电路、电子器件、基础软件上具有较好的发展基础和优势,具备了较强的产业竞争力和产业聚集优势。

(2) 劣势

A. 产业规模优势尚未形成。电子信息产业总体规模相对偏小,产业的规模效应明显不足。缺乏重大产业项目支撑,与发达地区相比差距明显,缺乏国际竞争力,很多领域还没有形成良好的商业模式或完整的产业链,市场化程度不高,在国际、国内的影响力有限。

B. 缺乏带动产业的龙头企业。与发达地区相比,成都电子信息产业企业缺乏具有带动作用的大企业和优势企业,缺少知名品牌,产业链还存在许多缺失环节,行业整体效益不高。到2007年年末,成都仅有1家企业进入全国电子信息企业百强,没有企业进入全国软件企业百强名单。

C. 产业发展互动效应不足。传统产业与电子信息产业互动性弱,未形成明显的相互促进作用。信息化与电子信息产业的互动发展有待深化,信息化的推进没有成为电子信息产业聚集发展的需求和市场基础,电子信息产业的发展也还不能够为信息化推进提供足够的产品和服务保障。

（二）总体思路、发展目标与规划布局

1 总体思路

以科学发展观为指导,以优化产业结构和转变经济发展方式、积极承接全球产业转移为主线,以创新和市场为动力,以信息化和工业化融合互动发展为手段,以政府统筹协调为主导,以企业为主体,全面构建技术先进、优势突出、结构合理、竞争力强的融合保障的电子信息产业发展体系。

2. 发展目标

（1）总体目标。到2012年,在成都市电子信息产业优势领域的价值链高端环节取得重大突破,产业发展核心竞争力得到明显增强,初步形成以信息服务市场为主线,以软件与集成电路设计为核心,以电子信息产品与集成电路制造为基础,技术创新与信息技术改造有机结合,信息化与工业化良性互动的电子信息产业发展体系,实现年销售收入2990亿元,电子信息产业增加值占全市GDP比重10%,电子信息产业成为带动成都经济增长、结构升级的战略性、先导型支柱产业。到2017年,把成都打造成为世界软件名城、全国一流的信息服务业基地和中西部电子信息产品制造业强市。

（2）成都电子信息产业发展年度目标（见表8.2）。

表8.2　成都电子信息产业发展年度目标

指　　　标		2008年	2009年	2010年	2012年	2017年
电子信息产业销售收入（亿元）		1000	1400	2000	2990	7000
（年均）增长率（%）		40	40	35	22	19
电子信息产业增加值占全市GDP比重（%）		8	8	10	10	11
电子信息产品制造业销售收入（亿元）		550	750	1000	1450	2600
（年均）增长率（%）		35	35	30	20	12
软件及信息服务业销售收入（亿元）		450	650	1000	1540	4400
（年均）增长率（%）		45	45	48	24	23
软件出口（亿美元）		2.3	3.4	5	7.5	14
软件及信息服务业占电子信息产业比重（%）		45	46	50	52	62
企业产值	50亿元以上企业数（家）			1—2	2—4	
	20亿—50亿元企业数（家）	1—2	2—4	6—8	7—11	
	10亿元以上企业数（家）	7—10	10—20	40—50	50—80	

指　　标	2008 年	2009 年	2010 年	2012 年	2017 年
国家电子信息产业百强企业或软件百强企业（家）	1	1—2	2—4	3—5	
电子信息产业从业人员（万人）	25	35	45	66	87
其中软件产业从业人员（万人）	12	15	20	25	35

3. 规划布局

（1）空间布局。成都电子信息产业的空间布局概括为"一个核心区、两条产业带和四个聚集区"。"一个核心区"，即以成都高新区为核心区域，辐射周边武侯区、锦江区、龙泉驿区和双流县的电子信息产业主体发展区。"两条产业带"，即分别是以成都高新区为主要聚集区，连接武侯区、青羊区、金牛区、都江堰市的软件及信息服务产业带；以锦江区红星路沿线连接武侯区科技一条街沿线及音乐街区的数字创意及信息服务产业带。"四个聚集区"，即分别是以成都高新区（西区）为核心的集成电路聚集区、以成都经开区为核心的电子元器件聚集区、以双流航空港开发区和新津工业园区为核心的光伏光电产业聚集区、以成都高新区（西区）为核心的平板显示聚集区。

（2）电子信息产品及配套件生产布局。产品及配套件生产布局主要按产品及配套件所属产业集群的地理位置进行布局（见表8.3、表8.4）。

表8.3　成都电子信息产品及配套件生产布局

产品及配套件	布局地
IC 设计：信息安全、网络通信、数字电视、智能家电、IC 卡、移动通信等专用、通用集成电路芯片 IC 制造：单晶硅、多晶硅及外延片等 IC 配套：半导体专用设备和材料、仪器及基础材料等	成都高新区
系统及应用软件：操作系统、中间件、数据库软件、工具软件、平台软件、嵌入式软件和行业应用软件等	成都高新区、武侯区、锦江区、金牛区
信息安全产品：防火墙、IPS、IDS、安全审计、保密机、安全手机等网络安全产品	成都高新区
数字音视频设备：数字广播电视成套设备、数字家庭终端、数字音视频终端产品、数字电视产品等 数字存储设备：高清大容量光盘、存储介质、存储设备等 数字媒体产品：游戏、影视动漫、3D 动画、数字音乐、数字出版及衍生品等	成都高新区、武侯区、锦江区

产品及配套件	布局地
电子基础材料:半导体材料、磁性材料、光电子材料、电子专用金属材料、电子封装材料等 关键元器件:表面贴装元器件(片式器件)、微波器件、光有源器件、高频频率器件、半导体分立器件、电子调谐器、真空开关管、光纤光缆等 显示器:TFT—LCD、OLED 等光电显示部件及相关配套器件 电子仪器:无线电参数测量仪器、数字电视测量仪器、航空测量仪表仪器、无线电监测测向设备、电子检测仪器、分析测试仪器等 电子专用设备:真空溅射设备、镀膜设备、真空获得设备、光刻设备等半导体和集成电路专用设备、彩色显像管生产设备等新型显示器件专用设备、金属冲压件、嵌塑件、外壳及结构注塑件等新型电子元器件设备为重点的电子专用设备 光伏产品:多晶硅原材料、硅锭及硅片;太阳能多晶硅、碲化镉薄膜、太阳能光伏超白电子玻璃等相关新型元器件;太阳能电池片、太阳能电池组件;光伏发电系统及应用产品半导体光电显示产品	成都高新区、龙泉驿区、双流县、新津县
通信和网络技术产品:无线宽带、3G 手机、光通信及智能网络设备、路由与交换设备、光传输设备等 军用整机和系统装备:航天电子、航空电子、雷达系统、电子对抗系统、保密通信、空管系统等	成都高新区、金牛区
服务外包:金融后台服务、呼叫中心、客户交易支持、数据加工处理等 电信增值服务:互联网网站服务、IP 化业务、移动化业务等 其他信息服务:电子商务、专业服务网站、数字内容服务、数字娱乐运营服务、GIS 定位服务、RFID 服务等	成都高新区、武侯区、都江堰市、锦江区、金牛区、青羊区、成华区、温江区

表 8.4　成都电子信息产业 10 个集群的空间布局

产业集群	主要载体	布局地	产业链
IC 设计集群	国家集成电路设计成都产业化基地	成都高新区	集成电路产业链、人才培养产业链
IC 封装测试集群	成都高新区(西区)	成都高新区(西区)	
IC 制造集群			
IC 配套产业集群			
应用软件集群	成都国家软件产业基地(成都)、武侯工业园、锦江工业总部基地、金牛科技园	成都高新区、武侯区、锦江区、金牛区	数据传输与处理产业链、应用电子产品产业链、人才培养产业链

产业集群	主要载体	布局地	产业链
信息安全集群	成都国家信息安全产业基地	成都高新区	集成电路产业链、数据传输与处理产业链、应用电子产品产业链、人才培养产业链
数字媒体集群	国家数字娱乐产业示范基地（数字娱乐软件园）、成都科技一条街、音乐街区、红星路沿线、成都高新区无线音乐基地	成都高新区、武侯区、锦江区	集成电路产业链、数据传输与处理产业链、应用电子产品产业链、人才培养产业链
网络与通信设备制造集群	成都高新区、金牛高科技产业园西区	成都高新区、金牛区	集成电路产业链、数据传输与处理产业链、应用电子产品产业链、人才培养产业链
电子材料与元器件集群	国家（成都）电子元器件产业园、双流光伏产业园、新津工业园区	龙泉驿区、双流县、新津县	应用电子产品产业链、平板显示产业链、光伏产业链、人才培养产业链
信息服务集群	成都高新区、武侯区、都江堰市等服务外包示范区和五城区主要商业楼宇、专业大市场、金融机构、运营商数据中心等	成都高新区、武侯区、都江堰市、锦江区、金牛区、青羊区、成华区、温江区	数据传输与处理产业链、应用电子产品产业链、人才培养产业链

五、广东东莞市的产业集群发展规划

2004 年 10 月 1 日，广东省东莞市人民政府提出了《东莞市推进产业集群发展战略的意见》，根据《意见》，东莞将以强化发展规划为先导，用 3—5 年时间整合现有产业集群，包括电子信息、服装、毛织、家具、五金模具等 5 个产业；并争取用 5—10 年时间再培育 2—3 个具有一定影响力的产业集群。

考虑到区域间的产业同构现象，《意见》指出：不再盲目强调实施"一镇一品"，避免重复建设，在产业集聚已形成一定规模、气候的镇区，重点要引导产业由集聚向集群发展，搞好产业规划、整合产业资源、完善产业配套、实施品牌发展战略等。

《意见》针对毛织产业集群的发展，提出了质量兴业战略、技术创新战略、产业链扩展战略（产品结构调整）、价值链延伸战略（产业结构调整）、企业结构调整战略五大发展战略。部分内容如下。

（一）指导思想

以"发展新型产业集群"为导向，落实科学发展观，走社会主义新型工业化道路。围绕省、市政府"十一五规划"以及《关于建设产业升级示范区加快产业集群发展的意见》《东莞市推进产业集群发展战略的意见》的精神，结合东莞毛织产业集群发展现状，以现有的集群优势为依托，以市场为导向，促进产业集群升级，完成毛织产业集群经济增长方式向科技型、知识型、节约型增长转变。坚持将东莞毛织产业集群打造成国内一流、国际知名的毛织产业基地。因此，必须注重提升研发、设计水平和品牌培育能力，即产业升级两大重点，也就是把东莞的信息优势提升为市场优势、加工优势转变为区域品牌优势；积极实施自主创新、配套设施和服务先行、产业链扩展、价值链延伸和企业结构调整战略，落实毛织产业集群经济发展、毛织产业经济发展、毛织集群文化建立以及建设毛织集群和谐社会等四大任务。

（二）发展目标

"十一五"期间东莞毛织产业集群的战略目标是由全国最大的地区性生产基地转变为国际区域性毛织生产中心、毛织品及其原辅料交易中心，实现从以外销为主到内销与外销并重、从简单的批发零售到品牌经营、从生产出口型向品牌出口型转变，将东莞市毛织产业集群建设成为区域品牌国际知名度高、产品附加值高、产业链完善、内销和外销齐头并进、产品结构合理、集群内企业分工合作密切、中介服务机构功能完善、本地根植性强的集群，并将逐步成为国际区域性毛织产业集群的行业信息中心、生产中心、贸易中心。

"十一五"期间东莞市毛织产业发展主要指标预测：

——工业生产增加值年均增长 10%，2010 年达到 120 亿元；

——出口总额年均增长 15%，2010 年达到 60 亿元；

——毛衫产量 7 亿件；

——毛衫品牌数量，在原有基础上争取新创 1 个以上国家驰名商标或名牌产品，10 个省级著名商标或名牌产品；

——引导大中型企业的研发投入占销售收入的比例提高到 3%；

——产值 10 亿元以上企业 1 家，产值 1 亿元以上企业 12 家，产值 1000 万元以上企业 50 家。

"十一五"期间东莞市毛织产业集群发展主要指标预测：

——产业集群集聚度提升：集群内大中型毛织企业数量占总数量的20%以上；规模以上龙头企业的销售额占东莞毛织产业集群总销售额的比例逐步提高，最终达到60%以上；

——产业集群生产网络组织完善：改善毛织生产的弱势环节，使东莞毛织产业集群中毛织产品的各个生产环节分工网络进一步完善；

——产业集群中介服务组织完善：初步形成以东莞毛织行业协会为首的，包括专门的贸易组织、营销组织、培训机构、检测机构、人力资源组织、信息咨询机构、物流服务机构、技术研发机构、融资机构等在内的完善和发达的中介服务性组织；

——产业集群文化提升：初步形成积极创新、敢于开拓、真诚合作、公平竞争、团结一致、尊重知识产权、勇于接受新观念的东莞毛织集群文化；

——产业集群内企业社会责任发展：进一步贯彻建设和谐社会宗旨，努力达到产业集群内80%的大中型毛织企业、50%以上小型企业通过企业社会责任认证（SA 8000）或达到同类认证标准。

（三）发展总体构想

按照上述指导思想和发展目标的要求，东莞毛织产业集群"十一五"规划报告的总体构想是：一条主线，两个重点，四项主要任务，五大战略。

一条主线：打造国际区域性毛织产品生产和交易中心。

两大重点：研发、设计能力提升和品牌建设。

四项主要任务：完善集群相关服务平台，推动东莞毛织产业集群经济发展；解决产品、市场、人才缺陷，刺激东莞毛织产业经济发展；培养企业家精神，促进毛织集群文化的建设；改善劳工待遇，建设毛织产业集群和谐社会。

五大战略：质量兴业战略、技术创新战略、产业链扩展战略、价值链延伸和企业结构调整战略。

（四）发展战略

1. 质量兴业战略

通过开展毛织行业质量兴业活动，全面提升整个毛织行业的产品质量、管理水平；引导众多的毛织企业树立质量意识和品牌意识，逐步改变东莞市毛织企业多，但企业规模较小、自有品牌较少的现状；培育更多自有品牌、自主技术企业；发挥名牌产品企业、著名商标企业的辐射和带动作用，促进毛织产业结构转型升级。

2. 技术创新战略

创新战略就是树立毛织产业的科学发展观。针对东莞毛织产业集群的现状,其首要的创新是产品创新,争取更多的跨国公司和国内科研机构在集群内设立研发机构,引导企业加大研发投入,力争使研发投入占销售收入的比重达到3%;扶持建立若干个面向集群的生产力促进中心和技术创新服务中心,构筑中小企业技术支撑体系,使其更好地利用其生产能力的优势来提高产业集群竞争力。

3. 产业链扩展战略(产品结构调整)

从国内外大力引入与毛织产品相关的生产环节,如引入毛衫的原材料、辅料供应商的生产链或研发机构,或引进羊绒衫、工艺羊毛衫、毛织帽子/围巾等附加值较高的毛织产品的生产链和销售链,并注意承接科技含量高的毛织相关产业转移,丰富东莞毛织产业链,引导毛织产能集聚,综合提高东莞毛织产品聚集地知名度。

4. 价值链延伸战略(产业结构调整)

面对越来越激烈的国内外竞争,市场和研发能力逐渐成为竞争的焦点,东莞毛织产业集群必须调整产业结构,加大对研发、设计和市场营销的投入,在继续保持生产加工优势的同时,通过技术创新和市场营销能力的提升来推动产业结构趋向于合理。

首先,引导供应商研发机构落户东莞,增进其与毛织成品生产商的研发合作,同时引导企业与相关科研机构、大专院校合作成立自主研发团队;其次,通过开展区域品牌建设工程和实施名牌带动战略来带动企业创立自主品牌,开展自主营销;最后,为了保证产业链的完整,继续增强生产加工优势,通过引导本地企业提高机械自动化水平,提高劳动生产率和员工报酬,完善相关的中介服务体系和配套设施来降低企业交易成本,增强其对本地的根植性和企业聚集度。

5. 企业结构调整战略

针对东莞毛织企业以民营企业为主,企业规模普遍偏小,龙头企业不足的现状,进行企业结构的调整。一是积极引入三资企业,引领高端技术创新、产品创新和品牌建设,实现产品档次的提升与产业链的完善;二是促进企业间的联合和兼并,加快小作坊式企业的升级、换代;三是重点培育一批具有优势的大企业、大集团、上市公司,以带动一批中小企业,密切内部联系、细化分工协作、增强产业关联度,提高生产的集中度和竞争能力,发挥规模经济效益。

六、区域性产业集群规划的问题和对策

从目前所能看到的问题,本书作者以为这些问题对产业集群的发展都带有致命性缺陷,因此我们以为新一轮产业集群规划,在克服上述缺陷科学规划产业集群发展时,以下意见值得参考:

一是国家发改委在"意见"所提建议:

(1)应明确定位,政府应是集群的催化剂和润滑剂或者桥梁,间接参与产业集群的创建过程,要让企业成为集群的主导者。政府不要刻意创造产业集群,要避免创造产业集群导致的高成本、高风险和不同的地区追求相同的产业集群重点导致的重复建设。

(2)地方政府必须以现有的或者是新兴的集群为前提制定相应规划,集群规划的重点应放在为企业提供尽可能完善的服务和创造良好的发展环境,加快市场中介服务体系的建设;适当引导集群的规模,增强集群总体的生产能力和市场占有,扩大集群的影响力。在集群的形成和发展过程中,政府应引进产业内极具竞争力的企业或一些公共机构、智囊团体,改善集群的结构。

(3)集群政策的目标应该是遵循产业集群形成、演进、升级的规律,把握集群发展各阶段的特征、满足产业集群发展的外部环境要求,并有针对性地对产业集群发展中的共性问题进行深入研究,制定切实可行的措施来促进产业集聚,通过对集聚产业的整合、调整从而延长产业链和促进产业结构优化升级。

(4)实施产业集群战略要因地制宜,突出重点。从目前情况看有五类区域适合产业集群战略。一是一些沿海外向型出口加工区,二是国内一些中小型高新区、经济开发区,三是我国乡镇企业集聚的区域,四是一些智力密集区如中关村,五是我国的一些国有大中型企业集聚区,如东北老工业基地。

二是杭州市都市产业圈产业集群的做法较有借鉴意义。主要是:

调整优化产业结构。包括:加速中心城市功能升级。产业集群优势互补发展应以优化城市功能为着力点,在区域内城市之间谋求建立一种专业化功能互补、产业配置一体化和市场一体化的复合型的强势合作。作为都市圈的核心城市,杭州要发挥集聚作用,构筑领先的技术、管理、服务等平台,与副中心城市形成一体化整合发展模式,使大城市真正大起来。中心城市逐渐实现

从以生产重型化的硬件产品为中心向以高效、智能化的知识和信息服务活动为主的软件化经济结构过渡，自身产业结构高度化，从物质生产中心转向先进服务中心，成为都市圈的产业综合服务平台和中心，即企业总部中心、产业研发中心、信息服务中心、金融管理中心、创意设计服务中心、高素质人力资源集聚及交流中心、应用技术研究与转化中心，发展平台经济，促进价值链的空间分工，提升城市国际化发展水平。从更大区域谋划城市功能定位，努力形成以服务业为主的产业结构，形成以高度专业化和网络化的服务部门为主体的独特的生产优势。

加速主要市县产业升级。在核心城市功能升级的基础上，要形成由若干个发挥"二传"功能的副中心城市，它们是支撑整个区域联动发展的支柱与链条。这些中心城市的基本特征不是"大而全"，而是"强且富有特色"，各市县朝着功能化、特色化方向发展，形成特色化的城市风格，即"小城市特色化"。不断发挥各自产业优势，注重高新技术发展与传统产业改造之间的关系，提升区域特色产业发展水平，做精做深，做优做强，从而进一步优化杭州都市圈已形成的产业梯度，深化产业分工。在城市功能上分散大城市发展压力，产生规模效应的同时化解规模风险，按照城市功能进行开发配套，发挥强大的支持作用和辅助推动作用，以提高各种资源的集聚吸引力。同时，推进中心城市的一般制造业和成熟技术向都市圈其他地区转移和扩散，以推动各城市技术进步和产业升级。

培育产业集群发展氛围。以中心城市为龙头的都市圈既是经济圈，又是社会资源创造圈，产业集群的发展有赖于产业集群氛围的培育和形成。需要各城市间消除地区壁垒，打破行政隔阂，联通民生关系，使圈内资源共享，社会发展质量提高，产业集群特色鲜明，专业化、稳定性、知名度提高，人们工作和休闲适得其所。

从产业创新发展和持续发展的角度看，集群的产业氛围可以培养生产要素中劳动力要素对该种产业相关知识与创新的敏感性，尤其对于创造性要求高的产业，如计算机软件、高档时装业、工艺品制造业等。

从国外经验看，在一个产业集群内，大量相关企业在空间上集聚，企业间高度专业化分工，市场网络组织发达，以及以互动互助和集体行动为特征的合作竞争机制，也将有利于形成一种良好的集群创新氛围，并形成一种集群竞争力。

完善产业集群的市场体系。在由不同行业和企业组成的制造业集群中，市场交易关系将逐步取代内部管理关系，市场交易关系越紧密，集群的凝聚力和生命力也相应更强。而加强都市圈内产品与市场的对接，将有利地促进市场交易关系的发展和完善，加强都市圈各城市间的团结协作。产品与市场的对接，一方面，通过在各产业集聚地规划建设功能及设施更为完善的规模化专业市场，吸引世界各地的经销商和直接买家，减少流通环节，降低产品交易成本。目前，杭州都市圈内已经初步形成了产业集群、企业集群和市场集群之间相依相伴、相辅相成的内在共生关系，这种共生关系为产业集聚及其辐射功能的发挥奠定了重要基础。另一方面，要发挥中心城市在技术、信息、金融等各方面的优势，为都市圈各产业集聚区企业提供及时全面的市场信息资源，使企业能够及时顺应市场变化，开发符合市场需求的产品和技术，有效组织生产，并对产业集聚区中长期发展规划起到积极的指导作用。要加快专业市场建设和商务交易平台建设；加快产业集群贸易组织方式创新；加快产业集群品牌建设及国际化营销体系建设。

发展产业集群配套服务体系。大力发展生产性服务业、都市圈产业融合的发展和深化要求生产与服务实现全方位对接，重点发展与产业延伸密切相关的生产性服务业。通过发展适应且适度超前经济社会总体发展的生产性服务业，拓展和创新第三产业结构，提高现代服务业水平，引导产业的合理布局，发挥区域性的资源再配置、要素再整合的作用，优化和提高都市圈整体产业结构和产业发展水平，从而加强都市圈产业一体化发展，为产业集群发展提供服务保障。重点是：（1）完善生产性服务业发展环境。A. 形成广泛的社会共识，在发展生产性服务业的实践中，首先要引导社会和投资者了解生产性服务业发展重点、目标，规划生产性服务业集聚区，从而吸引社会投资，形成多元化的投资和发展渠道，共同促进该产业的发展。良好的政策环境及扶持措施。生产性服务业的发展不仅需要有一定的外在形态作为载体和平台，更需要有一套适宜的制度环境提供保障。政府对现代服务业，尤其是生产性服务业实施类似于高新技术产业的优惠政策。同时，要制定和完善相关的法律法规，以营造有利于现代服务业跨越式发展的法制和政策环境。B. 推进标准化发展进程。加快研究和建立生产性服务业有关标准体系，以尽快实现服务业标准领域与国际标准接轨，提升服务水平和国际化程度。（2）促进建立完整的产业链。生产性服务业作为货物生产或其他服务的投入而发挥着中间功能，提高了生产过程不同阶段的产出价值和运行效率,其业务范围涉及生产性企业上游(如:可行性研究、风险资本、创意设计、产品开发、市场研究等)、中游(如质量控制、财务管理、人事管理、法律服务、保险等)和下游(如广告、营销、物流等)的活动。只有形成这一完整的产业链,才能为都市圈产业集群化发展提供必要的软环境,推动市场资源的合理配置与高效整合。(3)加快生产性服务业人才培养。专业人才的规模和质量是现代服务业持续发展的核心因素。制定和实施好人才战略是促进生产性服务业发展的重要策略。一是要建立基本的人力资本积累机制,有计划地在高校和职业学校增设服务业紧缺专业,加强岗位培训,培养高层次应用型人才,建立多渠道竞争的人才培养机制。二是要建立服务业职业资格标准体系,提高服务行业的专业水平和整体素质。三是要强化服务理念和服务意识,营造服务氛围。

促进生产性服务业科技创新。通过利用现代科技和信息技术,大力推进服务业科技进步与创新,发展高附加值服务业,加大科技在现代服务业中的含量和渗透,优先发展技术含量高、关联性大的现代服务业。要形成符合现代服务业技术进步要求的新机制,有效促进科技成果转化。

强化核心城市生产性服务业集聚。生产性服务业能为圈域经济社会生活提供强大的服务功能,其往往高度依赖于同行业的正式和非正式的交流网络,深深嵌入与其他类似企业进行的高密度交易关系中,具有天然的在中心城市集聚的特征。因此,都市圈中心城市,必须通过大力发展生产性服务业,提高区域经济支配力和辐射力,以深层次推进都市圈产业一体化进程。

作为都市圈核心城市尤其要形成为企业总部服务的产业链,着重要发展的生产性服务业包括:由通信、网络、传媒、咨询等组成的信息服务业,由银行、证券、信托、保险、基金、租赁等组成的金融服务业,由会计、审计、评估、法律服务等组成的中介服务业,由教育培训、会议展览、国际商务、现代物流业等组成的新型服务业等。

完善产业集聚地生产性服务业配套。强化核心城市生产性服务业集聚并不意味着要将所有的生产性服务功能都集中到核心城市,而是要从有利于圈域产业整体协调发展的角度出发,根据各地产业集聚特点和需求,对生产性服务资源进行合理配置。如金融、传媒、培训等都市圈各市地产业发展都需要的、又与产业集聚并无紧密联系的服务业可以集聚在核心城市;交通运输、仓储及邮电通信业、批发零售贸易业等与产业集聚联系紧密的服务业则可以根据产业集聚的需求和特点进行配套发展和完善,进而形成各地现代服务业特色板块。

完善政府公共服务体系。政府层面的产业集群的服务体系培育包括:人才服务、信息服务、技术创新服务以及引导行业开展自我服务。

发挥政府统筹管理与综合协调作用。政府作用主要体现在:通过统一规划、统筹管理、协调引导、有效服务,克服区域内部利益矛盾问题,有效整合资源,引导区域间、行业间、企业间发挥优势,互补合作,共同建设圈产业链,推进集群产业发展进程。

组织管理对接。主要是:完善高位协商机制,丰富区域管理手段。一是利用经济手段,通过税收优惠、引导性贷款等方式,建立一套区域合作的利益补偿机制,减少区域产业结构调整可能遇到的阻力,推动产业梯度转移,优化产业布局。二是转变政府职能适应都市圈发展要求,促进区域之间从招商引资的让利竞争向改善综合环境的"服务竞争"转变,构筑有利于产业合作与发展的服务平台,加强政策一体化制度建设。三是培育和发展非政府的市场组织机构,充分发挥民间组织在产业合作中的作用。主要包括:建立以各地经济专家为主体的"杭州都市圈产业合作咨询委员会"、为政府决策提供咨询参谋的研究机构以及调动行业协会组成跨区域的行业联盟,探索和推进区域市场资源的联结和整合。

成立区域性经济合作组织——杭州的做法是组建都市圈联合银行(以下简称"联合银行",主要参照世界银行及亚太经合组织的某些组织及管理方式)。"联合银行"并非一般的营利性金融机构,而是区域间的一个合作机构,其股东是都市圈各城市。各股东的利益及意见由理事会代表,理事会成员是联合银行各项决议的最终决策者,每年召开一次会议。理事会理事一般由各股东城市的财政局局长或发改委主任担任。"联合银行"建立区域共同发展基金,用于跨行政区基础设施和公共服务设施建设及生态环境治理;通过专项贷款等方式,对都市圈空间建设和管理、产业投入起到引导作用,减少各地产业重复建设和无序竞争。

实施"数字都市圈"计划。都市圈治理需要依靠信息化平台集成,信息化水平高低已成为衡量都市圈综合竞争力的重要标志,而"数字都市圈"又是都市圈信息化建设的中心内容,是城市化进程、都市圈发展和信息技术发展的必然要求。所谓"数字都市圈"是通过整合"数字城市"的信息系统,将都市圈各个城市地理、资源、环境、生态、人口、经济、社会等复杂系统数字化、网络化、并虚拟仿真,实现可视化,从而使都市圈规划与建设具有更高的效率、更丰富的表现手法、更大的信息量。具有辅助决策、辅助管理、辅助研究和辅助生活的众多功能和应用。

因此,"数字都市圈"的建设是建立在"数字城市"之上的,但目前都市圈各城市的信息化建设大多是按照城市及部门开展的,由各个城市分别进行,形成了各自为政、各自分割、相对独立的局面。信息网络自成体系、横向互不联网,一定程度上造成重复建设、浪费增大的不良后果,因此,必须加强都市圈公共工程、公共信息等信息化建设的统一建设。仅以各城市的政务网为例,有必要在目前都市圈各城市政府部门各自的电子政务平台的基础上进行整合,成立一个联合公务信息发布中心。

产业政策对接。(1)地方与中央间的产业政策对接:要注重地区政策与中央政策紧密衔接,配合制定和实施相应的区域性产业发展政策。(2)地区间的产业政策对接:由中心城市牵头制定并出台一系列产业扶持政策,这些政策包括市场一体化政策、区域产业政策、区域基础设施政策、区域城市化政策等中观层面的管理调控。为得到都市圈各市县的积极支持与贯彻实施,都市圈在制定产业政策时应充分尊重各市县及各地产业发展组织、企业代表的意见,实现共同制定、共同执行。

从杭州市这些年的发展实绩来看,上述措施在产业集群发展过程中发挥出较强的推动效应。

理论界学术界,关于产业集群风险的防范和控制问题的研究和探讨这几年一直未曾停过。就研究涉及的范围而言,近两年更多的深入到产业集群内部,从产业集群中风险的生成因子、生成机制、风险预期、预警、风险传导扩散与阻断等都有涉及。较新或者说较前沿性观点,是有学者提出的在产业集群中引入模块化管理。按照青木昌彦(2003)定义模块是可组成系统的、具有某种确定独立功能的半自律性的子系统,可以通过标准的界面和其他同样的子系统按照一定的规则相互联系而构成的更加复杂的系统。"模块化"是按照某种规则,一个复杂的系统或过程和若干能够独立设计的半自律的子系统相互整合或分解的过程。狭义模块化是指产品生产和工艺设计的模块化,而广义模块化是指把一系统进行模块分解与模块集中的动态整合过程。因此,模块化包含三层级的内涵:(1)产品体系中或者产品设计的模块化;(2)生产的模块化;(3)组织形式的模块化。

模块化理论正式被提出是在 1997 年,鲍德温和克拉克通过对硅谷高科技风险企业模块化集群的分析,得出新经济时代就是"模块化时代"的结论。他们提出"模块化 123"理论:一个科学的模块化系统是在两套规则作用下,通过三个核心要素而发挥作用的。模块化的系统是指可拆分的整体系统,否则无法进行模块化设计。两套规则是:(1)明确规定的"看得见的设计规则",该规则是界定模块之间关系的规则。(2)"看不见的隐形的设计规则",该规则是一种仅限于一个模块之内而对其他模块的设计没有影响的规则。它允许和鼓励模块设计人员在遵循第一类设计规则的基础上自由发挥模块内的设计。三个核心要素是:(1)结构。系统中有哪些模块,这些模块的功能。(2)界面。它是详细规定模块如何相互作用,模块相互之间的位置如何安排、联系,如何交换信息等。(3)标准。它是检验模块在系统中是否能够发挥作用,模块是否符合设计规则,模块之间的性能比较等。这三个核心要素组成了明确设计规则的主要内容。

产业集群是在某一特定领域(通常以一个主导产业为主)中,大量产业联系紧密的企业以及相关支撑机构在空间上集聚,产业集群最大特点是分工协作。在亚当·斯密的古典分工理论中,将构成大头针的制造过程一个个步骤归结为简单作业,而集的分协作是是以这种古典分工为基石的,它突出了分工协作带来的规模经济\交易费用的节省和外部经济资源的共享。以此为基础的集群经济只能局限于加工工厂阶段,激烈的竞争也只能停留在削减成本,降低价格的基础之上,以致造成竞争无序的恶性循环,致使集群始终处在低水平上重复,甚至导致集群崩溃。因此提升集群势在必行。而要提升就必须引入新理念,实行管理创新。学者们认为,理代模块化正在产生新的价值,即选择的价值——创新的可能性。

模块化是指可以组成系统的,具有某种确定独立功能的半自律性的子系统,可以通过标准化的界面结构与其他功能的半自律性子系统,按照一定规则相互联系而构成更加复杂的系统。系统中的模块有各种功能,建立模块化结构,通过良好的分工,使人们能够处理复杂事务,模块化能够对半平行的作业进行协调;而每个模块内部开展的工作则是独立的,不必与其他模块进行协调;模块化结构可以产生更多的选择余地,因此它能够对付子系统的不确定性,并能产生选择价值。

据此,专家学者们较为推崇引入模块管理。本书作者当属推崇引入模块化管理一类。建议,在产业集群设计规划之初,即引入模块理念指导设计和规划。以为产业集群的风险预警、防范、控制和治理奠定良好的结构基础。

第三节 做好行业产业集群发展规划

行业集群在一定意义上说也是一种产业集群。本书在这里另立以行业集群单作分析,原因在于行业集群我国较多出现在块状经济的高一级产业组织形态,相对于一般产业集群来说在很多特征上更类似其初始发展阶段。行业集群对产业集群发展的意义在于其作为一般产业集群的初始形态,其发展实际上是为产业集群构筑一般集群初步基础,而随后在与产业集群并行发展过程中,行业集群又构成了产业集群的生态圈,产业链的延伸往往使同产业生态圈的产业紧密地联系在一起。产业集群的外围的行业企业的生存和发展状态,往往直接关联到集群产业的发展。甚至在很多情况下,外围行业企业中的风险因子会通过企业交往通道向集产业中扩散和传播,严重的甚至导致集群崩溃。产业集群中的风险因子有时也会借道外围行业企业加速风险传导与扩散。因此在做好区域产业集群发展规划的同时,还要做好行业性的产业集群发展规划,以积极应对具体行业在集群化发展所能出现的特殊性问题,对防范产业风险的传导与扩散同样重要。

所幸的是经过30多年来的工业化快速发展,各地对行业规划都给予了充分重视。从本书作者所能涉猎的视野范围,已可一批批集科学性、前瞻性、可操作性都很强的行业规划。本书作者特别以为以下规划可以算是在众多行业规划中最可值得参考和借鉴的行业规划。

一、四川成都市家具产业集群发展规划(2008—2017 年)

为进一步推进成都家具产业集群发展,根据《成都市国民经济与社会发展第十一个五年规划》、《成都市工业经济发展第十一个五年规划》、《成都市工业发展布局规划纲要(2003—2020 年)》和市政府《关于加快工业集中发展区建设发展的试行意见》(成府发[2008]13 号)等文件精神,结合成都市家具产业发展实际,特对《成都家具产业集群发展规划》进行修编。

(一)发展现状分析

1. 产业现状

(1)国内家具产业现状。近10 年来,我国家具产业经历了第一个高速发展期,以量的扩张为主,初步建立起了门类齐全、与国际接轨的完整工业体系,产品已能满足国内人民生活需要和国际市场需要。全国现有家具及配套企业5万余家,已形成了广东、浙江、东北、华北、西南五大家具产业区,其中广东已成为我国最大的家具制造中心。2007年,全行业产值近5400亿元,其中规模以上企业产值约2200亿元,家具出口额近220亿美元。在国际家具产业转移和国内家具产业西移的大背景下,我国家具产业的发展正在发生由量向质的转变,将迎来第二个高速发展期。

(2)成都市家具产业现状

①产业规模不断壮大。成都市是全国五大家具产业基地和四大家具流通基地之一,同时是全国最大的板式家具生产基地,家具生产与销售占四川省的80%以上,现有家具生产及配套企业近3000家,从业人员近50万人,主要聚集分布在新都区、崇州市、彭州市、双流县、温江区等区(市)县,其中新都区新繁镇已成为全市家具制造企业聚集最多的区域。

②商贸体系日趋完善。"成都国际家具工业展览会"连续成功举办8届,已成为成都家具品牌的展示窗口和扩大对外影响力的商贸平台;企业在全国建立了营销网点5000多个,70%以上产品销往省外;武侯区川藏路两侧有近80万平方米的家具展销场地,年销售额近20亿元。中国轻工业联合会、中国家具协会于2005年授予成都市武侯区"中国西部家具商贸之都"称号。

③品牌建设取得突破。成都全友家私有限公司(以下简称"全友")、成都爱普装饰材料有限公司获得由国家工商总局颁发的"中国名牌产品"荣誉称号,成都全友家私有限公司、成都市明珠家具(集团)有限公司(以下简称"明珠")、成都好风景实业有限公司3家企业荣获"中国驰名商标";成都三叶家具有限公司、成都浪度家私有限公司等8家企业获得"国家免检产品"荣誉称号;成都先驱实业有限公司、成都市东金家具有限公司(以下简称"东金")等18家企业的家具品牌获得"四川名牌"荣誉称号。

④经济指标。从2002年开始,成都家具全行业总产值以每年20%以上的速度增长,2007年接近210亿元。其中规模以上的84户企业实现主营业务收入63.86亿元,主营业务收入超亿元企业达到14家。

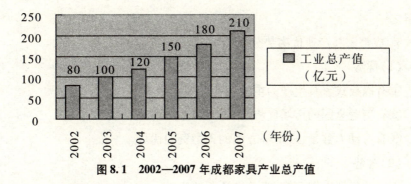

图 8.1 2002—2007 年成都家具产业总产值

2. 对比分析

(1)产业规模和质量对比

表 8.5 成都、东莞、杭州、大连家具产业集群发展对比（2007 年）

	总产值（亿）	企业数量（个）	主要特色	出口额（亿美元）	中国名牌（个）	被授予称号
成都	210	3000	板式家具、家具市场	0.6	2	中国西部家具商贸之都
东莞	800	3000	家具展览、出口	27.4	1	中国家具出口第一镇（大岭山镇）
杭州	91	400	办公家具、户外家具	8.2	1	
大连	107	1500	实木家具	6.8	1	中国实木家具产业基地

(2)产业配套环境对比

——基础设施方面。东莞、杭州、大连以现代企业形式组织规模生产起步早,基础设施建设较完善;新都、崇州等产业园区基础设施有一定基础,但还不能完全满足产业发展需求。

——物流环境方面。东莞、杭州、大连均位于沿海地区,海陆空交通均比较发达,物流成本相对较低;成都深居内陆,运输主要依靠公路、铁路,物流成本相对较高。

——政策环境方面。2006 年,东莞市政府将家具产业列为首批重点规划产业集群,杭州市政府将家具产业列入政府重点扶持的范围,确定了家具行业产业导向目录,大连市政府将加快家具产业的发展列入了大连市"十一五"发展规划;成都市高度重视家具产业的发展,把家具产业确定为重点发展的产业集群之一。

3. 成都家具产业优劣势分析

（1）优势

①有以板式家具生产为主的企业规模优势。

②有覆盖全国的市场优势。

③有劳动力数量、成本等方面的人力资源优势。

（2）劣势

①产业集群发展不够，产业链还不够完整。

②家具制造的特色功能定位不明显，产品创新能力不强。

③成都市举办的各类家具展会、论坛、峰会的知晓度、影响力不高。

（二）总体思路、发展目标及规划布局

1. 总体思路

以提高区域竞争力为中心，推进产业集群发展、完善家具产业链、打造家具区域品牌；以培育家具骨干企业为引擎，带动中小企业集聚发展；以承接产业梯度转移为契机，完善聚集地基础设施和公共配套体系，促进沿海家具企业向成都聚集，推进成都家具企业提档升级；以加大招商引资和鼓励出口为抓手，提升中西部家具商贸中心地位；以打造"中国西部家具之都"为目标，全面提升成都家具产业在全国的竞争力与地位。

2. 发展目标

（1）总体目标

①规模目标：培育1—2户年销售收入100亿元以上的企业，4—10户超40亿元的企业，10—15户达20亿元的企业，50—80户超亿元的企业。产品配套能力达85%以上。将新都和崇州家具园区打造成产值超百亿的产业集群。建立起以骨干企业为龙头、中小企业专业分工配套、商贸流通畅达的家具产业链，实现建立"中国西部家具之都"的目标。

②经济社会目标：到2017年，工业增加值达到262.5亿元，年均增长25%；主营业务收入达到1050亿元，年均增幅保持15%以上；吸纳成都及周边85.5万人就业。

（2）年度目标见图8.2、图8.3

3. 规划布局

（1）空间布局。根据《成都市工业发展布局规划纲要（2003—2020年）》

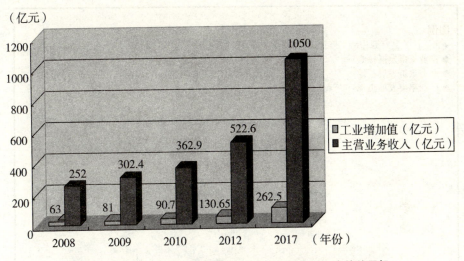

图 8.2　2008—2012 年成都市家具产业集群发展经济效益目标

就业人数（万）

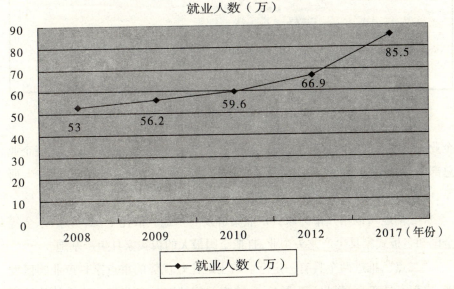

图 8.3　2008—2012 年成都市家具产业集群发展社会效益目标

成都市家具产业集群发展目标以及对成都市家具产业发展现状与比较优势分析,成都家具产业规划布局将在空间上实现"一核心一基地二点"的"112"战略发展格局(见图 8.4)。成都家具产业要继续以发展板式家具为重点,适度发展实木家具、钢木家具等其他家具品种,突出产业优势,形成错位竞争。

"一核心",以新都区为家具产业集群发展核心区。在保持家具生产制造

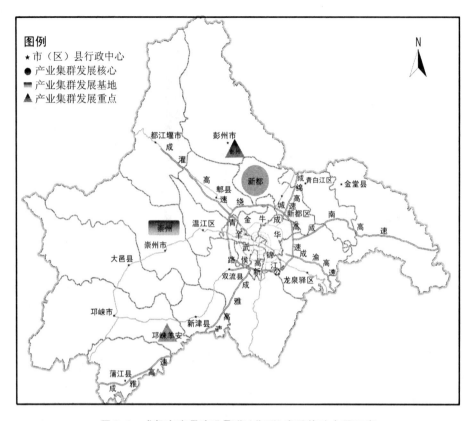

图8.4 成都市家具产业聚集(集群)发展战略布局示意

企业一定发展规模的基础上,利用新都家具产业园的区位优势,着力发展企业总部、公共研发平台、家具成品及原辅材料市场等,努力将其打造成集生产、研发、商贸为一体的成都家具产业集群的核心区域。

"一基地",以崇州市为家具产业集群发展基地。依托全友、明珠、东金等全国知名板式家具生产龙头企业,打造全国最大的板式家具生产基地。

"二点",推进两个具有一定产业与土地比较优势的重点家具产业园区发展:成都家具产业(彭州)工业点、邛崃市羊安镇家具工业点。除继续扶持现有优势企业的发展外,重点承接中小家具企业的转移。

(2)家具产品及配套件生产布局。以新都区、崇州市、彭州市等区(市)县的现有家具企业为基础,逐步形成家具制造集群式发展。家具制造企业新建项目在符合国家环保政策的前提下,应进入规划的工业集中发展区和工业点。规划区外的家具制造企业,维持现状发展,着重于产品提档升级,并逐步向规划区域内转移(见表8.6、表8.7)。

表8.6　家具产品布局

材质	产品类别	重点发展区域
木工板	卧室家具	新都区家具产业园
		崇州市工业集中发展区
		彭州市工业集中发展区
		邛崃市羊安镇家具工业点
	儿童家具	新都区家具产业园
	酒店家具	新都区家具产业园
	办公家具	新都区家具产业园、崇州市工业集中发展区
	厨房家具	新都区家具产业园、彭州市工业集中发展区
实木	卧室家具	新都区家具产业园、崇州市工业集中发展区、彭州市工业集中发展区
	酒店家具	
	办公家具	
钢材	卧室家具	崇州市工业集中发展区
	酒店家具	
	办公家具	
塑料	酒店家具	新都区家具产业园、彭州市工业集中发展区、崇州市工业集中发展区
	办公家具	

表8.7　原材料及配套产品布局

产品类型	产品类别	重点发展区域
原材料	家具用复合材料	崇州市工业集中发展区
		双流县工业集中发展区
	家具用皮革制品、布料制品	崇州市工业集中发展区
	家具用胶及塑胶制品	青白江区工业集中发展区
		彭州市石化基地或工业集中发展区
	家具用玻璃制品	双流县工业集中发展区
		青白江区工业集中发展区
配套	家具用五金配件、油漆(除表面涂、镀工艺)	新都区家具产业园
	家具用钢结构及五金件涂、镀工艺	待定
	家具生产用机床设备及工具	新都区工业集中发展区

（3）家具商贸流通布局。按照大流通要求,以提高实物交易市场经营水平、发展现代电子商务交易、树立区域品牌、扩大辐射范围为原则,重点建设家具及家具配套产品批发与零售市场。重点布局区域如表8.8所示。

表 8.8　家具商贸流通市场

市 场	市场类别	重点布局区域
家具零售市场	家具专卖店、品牌店、连锁店	中心城区、成都高新区及周边区(市)县重点城镇
家具批发市场	全国性家具批发市场	新都成都家具产业园
家具原材料市场	家具综合性原材料市场(配送中心)	新都区成都家具产业园
		崇州市
	家具五金配件、板材及木材制品市场	新都区成都家具产业园
		崇州市
	家具专业性皮革制品、布料制品市场	崇州市
家具展会、论坛、峰会	家具展览业、论坛、峰会	成都高新区南区(依托新国际会展中心)

（三）发展重点

1. 以发展家具品牌企业为重点,培育优势企业

支持家具企业抓住产业转移机遇,主动承接国内外高端技术,大力引进知名品牌企业;鼓励企业实施新产品开发与设计,提高专业化生产程度,提升家具产品附加值;利用现代高新技术改造传统家具制造业,用信息化带动家具制造工业化,实现家具产业的提档升级;实施差异化战略,支持板式家具发展壮大,着力提高特色产品的技术、文化含量;积极实施品牌带动战略,鼓励和扶持现有品牌企业,培育一批新的品牌企业。以骨干企业为龙头,促进中小生产与配套企业协调发展,实现家具产业集群发展。

2. 以构建产业配套体系为重点,完善产业链

构建立体化的家具产业配套体系,提高家具制造业分工与合作程度,不断完善家具产品链;逐步建立起从上游的家具研发、设计,到中游的家具生产、加工,再到下游的家具物流、配套展示、市场营销的家具产业链。如表8.9所示。

表 8.9　家具产业配套体系

科研配套体系	建立家具研究机构,以产品开发、设计为主,重点研究和开发西蜀文化家具,形成自有知识产权。辅以培养专业人才,根据企业具体需要,对现有不同岗位人员进行培训
生产配套体系	根据产品采用材料的不同分别建立板式卧房家具、板式办公家具、客厅家具、西蜀文化家具和沙发及零部件的专业化生产配套体系。骨干企业提供产品设计与销售、品牌建立与维护、市场开拓、完善售后服务体系;中小企业做好协作与配套
物流配套体系	在家具生产基地建立物流中心或物流站,充分利用第三方物流,通过快速物流体系和现代管理方式的结合,促进家具产品大流通
配套展示体系	在新都家具产业园建立一个拥有家具产业链各节点产品的大型展示和批发中心,提升成都家具的整体形象
融资担保体系	建立政府、企业、担保机构及家具行业协会交流合作机制,加强沟通,达到信息对称,降低担保、信贷风险
配套速生林体系	利用山地建设 30 万—50 万亩速生林基地,以解决成都市中纤板生产企业的原材料需求,从而保证成都市家具产业可持续发展

3. 以打造区域品牌为重点,扩大成都家具影响力

大力宣传"好家具、成都造",对成都家具产业集群和骨干企业定期开展系列新闻报道和专题宣传,扩大成都家具"区域品牌"的影响力;继续办好每年的"成都国际家具工业展览会",吸纳国内外企业参加,扩大展会规模和影响;积极组织企业参加国内外举办的相关经贸交流活动,提高企业的知名度,提升家具产业形象;鼓励企业围绕市场、创立品牌、争创名优产品,形成"成都家具"区域品牌和企业品牌相互协调的发展格局。

4. 以培育大市场为重点,提升家具商贸之都地位

统筹规划和合理布局家具零售市场、批发市场及原料综合市场或专业市场,积极促进家具原材料市场和面向全国以批发为主的家具大卖场的建设,提高以零售为主的家具零售市场的服务水平和档次。家具商贸布局所在地政府要对市场建设给予大力支持,在完善功能及布局规划基础上,合理配置市场所需的仓储物流、道路、运输、信息查询等中介服务机构。

(四)保障措施

1. 优化产业发展环境

(1)优化政策环境。对家具集群中的骨干企业,在技术创新、技术改造项

目的贷款贴息、补贴、融资担保、土地指标等方面给予重点支持。对创国家名牌产品企业给予奖励。实行就业实名制登记,对吸纳本地劳动力,特别是雇用失地农民的企业给予贴息和培训费奖励。鼓励国内外知名企业投资或合资合作,在用地、融资等方面给予支持。积极支持家具商贸企业的发展和家具出口,对企业出国参展给予支持。

(2)完善基础设施。加强园区道路管网、通信网络、污水处理等基础配套建设。重点抓好园区标准厂房建设,积极引进工业地产商参与修建定制式标准厂房,满足中小家具企业的发展需求。强化园区能源保障,保证水、电、气等生产要素供应,提高园区吸纳功能和承载能力,使园区成为推动同业聚集、产业升级的基地。

(3)强化招商引资与承接转移力度。明确承接目标,加大承接产业转移与招商引资力度,推进家具产业跨越发展。针对性引进品牌好、质量高、技术强的家具企业,快速弥补家具产业链缺失和薄弱环节;推进入园重大项目实施,提高产业承接能力,加快形成产业承接效应;狠抓家具产业园能源等各种资源保障,营造承接产业转移的良好环境,促进产业链与产业集群的完善和发展。

2. 加强要素保障

(1)完善土地供应机制。完善土地供应机制,保障家具产业发展的需求,保证成都家具产业园、崇州家具产业基地、彭州家具工业点、邛崃市羊安镇家具工业点规划用地;合理规划家具产业集中园区的工业用地、市场用地、展场用地和配套居住用地等之间的比例,鼓励和提倡节约用地;为家具中小企业进入园区发展创造条件,相关区(市)县要在园区规划部分土地或充分使用农村集体建设用地,降低入园中小企业一次性投资压力。

(2)完善人才培育机制。加大家具高级人才的培养力度,弥补成都家具产业链的缺失环节尤其是高端设计、研发机构等环节的缺失。加大校企合作力度,力争合作开设家具设计、美工等专业,建立家具设计的软件平台。加快产业园区培训学校建设,尽快培养出企业所需的各类人才。积极引进家具高级人才。

(3)完善资本资源机制。发挥财政资金的引导放大作用,切实帮助中小家具企业解决融资难问题;拓宽市中小企业担保公司及相关区(市)县担保公司对搬迁入园家具企业的担保面,适当提高担保额;鼓励民间资本参与家具工业园区(点)的建设,如建设标准厂房、"园中园"等;加大政府的财政转移支付力度,在节约用地前提下,给予一定的资金支持;鼓励家具中小企业通过多种形式进行并购重组,支持有条件的家具企业利用国内外资本市场上市融资。

3. 完善企业市场培育机制

(1)发挥龙头企业的带动效用。加大对全友、明珠、双虎等优势企业培育,以龙头企业带动家具产业集群发展,充分吸纳产业园周边失地农民再就业;不断整合资源和资本,逐步形成专业化、品牌化、协同化发展的成都家具产业格局,带动更多的中小企业,打造真正意义上的家具产业集群。

(2)加强技术创新。加强家具企业自主创新能力建设,形成以创新驱动为特征的家具产业集群。支持企业、科研单位和民间组织建立服务家具生产企业的产品设计公司、技术咨询公司,提高家具设计能力和水平;鼓励和支持大型家具企业建立国家、省市企业技术中心、工程技术中心;加快家具产业园区公共研发平台的建设。鼓励家具企业加强与科研院所、大专院校的产、学、研合作,积极采用新工艺、新材料、新设计和现代企业经营管理方式,积极引进前沿技术,提升家具产品科技含量,提高家具企业的核心竞争力,促进产业和产品的提档升级。

(3)建立科学的营销机制。提升"成都国际家具工业展"在国内外的知晓度和行业内的影响力;建立和完善家具产品、批发市场及展示销售中心;促进玉带桥等传统家具商圈提档升级,科学规划和推进家具产品品牌店、连锁店等零售商店建设;加强市场监管,强化服务质量,提高家具产品的附加值。

二、湖北省通山县石材产业集群发展规划(2008—2015 年)

(一)通山石材产业概况

1. 通山石材产业总体情况

通山石材产业经过几十年发展,已经具有良好的产业基础,部分品种/产品在国内外市场上逐渐建立起较高的知名度,大理石产品特色突出,成为全国有一定影响的石材产业聚集区。

(1)石材资源开发情况

通山县石材资源十分丰富,在燕厦乡、洪港镇、大路乡、通羊镇、大畈镇、慈口乡以及黄沙铺等各乡镇都有分布,主要矿产有:大理石、板石、花岗石等。

目前已开发的大理石、板石品种有五大系列,40 多个花色品种,在国内市场上均有较好的销路,部分产品出口美国、韩国等地区。主要拳头产品:荷花绿、红筋红、中国啡网、金镶玉、木纹黄、米玉、黑白根、彩灰、通山红、珊瑚红、九宫青等,多为中高档石材品种,部分产品具备规模开发前景。

通山县现有石材矿山 61 家,其中持证矿山:大理石矿企业 23 家,板石矿 20 个,玄武岩矿 2 个,花岗石矿 2 个,其他 2 个。矿山分布如表 8.10 所示:

表 8.10　通山县石材矿山在各乡镇的分布

燕厦乡	20 家	九宫山	3 家	闯王镇	1 家
洪港镇	14 家	大畈镇	3 家	慈口乡	1 家
大路乡	10 家	南林桥镇	2 家	厦铺镇	1 家
黄沙铺镇	4 家	通羊镇	2 家	合计	61 家

(2)全县石材产业已形成一定规模

经过 40 年的发展,通山县从仅有一家大理石矿山和一个加工厂,发展到现在全县共有石材及相关企业 236 家,其中以大理石企业、板石文化石企业为主,还具备了综合加工,信息服务,包装,物流,机械制造,技术研究所等相关配套服务企业,15 家企业有进出口相关业务。

20 世纪 90 年代以来,通山县石材业平均每年产值在 1.4 亿元以上,到 2006 年,主导大理石产品产量 210 万平方米,板石 280 万平方米,花岗石产品 10 万平方米。全年石材集群销售收入接近 50200 万元,实现利润约 3500 万元,从业人员超过 3 万人。通山石材企业集群随着经济不断发展,技术装备水平的不断提高,为当地经济的发展起到了十分重要的推动作用,并且逐渐成为湖北省重要的石材产业基地。

(3)加工技术装备水平不断进步

通山石材企业通过不断发展,实力不断壮大,产能、产值不断提高,技术装备水平的不断提高是一个重要因素。20 世纪 80 年代末期,通山县共有石材机械设备 120 台套,2006 年年底,通山县拥有各类石材机械约 900 台套,生产能力有了较大飞跃。部分有实力的企业已经使用大型金刚石锯切设备、大型磨机、带锯等大型、现代化机械设备进行石材产品生产加工。工业园内的部分企业建设了现代化的大型车间,具备加工大规格荒料、生产大规格产品的能力。先进的设备是产能、产品质量、资源利用率得到提升的有力保障,同时带

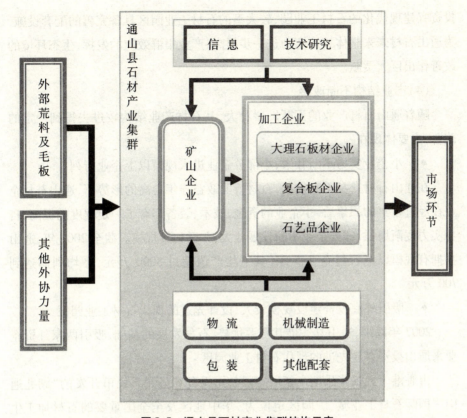

图 8.5　通山县石材产业集群结构示意

来良好的经济效益,经济实力的提升为技术装备的革新提供有力的经济支持,在此良性循环中,通山石材整体实力得到了很大的增强。

　　通山石材在近四十年的发展过程中,不断采用新的设备、新的生产方式,技术水平得到了较大的发展,培养专业技术人员超过 1500 人,引进人才 30人。在不断引进先进设备、培养技术人才的同时,通山石材从业者还依靠技术创新为自己不断打开新的局面。20 世纪 80 年代中期,通山石材人曾经依靠技术攻关,一举拿下援建非洲加纳的弧形板加工项目,90 年代末期,通山石材人再度依靠技术攻关,开发出了"东荣超强复合板",并获得了国家专利,不仅节约了资源,还在在同类产品的竞争中,创造了良好的经济效益。此外通山还具备多项较有特色的专利技术。

　　在引进先进技术装备、培养人才的同时,通山县还引进了多家较有实力的企业:引进板石艺术品加工企业,带动了通山板石艺术品企业的发展,使通山县板石制品的加工技术、思路得到了较大的提高;引进了大型企业集团到通山投资兴建现代化的石材工业园,较大型的石材工业园区具备完善的配套设施,为通山石材未来整体技术实力进一步提高、产业集群效应的发挥、生态环境的改善作出巨大贡献。

(4)产业结构不断改善

随着通山石材产业的不断发展壮大,其石材产业结构较过去得到一定的改善,主要体现在:

- 小企业实力不断壮大,小部分企业进入规模以上企业行列

在通山石材自身不断发展,石材行业效益连年走高的形势下,通山石材企业在经过多年的积累后,小企业的资金、技术、装备都有了一定程度的提高,自身实力逐渐增强,部分企业不断发展壮大,并已初具规模。截至2007年,通山县拥有规模以上石材企业5家,其平均产值超过3000万元,平均利润达到700万元。

- 吸引外商投资建设规模较大、设计先进的现代石材工业园区

2007年以来,通山县凭借其资源优势、石材发展的基础,吸引两家外资企业来通山投资兴建先进的现代石材工业园区。

由香港·武汉华乐地产拓展有限公司投资6亿元人民币开发的“湖北通山·国际石材工业城”。园区定位为“华中地区及至全国重要的石材加工生产基地及交易市场”。

由澳大利亚籍华人黄本亮投资8000万元,兴建“永亮石材工业园”,于通羊镇湄港焦岩。

现代化的石材工业园是集石材加工、产品研发、出口贸易、展览交易、全球信息服务、咨询、循环利废等功能于一身的现代化工业园区。两大工业园的建立标志着通山石材产业集群向科学化发展迈出了一大步。

2. 通山石材产业存在的主要问题

(1)结构不合理,以中小企业为主

通山县石材企业虽然经过不断的发展壮大,取得了显著的成绩。企业实力已经较从前有了很大的提高,但仍然以中小企业为主。虽然部分相对较大的企业已经进入园区,但全县石材企业在各乡镇的分布仍然处于较为散乱的状态。2007年通山县各乡镇共有石材及相关企业236家,其中规模以上企业仅有5家,在全县相对处于龙头地位的企业有9家。全县企业平均销售额仅为212.7万元,平均利润仅为8.5万元(见表8.11、表8.12)。

中小型企业在市场竞争中多处于不利地位,企业总体规模偏小,企业实力弱,技术装备水平普遍较低,使得集群结构不合理,整体技术水平难以迅速提高,产品档次、品种、营销能力、市场占有率等诸方面在市场竞争中较难获得优势地位。此外,小企业由于技术、资金等的局限,在资源的矿山开采、石材加工等方面处于低层次开发阶段,资源开采的随意性大,破坏和浪费资源现象严重,初加工产品,使通山石材经济效益和社会效益没能得到充分的发挥。

表8.11　通山县石材产业集群企业规模情况

单位:家

	企业总数	龙头企业企业
大理石企业	120	6
板石企业	95	3
其他	21	——

表8.12　2006年通山县石材产业集群经济效益情况

单位:万元

	销售额	利润	税费	出口额(万美元)
全县总量	50200	3500	1500	500
全县企业平均水平	212.7	8.5	4.24	——

(2)集群发展属于初级阶段,未充分发挥集群效益

通山县石材产业已经形成集群,在通山县境内多个主要乡镇及主要矿区聚集了一定数量的石材及其相关企业。但尚处于产业集群的初级阶段,集群尚未发展完善,存在较多问题,限制了集群效益的发挥。

其一,集群对内外部资源的控制力以及整体开发、科学开发的可持续发展能力有所欠缺。石材行业属于资源依赖性行业,通山石材集群属于资源依托性产业集群,石材资源的战略地位将日益显著。通山石材产业集群在对内部石材资源的控制,对周边地区石材资源的掌控、国际资源的供应,对通山石材可持续发展能力方面有着较大影响,目前尚缺少对内部资源的开发、控制力。

其二,集群内尚未催生出有活力的创新体系。产业集群中的创新体系是推动产业集群整体发展的巨大动力,具备完善的传信体系有助于推动产业集群内部企业的技术革新,产品和服务的差异化发展,扩大集群外部相应发挥,

建立集群内部富有生命力的良性竞争、合作体系。初具规模的产业集群还不具备良好的创新体系,需要不断完善,培育集群内部整体的、单个企业内部的创新机制,推动集群发展,由小变大,由弱变强。

其三,集群的区域品牌尚未建立。区域品牌是地方石材的名片,是集群石材产品、企业、服务、综合配套能力在市场上口碑的集中体现,是最响亮的广告。通山石材产业集群在全国地方石材集群中的起步相对较晚,尚未建立起较为响亮的品牌,知名度和影响范围还较为有限,有待于进一步提高。

其四,集群内企业竞争不够规范,影响整体效益的提高。集群内部通过地缘的优势,技术、信息等内部优势,催生出一批生产性质、产品雷同的企业,在集群诞生初期,有效地壮大了产业,实现了技术、信息、人才等的交流和互通,使地方石材产品在市场占有率、产品供应规模等方面迅速发展壮大。通山县石材集群业走过了这个过程,但内部企业的同质化如果不能衍生成为竞争与创新的动力,转而形成低价低质恶性竞争的环境,将极大地影响集群内部效应的发挥,影响集群内企业和集群的发展。

其五,集群内的产业支撑体系、服务支撑体系尚不完善。通山石材产业集群已经具备了一定的配套能力,聚集了一批相关的物流、信息服务、包装、机械制造、研发等企业。完善的石材产业集群,还需要具备展贸、检测、培训、咨询、广告、法律、会计等相关服务、工程承包、设备及零部件企业、教育、科研、公共管理机构支持。伴随通山产业集群的进一步发展,还需要逐步建立完善的配套及服务体系。

(3)石材资源地质工作薄弱

通山县境内拥有大量大理石及板石资源,分布比较广泛,几乎在通山各个乡镇都有出露。根据有关方面估测,通山县石材矿藏35亿立方米,大理石、板石、花岗石等石材资源分布于通山各个乡镇。大多数地区的石材资源情况未经详细的地质勘测,开发状态也多为零星开发,对矿体的基本情况并不十分清楚,很多情况属于经验判断,对于资源的准确分布,矿脉的赋存量,矿体的形态、产状、缺陷节理裂隙发育情况等未能够详细掌握,因此,对矿山的储量、品种、矿内部结构、有无开采价值、合理的开采方法难做出科学的判断。也极大地限制了优势资源的规模化开发,以及珍贵资源的合理开发利用。

资源地质工作的不全面,影响了资源战略的制定,限制了通山发展石材的力度,对于处在成长期的通山石材业来说,资源优势是其主要的竞争优势,也是现阶段集群存在的先决条件,具体细致的资源资料是通山石材业可持续开发利用资源的必要条件。

(4)环境污染治理任重道远

通山石材产业对通山县的经济发展作出了很大的贡献,同时也对通山县的整体环境造成很多负面影响,需要不断努力进行整顿治理。通山县石材产业的污染主要体现在以下两方面。

- 废渣废水的排放

通山县石材加工企业用水多取自河水,加工后的废水大多直接排放到河流的下游。加工企业普遍缺少循环处理设施,现有的加工园区未设立统一的废水处理设施。石材加工废水未经处理直接排放,导致水体水质下降,河流色度较差,悬浮物含量较高,长时间排放会可能会导致悬浮物在下流河道沉淀淤积。2007年,在相关部门的努力下,大理石厂园区内部分企业自建沉淀池,但仅有少量投入使用。

废渣主要来源于石材加工过程中产生的边角废料及石粉、碎屑等固体废弃物,其废渣本身无毒,但其随意堆放不但造成扬尘二次污染,而且大量的废弃物堆放于加工厂区外的道路两旁,占用了市政道路,严重影响了城市功能和美观。此外还会大量占用耕地林地等土地。

随着产业的发展壮大,会有更大量的污染物产生。先污染后治理的方式必须得到根本改变。

- 矿山生态的破坏

通山县拥有石材矿企业61家,其中还有部分属于无证开采的矿点。这些开矿行为大多属于无规划开采,没有进行详细地质工作、合理的矿山开发方案、矿山设计等必要工作,开采的随意性较大,开采之后无复垦方案。乱采乱挖是通山县许多矿山的主要开采方式,尤其是板石开采矿点。此外,大多开采手段较为原始,造成对资源的破坏,还对矿区地表植被及水土保持造成较为严重的破坏,剥离物的随意排放在破坏地表植被的同时也造成了泥石流隐患。此外,落后的开采方式对矿山的边坡稳定性、矿山的安全生产等方面都存在巨大的隐患。

3. 通山石材产业发展内部环境分析

(1)石材资源优势明显

①大理石资源丰富,有"中国大理石之乡"的美誉

通山县境内大理石资源储量丰富,据估算,大理石蕴藏量为20亿立方米,有40多个花色品种,其中中国啡网、金镶玉、通山红(珊瑚红)、黑白根、荷花绿、米玉、木纹黄等为主要产品。2007年,通山县被中国石材协会授予"中国大理石之乡"的称号。

通山县的大理石资源分布在106国道以北,其主要品种矿点分布如下:

中国啡网:是通山储量最大的品种,通山县13个乡镇都有啡网资源。其矿点主要分布于通山县中部地区,东部白岩山—高峰尖—南山头山岭的南北两侧,西部石圳、芦坑、水响、泥湖岩一线;另外在燕厦乡的畅周、柯家、大荡山及洪港的贾家源一线,九宫的天梯、黄沙的蒲圻岩、丁乐汪均有分布。其中品位最高的啡网分布在雨山和燕厦,开发规模最大的在楠林镇,占全县产量的2/3左右。

该矿层一般厚15—20米(部分地段被燧石结核部分分成三小层),呈带状连续分布。按矿层出露面积估算可采储量在1000万立方米以上。中国啡网是通山县的主打产品,其产量占全县石材产量的70%以上。

金镶玉:由啡网派生出的一种新产品,是品位最高、质量最好的啡网,为层状。

通山红(珊瑚红):主要分布在燕厦乡南洞村,黄沙镇的毛杨、烽火、中通、上坞至楠林桥镇的石门水库一线。因临近富水水库,慈口乡的石印、慈口、长滩一线分布的通山红资源不予考虑。其中黄沙铺镇的中通、沉水的储量最大;畅周和富有的产量最大;燕厦乡南洞村的质量最好。

通山红资源储存于奥陶系地层中,层厚30—40米,蕴藏量较大。按矿层出露面积估算可采储量在1500万立方米。

黑白根:主要分布在大畈镇的伏牛窝、大坑、留架、白泥一线;楠林的石门、黄荆林、黄沙的大地、蓝田,梅田的杨桥、石洞下、下陈一线。矿点主要在大畈镇大坑村,年产荒料2000—3000立方米。

黑白根资源储存于寒武系地层中,为石煤的顶底板,层厚3—30米不等。按矿层出露面积估算可采储量在100万立方米。该矿层材质硬,易于破碎,成材率低。

荷花绿:主要分布在南部的集潭和北部的梅田。其中南部的集潭是重点开发区域,资源储存于寒武系地层中,为板顶岩,与板岩共生。层厚4—20米不等,在公路两侧形成有4—5公里长、200米高的矿带。北部分布在梅田的坳下、桥下、石家一线。南部颜色较鲜艳,易退色,目前做蘑菇石用;北部颜色浅,未开发。按矿层出露面积估算可采储量在 20 万立方米。

米玉:米玉为通山石材的中高档产品,有浅、中、深、灰四种。与玛瑙红、红筋红、橘红为同一系列,但是颜色浅,属于同一个矿带。主要分布在通山县中部地区,白岩山—高峰尖—南山头岭的山顶上,燕厦的畅周、柯家也有分布。其中燕厦的畅周是主要生产地。层厚 10—20 米,按矿层出露面积估算可采储量为 50 万立方米。

木纹黄:储存于寒武系地层有溶洞发育的断裂带中,多呈串珠状煤矿体。木纹黄、虎皮黄、洞石等是通山的最高档产品,但是目前矿山储量少,不能形成批量生产。这在一定程度上也抑制着产品的知名度(见表 8.13)。

表 8.13　通山县主要大理石品种矿点分布情况

产品品种	矿产分布地点	蕴藏量	主要矿点
中国啡网	白岩山—高峰尖—南山头岭南北两侧; 石圳、芦坑、水响、泥湖岩一线; 燕厦乡的畅周、柯家、大荡山洪港的贾家源一线; 九宫的天梯、黄沙的蒲圻岩、丁乐汪等	1000 万立方米	楠林镇
通山红	燕厦乡南洞村; 黄沙镇的毛杨、烽火、中通、上坳至楠林桥镇的石门水库一线	1500 万立方米	畅周、富有
黑白根	大畈镇的伏牛窝、大坑、留架、白泥一线; 楠林的石门、黄荆林、黄沙的大地、蓝田,梅田的杨桥、石洞下、下陈一线	100 万立方米	大畈镇大坑村
荷花绿	北部在梅田的坳下、桥下、石家一线; 南部在集潭一带	20 万立方米	集潭
米玉	白岩山—高峰尖—南山头岭的山顶上; 燕厦的畅周、柯家亦有分布	50 万立方米	燕厦、畅周

②板石是通山着力开发的另一大特色资源

通山县的板岩矿埋藏浅,地表多有出露,开采利用方便,适宜大规模生产,是通山着力开发的另一大特色资源。

板石主要由有青色、浅绿色、绣色、黑色等花色品种,分布在通山县南部,留咀、郭源、船埠、李家、芭蕉湾、翠潭、三界、三宝殿一线的奥陶系留咀桥组地层中,层厚 20—40 米,且间隔几层;另北部大幕山和东南部的三源板溪群岩层亦有零星分布,其中洪港镇的郭源和闯王镇的翠潭是板岩主要矿产地。初步查明全县板岩储量约为 2000 万立方米,其中郭源核查储量为 600 万立方米,翠潭芭蕉湾矿区储量 92.9 万立方米。

通山县境内板岩大部分为绿板岩,其弱点是表面抛光度不高,仅仅为 70。若通过技术改进提高其表面抛光光度,将是通山最具前景的产品。

③通山县花岗石资源

在九宫山和沙店分布有大量的花岗石资源,主要品种有芝麻黑、樱桃红、九宫青等。其中九宫山花岗石岩体全部在九宫山自然保护区,沙店花岗石岩体也有部分在太平山林场保护区内,但保护区外的沙店—蟠田—高台一带仍有大量的花岗石资源。主要品种为×××。现在沙店、高台、蟠田一带有少量开采。

④周边地区资源情况

A. 湖北省内石材资源

湖北省花岗石资源丰富,主要分布在宜昌、浠水、大冶、武汉、通城等市县,花岗石品种有 20 多个,较著名的有"三峡红"、"三峡绿"、"西陵红"、"玫瑰红"、"芝麻灰"、"水芙蓉"等。其中宜昌市夷陵区是较集中的花岗石产地,主要分布在邓村、下堡坪、小峰、务渡河、樟村坪林场等地。截至 2003 年年底,已查明资源储量 502 万立方米,保有资源储量 501 万立方米;黄冈市浠水县花岗岩主要分布在团陂、华桂、绿杨等地,总储量 3 亿立方米以上,抗压强度为 2200 公斤/平方厘米;通城县花岗石占幕阜山脉总储量的 40%,其储量达 400 万立方。

大理石资源主要分布在黄石、浠水、十堰等。其中黄石市是我国主要的大理石矿区,有丰富的大理石资源,主要品种有汉白玉、锦灰、黄花玉、灰黄玉、红花玉等;浠水县大理石分布于清泉白石山等地,储量大,易于开采,品种有汉白玉、叠翠、云灰、冰花等;十堰市郧县大理石主要分布在谭山、梅铺、白桑等乡镇,已探明大理石储量 6500 万立方米,远景储量在 3 亿立方米以上,主要有"米黄玉"、"汉白玉"、"海浪灰"、"芙蓉红"、"郧阳红"、"荷叶绿"等 20 个品种。

B. 江西省九江市石材资源

南距通山县 100 多公里江西省九江市,蕴藏有大量的大理石、饰面板岩和花岗石资源资源,主要分布在修水县和武宁县。修水四都"江西米黄"和武宁船滩"金镶玉"是极具市场潜力的大理石品种。

九江市修水县沙坳一带浅灰白色大理岩矿体厚达 60 米。延伸长 1000—2000 米;港口镇附近竹叶状灰岩厚 30 余米,延伸大于 1000 米;窝头—大坪一带,出露面积约 30 平方千米,矿层厚度大于 200 米。窝头、西坑等地已探明矿石资源量 100 万立方米;花岗石主要有白岭、东港、李阳斗、漫江、黄港、黄沙等岩体,已探明储量 264 万立方米;饰面板岩产分布面积上千平方千米,厚度大于 3000 米。

九江市武宁县大理石资源主要分布于船滩镇、鲁溪镇、官莲乡、大洞乡,预计储量可达 700 万立方米以上。主要有金镶玉、玛瑙红、墨玉等品种;花岗岩主要分布于罗溪乡、石门楼镇、上汤乡、甫田乡等。板岩主要分布于大洞乡和澧溪镇。

(2)产业基础雄厚

①形成了较为完善的工业体系

除了大力发展矿山开采、石材加工等主导产业外,通山也十分注重配套产业的发展,逐步发展完善技术研究、信息服务、机械设备制造维修保养、物流运输、爆破剂锯片供应等配套产业。组建了石材技术攻关小组,成立石材技术研究所,为整个集群核心技术研发提供了平台;建立信息服务中心,通过网络及时收集、发布石材行业的市场、技术信息,在网上广泛宣传、推介通山石材;石材机械制造企业为企业供应石材开采、加工等设备,提供维修保养服务;包装企业为石材开采和加工企业提供石材的外包装材料,降低了加工企业生产成本;运输企业为各地优质石材荒料运入通山及通山石材成品发往各地市场提供便利。

配套企业的发展,拓展了产业链,提高了产业的关联度,为主导产业进一步发展提供了有力保障。

②技术创新取得一定成效

技术创新是产业集群最核心的竞争力,也是推动集群向前发展的强大动力。通山石材产业在其发展过程中,坚持技术创新,研发出多项在全国同行业中领先的核心技术,促进石材产业快速发展。

预应力整体控制静态爆破技术。是高校和科研院所的科技成果同通山石材人多年经验相结合的产物,在全国同行业中处于领先地位。20 世纪 90 年代初,在武汉理工大学的技术指导下,针对通山理石矿藏的独特性,经过多年反复实验,研究出具有自主知识产权的"通山石材膨胀剂配方",形成了一整套成熟的"预应力整体控制静态爆破技术"。该项技术的运用不仅实现了通山石材开采由过去黑火药爆破的破坏性开采向膨胀剂法的技术开采转变,而且石材资源利用率由过去的20%提高到70%,生产成本大大下降,产量、质量也大幅提高。

● 高强石材复合板生产技术。20世纪90年代末,通山石材技术攻关小组围绕"降低成本,提高市场占有率"开展调查研究,多次实验,成功研制出高强复合板技术,并获得了国家专利。这项技术创新主要在于利用当地低品位石材做底板,用国外高品位石材做面板,既提高了资源利用率,又降低了生产成本。

● 东荣超薄板技术。通过一定的加工工艺,将使石材板材加工到3—8毫米厚,主要用于高层建筑的外墙面板,成本比过去下降了1/3,价格仅比地板砖略高,比进口合成石材价格低1/3。

③形成了一批优秀核心企业

通山县石材行业在其发展过程中,培养了一大批的优秀的石材人才,也发展壮大了一批规模大、技术领先的核心企业,正是在这些核心优秀企业的示范带动下,通山县的石材业得以蓬勃健康的发展。

● 欧罗文实业有限公司

欧罗文实业有限公司是通山县引资创办一家外向型出口企业,由通山籍企业家阮诗树先生于2005年投资5700万元创立。企业占地面积9万平方米,有职工1000人,其中专业技术人才400余人。主要生产各种石头工艺品(各种大小喷泉、工艺竹木编织品、灯饰产品、POCY产品),公司拥有进出口权,产品远销美国、加拿大、欧盟、澳大利亚等国家及国内部分省市内销市场。年产值1000万美元,利税150万美元。

● 湖北通山国际石材工业城(华乐石材城)

湖北通山国际石材工业城是通山县目前引进的最大石材产业项目,该项目由香港武汉华乐地产公司投资兴建,将建成一个集石材加工、生产、产品研发、出口贸易、展览交易、全球信息服务于一体的现代都市工业城。整个项目总投资6亿元,占地面积600多亩,厂房建设面积达46万平方米。拟建数十条年产40万平方米的大理石生产线,将带动华中区域石材业发展。工业城将与自然环境相融合,结合国内外高新技术产业发展动态和新技术成果转化,以石材产业发展为中心,打造品种多元化、多渠道建设、花园式、环保型、密集型国际化一流石材工业城。

- 永亮石材工业园

由澳大利亚籍华人黄本亮投资 8000 万元,落址于通羊镇湄港焦岩,占地 294 亩,建筑面积 5 万平方米。建成后,年可新增石材加工能力 120 万平方米。永亮石材工业园是一个集石材加工、生产、贸易、展览交易、信息服务于一体的现代石材工业城。

- 华南石材

公司创建于 1999 年,主要生产高档复合板。其生产技术为该公司独创,现已申请国家专利。产能 10 万平方米,年产值 2000 多万元。公司在县石材工业园的新厂房将于 2008 年 4—5 月投产,生产 2700 毫米×2000 毫米×3 毫米的超薄大面板,年加工能力 6 万平方米。复合板的面板主要是伊朗等国进口的高档石材荒料,底板主要是当地的低品位的红筋红。

- 大自然石业有限公司

大自然是集开采、加工、销售于一体的企业,拥有三座矿山。

大自然石业有限公司的前身是 2001 年在通山县洪港镇建立的大成板石厂,主要是开发矿山,产品主要为石材荒料。2006 年在通山县李渡村注册成立了大自然石业有限公司,该厂占地 30 亩,预留 20 亩用于厂区扩大规模。总共投资 600 多万元,年产 10 万平方米的装饰板材,年产值 800 万元。

除主导产品板石外,大自然石业有限公司还生产园林艺术品,主要用于别墅、宾馆、公园等装饰装修。最近新发现一种泥质板岩,吸水率高,可先切割成小长条,再拼成装饰板做电视背景墙,具有很好的吸音效果,主要出口法国,深受消费者喜爱。

- 天丰石材公司

公司始建于 1990 年,原名湖北沙店石材有限公司,迁建于 2002 年 5 月,改为湖北省蓝云石材有限公司,总投资 1200 万元。2006 年 8 月更名组建湖北天丰石材有限公司。公司拥有多个矿山,下设三条生产线。所有产品均已进入国内、国际市场,薄板全部销往美国、欧洲、韩国、加拿大等国家。年产各类板材 60 万平方米,年产值 3000 万元。

产品主要有三大系列:

复合板:以进口大理石为面板,以国产大理石、瓷砖、铝合金蜂窝板为底板,经高压复合而成。品种以莎安娜米黄、西班牙米黄、银线米黄等米黄系列为主。年生产能力6万平方米。

薄板:进口大理石7—8毫米厚超薄板;国产冰花白、水晶白、木纹黄、大花绿、雅木纹、螺纹米黄、白海棠、橘红、啡网、彩灰、黑白根等305毫米×305毫米×10毫米薄板。年生产能力36万平方米。

大板:生产宽600毫米任意长条板;最大规格1800毫米×2600毫米大板。主要品种有:啡网、橘红、彩灰、珊瑚红等等。年生产能力60万平方米。

- 宜通石材公司

通山县宜通石材有限责任公司创立于1993年,是一家从事石材矿山开采、加工、销售为一体的专业公司,拥有进出口经营权,产品畅销美国、日本、韩国及欧洲等国家和地区,经营种花岗石、大理石、文化石及相关产品(包括石材马赛克、异形加工等)。宜通公司于2004年通过了ISO 9001:2000质量管理体系认证。年产各类板材80万平方米,创产值4000万元,实现利税240万元(见表8.14)。

表8.14　通山县主要石材企业情况

公司名称	主要产品	年生产能力	产值
天丰石材公司	复合板	6万平方米	3000万元
	薄板	36万平方米	
	大板	60万平方米	
华南石材公司	高档复合板	10万平方米	2000万元
	超薄大板	6万平方米	
宜通石材公司	大理石、文化石、花岗石	80万平方米	4000万元
大自然石业有限公司	装饰板材	10万平方米	800万元
欧罗文实业有限公司	石头工艺品		1000万美元

(3)产品品种丰富、特色鲜明

①产品品种丰富

通山县依托丰富的石材资源,经过多年的发展,开发出五大系列,40多个花色品种,其中荷花绿、红筋红、中国啡网、金镶玉、木纹黄、米玉、黑白根、彩灰、通山红、珊瑚红等为特色拳头产品。在经过市场的检验后,已得到消费者的认可,形成了良好的市场口碑。在北京西站、北京人民大会堂、国家大剧院、湖北省武汉市的很多市政工程上都有应用。金镶玉、米玉等名优石材产品畅销海外,出口到美国、韩国等20多个国家和地区。

通山县板石资源丰富,通山有很多板石艺术品生产企业,如欧罗文、大自然等。厂家自主设计、开发板石工艺品(各种形状的大小喷泉、灯饰产品等)、板石文化墙、园林石雕、灯柱等,产品远销欧美等国家;此外很多企业利用石材边角料,设计生产板石拼花产品,用于家庭装饰、市政工程等,一方面减少废弃物排放;另一方面变废为宝,提高了企业效益。

②特色鲜明

在通山石材发展过程中,依托优质的石材资源,开发出很多特色鲜明的产品:高强复合板、超薄板等,产品畅销国内外。

● 高强复合板

高强复合板是通山石材人于1999年的发明专利,主要是以进口优质荒料做面板(仅几个毫米厚,最薄2毫米),以当地低品位石材或者广西白做底板,通过一定的工艺技术处理,黏合成高强度的复合板,在不减弱装饰效果的同时,节约了名贵高档的进口石材,并消化了当地滞销的低品位原料,实现了资源的最大化利用。由于产品价格仅为通体进口石材的1/3,市场销路很好,同种产品市场占有率高达90%。

● 超薄板

由于石材资源是不可再生的,随着石材产业的发展,优质的石材资源的储量将越来越少。为提高资源的利用率,实现最大化利用,通山开发出加工超薄板技术,板材厚度仅为3—8毫米,主要用于高层建筑的外墙面板。不仅节约石材资源,也减轻了产品的自重,增加了产品外挂的安全性。由于成本下降了1/3,产品具有很强的竞争力,价格略高于陶瓷砖,比进口合成石材面板低1/3。

(4)通山石材人脉网络遍布全国

通山县遍布全国的石材人脉网络对推动通山石材产业发展将起到积极作用。一方面,将通山石材产业的产品、各种服务、信息等全面推向国内外市场;另一方面,他们是通山石材获取外部市场信息、了解市场行情的重要渠道,是通山石材和外界市场联系的桥梁和纽带。

通山县原大理石总厂是通山石材产业的发源地,为通山石材产业培养了大批的技术人才。在大理石厂工作过的人不下2000人,他们都是工厂招来的青年工人,在经过外派学习、生产第一线锻炼后逐渐成熟了,成为懂技术、熟悉市场的人才。后来由于各种原因他们走出企业,走向全国的市场。经过多年的打拼,他们现在已经在全国各大城市的石材市场上闯出一片天地,并把亲人、朋友也都带出去从事石材业,这样亲帮亲、朋带友,到目前为止,活跃在全国石材行业的生产及销售人员已达到1.5万余人。北京、上海、云南、郑州等大的石材商均有通山县大理石厂走出去的职工;广东、福建、江苏、山东等石材大省的大型石材企业均有通山石材技术骨干。

(5)行业管理和引导日臻完善

行业组织是产业的重要组成部分,国内外一些成功的经验表明:在市场经济中,积极高效的行业管理对行业发展起着重要的指导、推动作用。通山县委、县政府在石材产业发展过程中给予了充分的关注与重视,体现了政府的服务职能,政府不断地加强对行业的引导和管理,促进石材产业健康快速的发展。

①石材产业集群开发管理委员会

通山县石材企业众多,已经形成了石材产业集群的雏形,为了能尽快完成产业结构的升级、增强集群竞争力,2007年4月,通山县成立了石材产业集群开发管理委员会,由县主要领导挂帅,下设办公室(石材办),主要负责石材资源开发项目实施的领导决策工作,协调解决石材行业发展过程中的具体问题。

②湖北省石材工业协会大理石分会

2007年8月在县石材办的支持和帮助下,通山县筹建成立了湖北省石材工业协会大理石分会,选举产生了首届理事会,按照"自理会务、自我管理、自我发展"的方针,加强行业自律,提升市场竞争能力,促进企业之间的紧密合作,推动石材产业的快速健康发展。充分发挥协会的协调功能,规范竞争行为,努力营造良好的市场秩序。

③成立专班加强环境整治

2007年8月,通山县正式成立了县石材工业园区环境整治工作专班,由县经济局牵头,会同环保、城建等各职能部门针对园区内乱搭乱建、乱排工业污水、严重扰乱园区经营秩序和污染环境的行为进行专门整治,并制定了整治结果巩固方案。

④对重大项目的建设配备专人跟踪服务

此外,为保证通山两个最大的石材投资项目的正常推进,2007年年初,通山县经济商务局特指派一名副局长,并在系统内抽调了一名股级干部专门驻扎在新落户通山的香港华乐有限公司和续建的永亮石材园区,对两个园区建设进行全方位跟踪服务,及时协调解决项目推进过程中出现的各种问题。

（6）投资环境优越

①地理位置优越,交通便利

通山县位于咸宁市东南,幕阜山脉北麓,长江中游南岸。通山县东距黄石市 80 公里,西离湖南省岳阳市 130 公里,南距江西南昌市 170 公里,北距省会武汉 108 公里,处于众多大中城市辐射之中,地理位置优越。

水运:通山距赤壁码头 60 公里、距嘉鱼潘家湾 50 公里、距黄石码头 100 公里、武汉码头 150 公里、九江码头 120 公里,水运非常便捷。

公路:通山县内公路网络四通八达,106 国道自西向东穿越通山县,境内公路长 89 公里;316 国道 1.13 公里;省道咸通公路 13.65 公里。目前在建的大（庆）广（州）高速公路,在通山境内 26 公里,杭（州）瑞（丽）境内 62 公里。高速公路的建设给通山县交通运输条件带来极大改善,能满足荒料等大件货物的运输。

②水电供应充沛

通山县境内溪沟纵横,河网密布,河道总长 800 余公里。主要河系 5 条（燕厦河、横石河、厦铺河、通羊河、黄沙河）。流域面积 2517 平方公里。年平均降水量 45.3 亿立方米,可用水量 25.4 亿立方米。其中地表径流 20.5 亿立方米,地下水径流量 3.8 亿立方米。水资源相当丰富。据现场调研,通山县的石材企业用水都是从邻近的河道里抽取,非常方便。

电力资源储量巨大,以"水电、风电、核电、蓄能电"为主的电力资源丰富。通山县水电储量 11 万千瓦,其中可供发电的水电储量有 7.5 万千瓦,现有水电站 50 座,装机容量 36.5 兆瓦,年发电量 8500 万度;九宫山风电资源储量达15.7 万千瓦,2007 年 6 月九宫山风电一期工程正式建成发电,总装机容量13.6 兆瓦,年发电量 2805 万度;2007 年 7 月,湖北核电项目选址通山县大畈乡,装机容量超过 1000 万千瓦,建成后每年可发电 800 亿度。

③工业用地充足

通山县城东部原县大理石厂有 300 亩的工业园区,湄港乡明水村（原厂区河对面）有 200 亩的工业储备用地。武汉华乐地产拓展有限公司已在通羊镇李渡村征地 600 亩,用于开发湖北通山国际石材工业城（华乐石材城）;澳大利亚籍华人黄本亮在湄港乡明水村征地 300 亩,兴建永亮石材工业园。另外在通山县洪港镇、楠林镇、黄沙镇、燕厦乡、大畈乡等都有石材加工区。

④投资政策优惠

为促进通山石材健康发展,加快招商引资的力度,吸引更多优秀的企业落户通山,县委、县政府制定并出台了一系列促进石材产业发展的相关优惠政策。

A. 矿山开采企业各种税费优惠

所有石材开采、加工企业,矿业权出让金优惠;石材开采企业依企业年收益大小核定每年应缴纳地方道路建设补偿费数额。

B. 入园加工企业税收优惠

对新入园的石材加工企业,第一年免收税费,第二年至第五年按企业加工量确定税额,自第五年以后,按企业用电量确定税额。

C. 新企业审批手续办理"一条龙"服务

凡来投资开发的石材企业,在矿业权审批、企业工商注册登记及相关证照办理方面享有优先权,并落实"约定一厅式办公"制度,由行政服务中心高效运作,限时服务,一次性办理相关手续。

D. 逐步完善信用体系,解决企业融资难问题

完善信用体系,建立中小企业信用担保公司,以金融扶持来助推石材产业群的发展。通山县将积极争取湖北省开发银行贷款,并鼓励设立民营担保机构,为中小企业争取银行贷款。

4. 通山石材产业发展的外部环境分析

(1)国际石材行业分析

①石材开采量逐年增长

石材产量通常以荒料开采量合算,1986 年世界产量为 2171 万吨;2006 年达到 9874 万吨。20 年间世界石材产量翻了近两番,年均增长率为 6.5%,高于世界 GDP 年均增长率。虽然从 2005 年开始增长率有所下降,但是仍然高于同期的经济发展水平(见表 8.15)。

表 8.15　世界石材产量及增长变化情况

单位:万吨

年份	1998	1999	2000	2001	2002	2003	2004	2005	2006
世界产量	5957	6112	6385	6870	7557	8313	9819	9920	10285
增长率		2.6%	4.47%	7.6%	10.0%	10.0%	11.0%	3.2%	3.7%

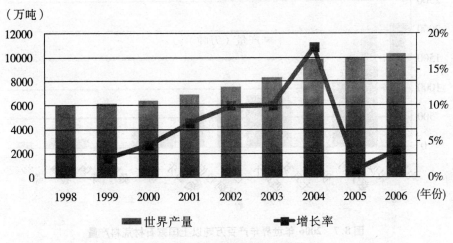

图 8.6　世界石材产量增长趋势

20 世纪 70 年代,世界生产石材的国家只有 25 个,年产量约为 1500 万—1800 万吨,现在生产国已发展到 48 个。由于世界对石材的需求量增长迅猛,生产国和产量增加十分明显,石材工业已成为国际化的重要产业,正在蓬勃发展。

②石材的主要生产国

由于各国地理位置不同,石材资源又相对集中,在世界 190 个国家和地区中只有 1/4 的国家和地区蕴藏有可用石材,其中主要生产国家有 30 个左右(见图 8.6、表 8.16)。

表 8.16　2006 年世界年产百万吨以上国家石材荒料产量统计

国家和地区	产量(万吨)	国家和地区	产量(万吨)
中国	2100	埃及	330
印度	1900	希腊	220
意大利	1092.4	美国	153
伊朗	1050	法国	120
土耳其	940	沙特阿拉伯	750
西班牙	890	墨西哥	未统计
巴西	750	波兰	110
葡萄牙	300		
世界开采总产量	10284.9		

数据来源:根据意大利 IMM,Stone Sector 2007 统计表整理。

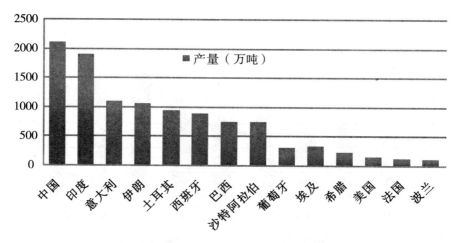

图 8.7 2006 年世界年产百万吨以上国家石材荒料产量

③国际石材贸易稳步增长

从 20 世纪 90 年代起,世界石材贸易发展迅速。1993 年贸易量第一次突破千万吨大关,达 1049 万吨,约占世界总产量 3384 万吨的 31%。2006 年世界贸易量为 3547 万吨,占世界石材总产量的 34.5%,2006 年总的贸易量比 1993 年增长两倍多,年平均增长率 6.9%。近年来,世界石材价格快速增长,世界石材消费已成为热点,石材贸易增长十分迅速(见图 8.7、表 8.18)。

表 8.17 1998—2006 年世界石材产量及贸易量

单位:万吨,亿美元

年份	世界产量	世界贸易量	中国出口量	中国出口额	中国进口量	中国进口额
1998	5957	1802	486.2	7.1	101.0	2.5
1999	6112	2117	562.2	7.1	121.5	3.0
2000	6385	2275	655.6	8.1	173.9	4.0
2001	6870	2594	770.9	9.5	220.9	4.5
2002	7557	2702	958.3	11.4	253.7	4.4
2003	8313	2815	974.0	13.7	340.1	5.9
2004	9819	3246	943.0	19.8	421.0	7.5
2005	9920	3421 *	1233.0	22.0	457.4	8.2
2006	10285	3547 *	1482.0	28.7	597.0	10.5

数据来源:《建筑材料及非金属矿商品进出口统计资料 1998—1999》。

《中国海关统计 2000—2006》。

《国际五矿化工贸易》,1998—2006 年。

* 为估计值。

表 8.18　2004—2006 年世界石材荒料进出口量

单位:万吨

年份	世界荒料进口	世界荒料出口
2004	1186.7	894.5
2005	1358.6	1024.8
2006	1402.7	957.4

● 石材主要进口国进口情况

美国这几年一直是排名第一位的石材产品进口大国,2004—2006 年 3 年间进口平均增长率为 21.08%。后面依次为韩国、日本和德国。韩国和日本由于国内石材资源匮乏,需要从国外进口石材,尤其是日本,所需石材实际上全部靠进口,花岗石进口达 95%、大理石 100%。2006 年,世界石材加工产品总进口量为 2373 万吨,比 2005 年增长 12.75%(见表 8.19)。

表 8.19　2006 年世界主要国家进口石材加工产品(折合荒料)

单位:万吨

	美国	韩国	日本	德国	意大利	比利时	西班牙	总计
进口产品	853.3	394.2	259.4	141.3	79.90	61.1	47.6	2373.3
增长率(%)	19.62	15.77	-4.25	4.27	-1.75	20.92	39.03	12.75

数据来源:《石材》2007 年 10 月。

● 石材主要出口国情况

中国的石材产业在国际上举足轻重,是国际石材发生变化的主要因素。每年中国从世界大量进口石材荒料然后又向世界出口大量的石材成品,其份额巨大,而且占据国际石材贸易的增长量的大部分。在这种石材加工产品的出口上,中国、意大利、土耳其、巴西、印度和西班牙,是全球最重要的石材出口国,石材出口量占全球出口总量的 89%。2006 年,世界出口总量为 2985 万吨,比 2005 年增长 10.26%(见表 8.20)。

表 8.20　2006 年世界主要国家出口石材加工产品(折合荒料)

单位:万吨

	中国	意大利	土耳其	巴西	西班牙	总计
出口产品	1700.3	430.1	285.6	185.3	102.0	2984.9
增长率(%)	25.10	2.63	12.44	20.87	4.55	10.26

数据来源:《石材》2007 年 10 月。

（2）国内石材行业分析

①我国石材资源及分布

我国石材资源丰富、品种繁多。我国饰面用花岗石主要分布在山东、广西、北京、河北、新疆、福建等 25 个省市（自治区），矿区数 237 个，查明资源储量 19.2 亿立方米；饰面用大理石主要分布在河北、广东、广西、陕西、福建、四川等 28 个省（自治区），矿区数 171 个，查明资源储量 13.1 亿立方米。此外，还有多处石材矿区未经地勘工作，未开采或已开采，尚未列入查明资源储量。中国是世界上最有潜力的石材资源大国，除已查明资源储量之外还有非常广阔的找矿前景，据预测中国花岗石资源总量约为 230 亿—240 亿立方米、大理石资源总量约为 200 亿立方米（见表 8.21）。

表 8.21　我国饰面用大理石查明资源

储量单位:万立方米

地区	矿区数	储量	地区	矿区数	储量
全国	134	119433	山西	5	1787
河北	1	33841	甘肃	3	1782
广东	16	15110	青海	1	1774
广西	5	10823	山东	4	1671
陕西	11	10239	辽宁	5	1480
江西	2	8004	福建	5	1308
河南	3	4484	重庆	5	1147
北京	15	3872	西藏	1	1082
云南	13	3802	湖北	6	977
四川	5	3651	新疆	2	887
浙江	6	3636	内蒙古	5	781
江苏	6	3617	黑龙江	1	526
湖南	3	2425	安徽	1	447

数据来源:国土资源部。

②国内石材产业发展状况

A. 产业总体情况

中国石材工业快速发展，企业数目快速增加，生产能力不断扩大。目前全国石材企业数约 3 万多家，其中矿山开采企业约 6000 多家，石材加工能力已超过 2 亿平方米/a；产量在 10 万平方米/a 以上的企业 100 多家，但绝大多数企业生产规模较小。石材企业主要分布在福建沿海5000多家,生产能力1.2亿平方米/a;山东3300多家,生产能力5000多万平方米/a;广东3800多家,生产能力3000多万平方米/a。近年来在福建闽东南、广东珠三角和山东沿海已形成三个较大的石材产业集群。特别是福建和广东从全国各地及世界各地(意大利、印度、土耳其、巴西、澳大利亚、南非等地)大量引进优质荒料或半成品,再加工成多种石材制品,销往国内并部分出口国际市场。

2007年,我国规模以上石材企业板材累计产量比2006年有较大提高,全年实现产品销售收入980亿元,比2006年增长45%;实现利润总额67亿元,比2006年增长40%;实现工业增加值330亿元,比2006年增长30%。其中,有限公司、私营企业、股份公司增长较快,外商投资、集体企业、国有控股企业的增长低于平均水平。

B. 产业特点

- 资源丰富,产品品种多

我国是世界石材资源最丰富的国家之一。从整个石材矿藏来看,花岗石资源占主导地位。目前,我国已发现花岗石835种,大理石672种。花岗石矿产资源总量230亿—240亿立方米,探明储量仅占资源总量的4%,开采主要分布在福建、广东、山东三省,其地质储量为27.8亿立方米,占全国的7.72%。我国大理石资源地质储量39.79亿立方米,全国大理石资源总量可达200亿立方米,目前探明储量仅占资源总量的5%,主要集中在云南、四川、广西、江苏、北京等省市。

我国石材品种丰富多样,石材花色齐全,有红、黑、白、绿、蓝、多种彩色花纹等系列品种。已探明的石材品种有2000种以上,并还在开发之中。花岗石有800多种,其中四川芦山红、山东石岛红、新疆红、新疆砣里红、新疆珍珠麻、山西黑和蒙古黑、新疆天山蓝、燕山蓝等属于名贵品种。大理石有600多种,其中高档有汉白玉、雪花白;黑色有各种墨玉;绿色有丹东绿、宁寿绿;近似奶油色极的,如红奶油、青奶油等以及可拼接山水画的灰白色的云灰、条灰等在市场上非常受欢迎。

- 技术装备水平得到明显提高

我国石材产业技术、装备情况参差不齐,既有从意大利、德国等国引进的先进技术设备;也有我国自行研制的系列技术设备,其中部分拥有自主知识产权。这一部分企业已成为石材行业的骨干企业。他们拥有约8000万平方米大理石、花岗石加工量的设备制造能力。基本能配套化生产,形成各具特色的生产线。在市场上具有一定竞争力,这是我国石材产业几十年发展取得的明显成效。

在大理石开采方面,我国消化吸收意大利马瑞尼公司的产品,开始生产金刚石串珠绳锯等开采设备;在花岗石开采方面,主要运用金刚石圆盘式开采机,也有部分采用金刚石串珠绳锯进行开采。

石材加工技术方面,国内企业主要使用金刚石圆盘锯进行加工,北方以桥式锯石机为主,南方以单臂组合锯石机为主。

异型石材生产技术不断提高,自动化设备、三轴加工设备,平面异型、曲面异型、石刻等产品生产智能化,数控设备数量不断增加。

- 集群化趋势明显

随着我国经济的迅猛发展,石材行业日新月异,在全国已经形成了多处不同类型的石材产业集群。以闽东南为主的福建石材产业集群、以莱州为主的山东石材产业集群、以云浮为主的广东石材产业集群是我国三大石材产业集群;此外在上海、河北曲阳、四川宝兴、广西岑溪、新疆哈密等地形成了多处较小的石材产业集群。

石材产业集群的发展对全国石材业的发展起到了重要的作用,据对年销售收入在 500 万元以上的企业统计,2006 年全国石材产业集群加工企业的销售收入 217 亿元,占同口径石材加工企业总销售收入的 32%。在对石材业发展作出贡献的同时,石材产业集群的发展对地方经济的发展起到了十分重要的作用。据各地提供的资料,福建水头仅石材市场的年交易额就达 50 亿元,惠安石工艺品产值占全县工业总产值的 1/43,云浮石材工业总产值占全市 GDP 的 20%,莱州石材业产值占全市 GDP 的 18%,大多数的石材产业集群地石材产业都是当地经济的支柱产业(见表 8.22)。

表 8.22 我国石材产业集群分布

省区	地市县	企业数	省区	地市县	企业数
福建省	南安市	约 1500 家	河北省	平山县	约 120 家
	惠安县	约 1650 家		灵寿县	约 150 家
	安溪县	约 400 家		易县	约 500 家
	福鼎市	约 600 家		曲阳	约 150 家
	罗源县	约 530 家		灵寿	约 200 家
	厦门市	约 500 家	吉林省	蛟河县	约 200 家

省区	地市县	企业数	省区	地市县	企业数
	晋江市	约300家	四川省	宝兴县	约200家
山东省	莱州市	约2200家	陕西省	紫阳县	约1650家
	平邑县	约760家	广西	岑溪市	约160家
	五莲县	约400家		贺州市	约330家
广东省	云浮市	约2600家	北京	房山区	约160家
河北省	曲阳县	约1000家	新疆	哈密市	约100家
上海	上海	约2000家		鄯善县	约80家

● 石材业发展成为国际化产业

我国石材产业规模较大,近年来进出口量都居世界第一。由于石材自身特性,属于不可再生型资源,随着开采量的增加,储量会相对减少,目前我国石材产业发展呈现一种新的局面,大量进口石材荒料,然后再大量出口石材加工产品。自2005年以来,我国石材产品年出口量上千万吨,出口量居世界第一位,荒料年进口量400多万吨,居世界第一位。对外贸易额速度增长较快,从图表可以看出,我国进出口增长率呈现稳定的上升趋势。2007年进出口贸易总额已超过46亿美元。中国石材出口商品加工成本低廉,价格极具竞争力。与中国有石材贸易的国家或地区已超过120多个,几乎涵盖世界上所有石材贸易国。同时,我国也进口别国的石材荒料及石材加工产品,引进国外先进的石材开采、加工技术,来弥补国内品种、技术的不足。石材荒料市场、产品市场、加工技术国际化已成为我国石材产业的显著特点之一(见表8.23、图8.8)。

表8.23 1998—2006年石材进出口量

单位:万吨,亿美元

年份	中国出口量	中国出口额	中国进口量	中国进口额
1998	486.2	7.1	101.0	2.5
1999	562.2	7.1	121.5	3.0
2000	655.6	8.1	173.9	4.0
2001	770.9	9.5	220.9	4.5
2002	958.3	11.4	253.7	4.4
2003	974.0	13.7	340.1	5.9
2004	943.0	19.8	421.0	7.5
2005	1233.0	22.0	457.4	8.2
2006	1482.0	28.7	597.0	10.5
2007	2700.0	34.27	723.0	12.6

数据来源:海关总署统计。

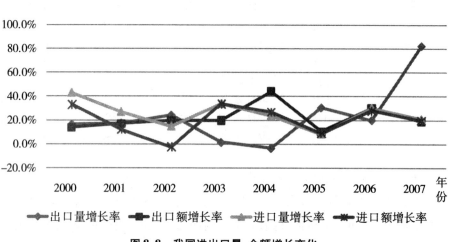

图8.8 我国进出口量、金额增长变化

• 行业结构不断优化

石材产业结构不断优化与升级,在全国出现一批优势工贸企业,区域品牌、企业品牌和市场品牌正在形成。一直以来我国石材产业的突出问题是"小、土、散、乱",因为许多石材企业是在乡镇经济、个体作坊的基础上发展起来的,规模较小,前店后厂式的石材企业在整个行业中占有相当大的比重。经过改革开放30年的发展,逐渐培育出如溪石、东升、华辉、华宝、万里石、环球、康力、东成、高时、冠鲁、美丽等优势企业,以及闽南建材市场、广东的云浮石材市场,山东的莱州石材工贸城、沂蒙石材市场,北京西联石材市场、江苏华东石材市场、浙江石材市场和浙江下沙石材市场,上海同福、恒大石材市场,大连石材市场等名牌石材市场。随着上述这些优秀的石材企业努力发展壮大,他们已成为我国石材行业强劲的增长点,在产品种类、产品质量以及技术方面带动我国石材产业的整体进步,促使我国石材的行业结构不断优化,同时也成为其他石材企业发展的样板。未来在优势企业的带动下,中小企业将不断发展壮大,我国石材产业结构将会得到进一步优化,石材企业整体素质和发展水平将得到进一步的提高。

(3)石材产业未来发展趋势分析

①石材消费量将持续增长

我国石材产业发展外部环境良好。不断承办国际各项大型活动,国际化程度的不断提高,各种高档建筑在各大城市相继建设,公用民用建筑水平不断提高,都促进石材的市场需求不断增长,石材产业发展前景看好。

进入 21 世纪,在固定资产投资、对外贸易和国内消费三驾马车的拉动下,我国经济持续高速增长。"十一五"期间 GDP 的增长速度达到 8%。党的十六大提出全面建设小康社会的宏伟目标,加快城镇化步伐,建设社会主义新农村,居民住宅条件改善、城市功能升级都将拉动石材需求。

我国城镇化进程的加速将扩大石材的需求。据建设部有关资料 2010 年我国城镇化将达到 47%,城市人口将达到 6.36 亿人,人均住宅面积将达到 30 平方米,每年需要提供住宅 4 亿多平方米,配套公用建筑和设施建设量年逾 4 亿平方米,大型公共建筑年竣工超过 6000 万平方米。人民生活条件的不断改善,呈现了对石材的巨大需求潜力。

装饰装修业的发展迅速,2001—2007 年,年均增长达到 16.9%,产值达到 1.41 万亿元,其中 50% 为材料产值。到 2010 年,装饰装修业产值将达到 2.1 万亿元,平均年增长超过 14%,其中,公共建筑装饰装修超过 6500 亿元,住宅装修 1.45 万亿元。

我国在相当长的一段时期内仍将处于基本建设高潮,一些主题明确的大规模建设项目,使我国石材市场不断面临一些新机遇和新的增长点。西部大开发总投资 800 亿元的 10 个建设项目已经启动;哈尔滨 2009 年世界大学生运动会工程、上海 2010 年世博会工程、广州 2010 年亚运会工程、南水北调工程、振兴东北老工业基地等重大工程项目,铁路、公路基础设施建设等将给石材工业带来巨大的市场需求。

据《世界经济展望》预测,2007—2010 年世界经济年均增长率将为 4.3%。随着世界经济的增长,石材消费呈快速增长,年均增长率约为 10%;世界石材贸易近年增长率为 21%,2004 年国际石材贸易额已达 210 亿美元。世界经济的增长必将促进石材需求和石材国际贸易的增长。

据意大利《STOHE2001》预测:2010 年,全世界石材荒料需求量将达 1.0086 亿吨,板材需求量将达 11.86 亿平方米;2015 年世界石材荒料和板材需求量将分别达到 1.7 亿吨和 17.9 亿平方米;2015 年世界石材贸易量将达到 12.3 亿平方米,占同年总产量的 68.7%;2025 年,石材消费量将达 40 亿平方米。

②产业集群和龙头企业的发展将是未来产业发展的主体

20 世纪 20 年代初马歇尔首先提出了产业集群的概念,认为产业集群本质就是把性质相同的中小厂商集合起来对生产过程的各个阶段进行专业化分工,实现作为巨型企业特征的规模经济生产。经过近100年的发展,产业集群已经遍及世界各国的各个领域。

产业集群是一种有效的经济组织形式,其特点在于通过集群内部产业的专业化分工协作,最大限度地降低内部交易成本,集群内部的信息、技术、人才等要素的快速传播和有效的资源配置,可以形成有利的外部效应,提高集群及集群内部企业的竞争力。伴随着集群由产生、发展到其逐渐成熟的过程,集群内部企业也不断壮大,专业化分工和细分市场的分化不断深化,集群内部创新机制的不断自我完善,将逐步实现产业的繁荣。

我国石材产业经过多年的发展,产生了很多大大小小的产业集群,它们已经成为中国石材产业发展的主力。据对年销售收入在500万元以上的企业统计,2006年全国24个石材产业集群加工企业的销售收入217亿元,占同口径石材加工企业总销售收入的32%。

具有全国及国际影响力的石材产业集群主要包括福建水头、山东莱州、广东云浮、福建惠安等。具有地区影响力的石材产业集群有:福建福鼎、罗源、安溪、晋江市永和镇,山东平邑、五莲,河北易县、平山、曲阳、灵寿,吉林蛟河,湖北通山,四川宝兴,陕西紫阳,广西岑溪、贺州,北京房山,内蒙古和林格尔,新疆哈密、鄯善等石材产业集群。大多数产业集群都建立了不同水平的石材园区,规范石材产业的发展。

在对石材业发展作出贡献的同时,石材产业集群的发展对地方经济的发展起到了十分重要的作用。例如,福建水头仅石材市场的年交易额达50亿元,惠安石工艺品产值占全县工业总产值的1/3,云浮石材工业总产值占全市GDP的20%,莱州石材业产值占全市GDP的18%,大多数的石材产业集群地石材产业已经成为当地经济的支柱产业。

在我国石材产业集群的成长过程中,培养和造就了一批知名的大型企业,同时,大企业的发展也有力地支撑了产业集群的发展。如康利石材、环球石材、高时石材、冠鲁、美丽、万里石材、溪石集团、新塔星石材等。在石材产业集群的发展中,大企业的作用正在进一步显现。知名企业在具科学合理的规划设计,高素质的人才队伍,有现代化管理体系,资源供应,名优产品品种,产品开发设计能力和技术创新能力,先进的技术设备,质量保证体系,承接大工程、大批量订单的能力,市场信息畅通,销售团队等方面具备很大优势,在集群中可以联合、凝聚、引导集群企业共同完成大订单、共同发展。

集群化发展的产业模式是未来我国石材产业的发展趋势，集群自身发展壮大和集群内龙头企业的发展将有力地推动我国石材产业实力不断增长。

③品牌和细分市场的营销是使石材业得到提升的有力武器

- **品牌战略**

我国是世界上石材产量、贸易量的第一大国，石材产量达到世界总产量的30%，贸易量占世界贸易量的20%—30%。我国每年进口大量优质荒料，也出口大量荒料及成品，技术装备上大量引进了意大利和德国等先进生产线，自主研发产品也已经出口到国外。但石材大国的地位在产品的价值上没有得到充分的体现。我国石材产品总体上产量大，但产值低，产品以中低档为主。更为关键的是尚未树立起中国的石材品牌。品牌是一个经济实体向社会提供的产品的质量、市场占有率、售后服务水平以及这个经济实体发展潜力的综合体现，是这个经济实体及其产品走向市场的一张名片，是经济实体宝贵的无形资产。品牌的培育主要包括区域品牌和企业品牌。

区域品牌：区域品牌是一个地区产业最鲜明最具代表性的标志，其中包含了该地区产业集群的主要特点、地方产业的发展目标、文化和精神。例如："买石头，到水头"就能体现出水头石材产品全、贸易量大的特点，云浮石材的"买世界、卖世界"，体现其集群用全世界的荒料、为全世界生产产品的气魄和"两头在外"的特点。我国的云浮、水头、莱州等部分产区已经成为被世界广泛认可的高品质、优质服务的石材产区。未来品牌战略将是石材产业集群及石材企业着力提高竞争力的主要营销手段之一。

企业品牌：我国石材企业众多，并且主要是以中小企业为主，石材生产同质化现象不可避免，因此企业品牌的影响力就成为在市场竞争中取得市场份额的有力手段。我国石材行业经过多年的发展，培育出了一批叫得响的名优品牌，但相对于整个行业来说，众多中小企业还停留在产品竞争的阶段，随着对品牌认知的深入，会有更多企业认识到品牌营销的优势，不断培育出更多的有认知度、诚信度和美誉度的优势品牌，通过企业品牌和区域品牌相互促进，提升企业和集群的整体竞争力。

- **产品和服务的争夺向细分市场延伸**

产品差异化、将市场做精做细是未来的发展方向。石材加工业竞争激烈，总体上是买方市场，石材产品的总体需求趋势是个性化更强、功能性更强，更美观、更实用，产品的差异化将更好地满足市场的需求，而赢得更多的消费选择。差异化是多方面的,产品品质的差异化、性能的差异化、价格的差异化等。精美、独特的艺术品才能受欢迎,质量好、装饰效果独特、有个性、精致、价格合理的装饰石材更有竞争力。

将产品系列化、产品链做深将具备更强的竞争力,做细做精细分市场是建立竞争优势的重要途径。通过拓展产品门类、创造新产品和新用途以深入最终市场每一个细节,将开拓新的市场,通过越来越细的产品配套,将促进企业做大规模、做精产业。

未来市场竞争将越来越激烈,同质化的产品总量将会供大于求,产品价格越来越低,可供挖掘的利润越来越少,因此,调整产品结构,满足个性化需求,研究细分市场,开发特色产品,延伸服务将是市场开拓的必然选择。

- 借鉴现代化营销模式将产品推向终端用户

现代化的营销方式,能使企业占领市场,推广其品牌,在市场竞争中具备更广泛的客户群。石材产业过去重生产不重营销。虽然通过现代化的展贸、采购等多种环节予以推荐,但因其销售方式较为"笨重",仍然很难走进终端消费者。

装饰石材产品的主要装饰美感是其经久不衰、浑然天成的花色、花纹和独特的立体质感等装饰性能。每一块石材的花纹都是独一无二的,因此,石材品种的选择,不同形状、不同花色石材在不同装饰部位的使用、组合、搭配,会出现各种不同的装饰效果。也因为其独一无二的特点,所以如果搭配不好,名贵石材未必会有很好的效果。过去单一的展示方式无法体现石材变化莫测的组合效果,和其艺术表现力,将不同的产品放在展架上,由消费者、设计师自行在头脑中构思、想象,严重限制了石材产品艺术表现力的发挥。

将石材装饰艺术提供给终端消费者,为设计师提供产品的各种最佳使用方式,主动引导消费,将是未来石材展销的发展方向。开发石材产品潜在艺术价值的工作由卖方而不是买方来做,用各类花色、各类品种的石材的制品构建若干种搭配,制作若干标准式的、模块式的、石材产品使用的仿真样板,推荐给消费者,从而有效地推荐和展示了石材产品的特点,扩大石材产品的应用。

④资源战略重要性日益凸显

石材产业是资源依存型产业,石材加工比矿山开采的效益要好,因此,国内多年来一直是重加工轻矿山的发展格局。石材是天然资源,不可再生,随着开发,有开采效益的资源日渐减少,荒料开采的难度逐渐增大,成本不断提高。

目前,我国还存在大量的矿山采用落后的开采方式和落后的石材生产方式。落后的开采方式和落后的生产方式造成了对资源的破坏和浪费,成荒率较低,成品率低。未来,石材资源将对企业、集群的发展起到决定性的作用。因此为了使企业在未来激烈的资源争夺中占有更多的资源,已经有企业开始选择储备矿山或者与矿山企业进行战略合作,或购入、储备外来资源,以保证自己的资源供应。

石材产业是资源依存型产业,控制资源已成为强势企业在某一领域获取垄断利润及排斥竞争对手的最有效手段,在石材市场需求旺盛的前景下,国内外石材企业对资源的争夺和控制力度将不断加大,而资源再分配格局,将使强势企业占有资源使用主动权和控制权。石材是不可再生自然资源,政府对资源开发和保护政策的执行力度也在加大,同时一些资源丰富地区,也会限制原料输出,转而发展自己的加工业,这一趋势在发达国家或一些加工业发达的国家已很明朗。

我国分别在 2006 年 6 月和 9 月取消部分石材产品的出口退税,并将部分石材列入加工贸易禁止类商品目录。出口退税政策的调整也体现了国家对资源开发的政策导向,保护资源,提高资源利用效率,引导石材产业走可持续发展的道路。

⑤技术、装备发展趋势

- 改进开采技术,降低石材矿山的资源浪费是石材开采的发展方向

大理石矿山开采:由于大理是相对容易开采,使用机械化开采业较早,目前已经有很多地区开始使用金刚石串珠绳锯配套链壁锯进行开采,未来将会有更多地区使用金刚石串珠绳锯进行大理石开采。

花岗石矿山开采:花岗石开采的机械化难度较大,目前主要以金刚石圆盘式开采机为主,也有部分地区使用金刚石串珠绳锯,目前使用较多的开采方法是钻孔膨胀法,少量采用火焰法。未来发展方向是以排钻凿孔机进行钻孔、膨胀剂辅以气动分离设备进行分离的方法进行开采,开采条件适宜的地区,最终向金刚石串珠绳锯发展。

石材锯切加工:目前国内主要以金刚石圆盘锯石机进行薄板及窄板的锯切,北方地区主要为桥式锯切机为主,南方以单臂组合锯为主,此外,还有带端梁式金刚石圆盘锯石机、龙门式金刚石圆盘锯石机等,金刚石圆盘锯石机向多片组合、高速切削、带锯等(超薄产品加工设备)智能控制、高精度方向发展。

大板加工:国内主要采用金刚石框架锯、砂锯进行大理石和花岗石加工,部分企业使用金刚石串珠绳锯。框架锯的发展方向是超薄锯条、高速切削;砂锯的发展方向是大型多锯条。

表面磨光:采用电气控制,光、电、液一体化,板面更宽,厚度更薄。

异型加工:主要发展方向是多维数控。

加工环保设备:污水集中处理系统等。

石材表面处理及黏结养护:表面填补、黏结、抛光等产品向高端发展,将出现大量多功能合一的高性能环保养护产品。

产品设计:采用 CAD/CAM 技术完成石材的造型、设计计算、绘图、实体渲染等工作,最大限度发挥设计者的才能。

⑥石材产业以工业设计为龙头,走精品化发展之路

石材主要用于美化人们的生活环境,满足的是人们对美的追求,属于深层次的需求,这与经济水平、文化背景有着密切的关系。从 2004 年开始,我国的人均 GDP 超过 1000 美元,人们的生活由温饱向小康过渡,消费结构也逐渐发生变化,对环保、自然的追求逐渐成为主流。

为适应这种人居文化的需求,石材产业需要抓住"工业设计"龙头,走集成化、部品化、精品化的发展之路。工业设计即"批量生产的工业产品,凭借训练、技术知识、经验及视觉凭借训练、技术知识、经验及视觉感受而赋予材料、结构、形态、色彩、表面处理及装饰以新的品质",属于"创意产业"。其主体是产品设计,石材作为装饰装修材料的重要品种,其产品概念需要不断突破,将文化理念不断融入产品当中,运用自然科学与社会科学、综合技术、文化、艺术、环境、营销等复合性边缘学科和产业知识,通过设计师的创意劳动,将石材以及其他材料按系统化、配套化的原则,综合集成为具有特殊装饰效果的部品化的精品,满足消费者的愿望和需求。实现从卖产品到卖作品的过程。

工业设计使石材产业实现差异化发展,提高企业市场开拓的能力。通过开发新品种、新产品,新的形态、色彩、图案等完美结合的配套化产品,其创意是其他生产者无法模仿的。

工业设计还是培育企业和品牌的有效途径之一。它将是未来石材产业中最具有吸引力的增长极,将大大提高石材产品的附加值,最终提高石材行业的整体效益水平。

⑦推广清洁生产，发展循环经济

我国是石材第一生产大国，同时，石材矿山的开采和加工也带来了大量的废料。粗略估算，每年产生4500万吨开采废石，500万吨加工废石。资源浪费严重，环境污染严重。针对废石的污染和资源的浪费，各国石材工作者想出了各种办法变废为宝，废石利用已经开始成为石材产业链中的重要一环，未来将是石材产业的又一大热点。主要的废石利用途径有：

• 利用边角余料生产马赛克、马赛克拼花、艺术壁画、金属马赛克、马赛克复合板以及水刀切割拼花、腰线、通体薄板。

• 利用非规格毛石、碎石开发雕刻工艺品、蘑菇石、铺路石、剁斧石、机刨石等。

• 大理石废料吸水性好，做成石材鹅卵石、水洗石或者更细更碎的石料等，可以用于鱼缸铺底、花卉盆景、酒店熄烟盆等多种场合。

• 边角废料、石粉、石渣制成加气混凝砖块；石场废料、工业废渣、碎石、页岩等生产水泥管。

• 碎石制成各种规格的石子与石屑，用作混凝土、水泥构件、内墙粉刷、砌墙浆料，建筑用石子、石米等；利用石粉石浆开发人工砂、铸造用砂、涂料、彩砂、工业填料（重钙）等。

• 利用天然带色石粒制作彩色沥青瓦，利用花岗石粉生产真石漆。

• 碎石和石粉综合利用的人造大理石、花岗石、石英岗石、百里通石、仿汉白玉杆、仿真毛石。

部分地区已经意识到石材废料综合利用的意义，逐步开始实现资源的综合利用，如南安、云浮等地区政府工商、国土资源等相关部门分别出台一系列政策，扶植资源综合利用型企业，取得了良好的经济效益和社会效益。发展循环经济，走可持续发展道路已经在石材业达成共识，并成为未来的努力方向。

（4）石材产业国内市场情况及趋势

①国内石材生产情况

A. 国内石材生产情况

我国石材产业已形成一个规模庞大、品种繁多、配套性强的完整的产业体系，已成为世界石材生产、消费第一大国。2007年全国石材企业3万多家，遍布各省区，总产量23962万平方米。大理石板材产量为2393万平方米，比上年增长 1.15%。花岗石板材产量 21569 平方米,比上年增长 34.73%。规模以上企业荒料产量年均增长连续六年超过 20%。

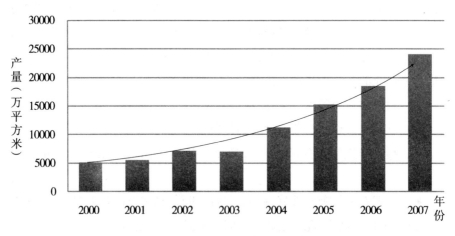

图 8.9 2000—2007 年我国石材产量

B. 主要石材产业集群生产情况

2007 年全国规模以上企业花岗石板材持续快速增长,全年累计产量达到 21569 万平方米,比上年同期增长 34.73%,累计产销率 97.78 比上年增加 0.14 个百分点(见图 8.9、表 8.24)。

表 8.24 2007 年全国规模以上企业花岗石板材生产情况

集群	产量(万平方米)	增长率(%)	产销率增长(百分点)
福建	8456	13.0	-0.46
山东	7473	35.9	0.4
其中:			
山东烟台莱州	3487	34.6	0.78
福建福州罗源	3107	26.6	0.02
福建宁德古田	1463	7.9	-2.03
福建宁德福鼎	1436	13.0	-0.34
山东临沂平邑	1333	35.9	-2.53

数据来源:建材统计。

2007 年全国规模以上企业大理石板材累计产量 2393 万平方米,比上年同期增长 1.15%,累计产销率 97.55,比上年增加 0.16 个百分点(见表 8.25)。

表 8.25　2007 年全国规模以上企业大理石板材生产情况

集群	产量(万平方米)	增长率(%)	产销率增长(百分点)
福建	607	20.6	0.57
河南	422	7.5	1.55
江西	242	6.1	0.48
广东	191	0.6	0.49
山东	182	22.4	-0.76
湖北	172	34.1	-7.09
其中:			
福建泉州南安	577	16.6	-0.1
河南南阳南召	238	12.7	2.58
湖北咸宁通山	172	34.1	-7.09
江西九江武宁	115	27.1	0.11

②国内石材产品消费情况

A. 我国石材产品消费量

近年来我国处于高速建设期,每年竣工的建筑面积连续 3 年超过 20 亿平方米,其中住宅 13 亿平方米,公共、工业建筑逾 7 亿平方米。既有建筑的翻新、节能改造极大地拉动建材需求。装饰装修材料需求量逐年增长,石材是装饰装修材料中最高档的产品之一,伴随人民生活水平提高之后引发的装饰装修热潮,石材产品在中高档公共建筑、住宅中的应用逐年增加。未来城市国际化程度不断增加,城镇化建设不断推进,城市公共功能不断升级都将进一步引发石材产品的需求增长,在未来很长一段时间内不会减退。

根据装饰装修协会预测,"十一五"末,装饰装修业产值将达到 2.1 万亿元,届时石材业规模以上企业产值将接近 2000 亿元。届时国内石材消费将达到 2.3 亿—2.5 亿平方米(见图 8.10)。

B. 我国石材主要消费品种及消费领域

装饰石材——主要用于建筑装饰板材(标准板、厚板、薄板、抛光板、粗面板、拼花板、蘑菇石、贴面板等);建筑构件(异型石材:圆柱、罗马柱、弧形板、球形材、石制线条等);纪念碑、墓碑(日式、欧式、中式等墓碑);艺术石刻(人物、动物、花式图案、石灯幢、华表、龙柱等艺术造型);天然石装饰壁画(石马赛克拼画、大幅天然石壁画、浮雕壁画);石制家具(石桌、石椅、茶几、卫生用具等);石

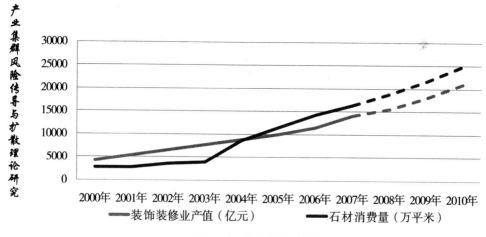

制用品(灯具、茶具、烟具、文具、棋子、钟表壳、花瓶等);石雕壁炉;石材造景(城雕、休闲广场、园林、社区庭院、喷水池、陵墓处等的石材造景、园林小品等)。

建筑石材——(包括料石、块石、毛石、碎石骨料、石米、石粉等)主要用于道路、广场建设(路基、路面、路沿、路标、台阶、护栏等)及桥梁涵洞、堤坝、保坎、建筑物基础、墙体、构筑物、军事工程建设、混凝土制品等。

工业用石材——主要用于耐腐蚀的各种石槽、电镀槽、电解槽、反应塔、排毒塔、废液处理池;精密测量仪器平台、平尺、角尺、V形块、平行规等。

农业用石材——主要用于石碾、石磨、引水槽、简易通信输电线杆、葡萄架等。

人造石材——建筑装饰板材、异型石材、石制用品、防腐耐磨工业部件。

C. 需求结构

按用途分:建筑和装饰是石材的主要用途,大约占石材需求总量的80%以上。

按原料来源分为国内资源产品和国外资源产品。

2007年我国的进口石材的消费量约为723万吨(包括直接进口的板材和进口荒料),总价值12.58亿美元,其中:

大理石——我国从埃及、伊朗、土耳其等国进口米黄等大理石荒料,增长很快,远高于国内大理石增长速度(2007年我国进口大理石荒料价值近7亿美元,增长率达到30%)。

花岗石——我国继续前几年的趋势,从巴西、印度等国大量进口花岗石荒料(2007年我国进口花岗石荒料价值5亿美元)。

从 2007 年我国的进口石材总体情况看,进口名优花岗石荒料、浅色大理石荒料、浅色大理石板材 3 项合计占石材总进口量的 96.49%。这表明中国石材市场主要需求彩色名优花岗石荒料、浅色高档大理石荒料。

大理石产品主要用于室内装修,国产大理石增长在一定程度上受进口外国优质大理石增长速度过快影响,增长速度相对较慢;室外花岗石产品用量快速增长,国产普通花色花岗石产品在国内市场的消费增长势头较猛。

③石材产品消费趋势

由于建筑业的现代化发展,建筑物无论是功能、结构、建筑艺术都在迅速发展,对装饰石材的档次多样化、品种多样化、用途广泛化、产品差异化的要求越来越高。世界石材工业技术进步非常快,在生产能力上、产品成本上、材料消耗上都在进步,特别是促进了石材产品档次、品种多样化和质量的提高,未来石材产品消费更加注重其美学特点。

档次提高:石材产品的消费将向高端化发展,大理石板材将更加注重颜色、图案、花纹的拼接,花岗石产品应用的不同部位选择不同的花色、品种;异型石材如石雕、石刻、园林石、马赛克等产品的需求会逐年增加;特色品种,如透光石、文化石、洞石等有特殊效果或者贴近自然的石材产品将受到热捧。

品种丰富,用途扩大:石材产品随着加工技术的提高,产品质量的提高,创意的增加,其在装饰装修领域将得到更广泛的应用,不断出现的新应用,都将是新的消费亮点。

融入建筑物整体设计:随着建筑装饰设计的发展,石材产品所承担的美学要求不断提高,不但是简单的室内外墙的装饰。未来石材在建筑物、装饰用品上的出现,将根据不同设计需求体现不同的装饰效果,成为建筑物整体美学的主要承载者之一。此外,石材品种的选择将不再是建筑物装饰档次的主要衡量标准。未来不同档次的石材品种将根据功能、美学相结合的设计,以各种形式应用于建筑物的各个角落,组合使用从而实现更好的装饰、使用效果,整体效果将是评判石材装饰档次的主要标准。

5. 通山石材竞争力分析

(1)我国石材行业竞争态势分析

石材产业属资源和劳动密集型产业,石材产品以其天然、图案艳丽、质感高雅而广受消费者推崇,其市场需求长期保持旺盛。改革开放以来,我国石材产业快速发展,产量大幅增长,品种不断出新,产业布局也发生了很大的变化。

以资源为依托或以市场为导向,全国各地纷纷建立石材开采与加工企业,多品种、区域化的生产格局已经形成。目前已在广东云浮,山东莱州,福建南安(水头)、惠安、罗源、晋江、厦门,河北平山、曲阳,四川宝兴,浙江桐庐,上海,四川雅安,云南大理等多个地区形成石材产业生产聚集区。

目前石材生产增长大于需求增长,产业竞争越来越激烈,竞争形式也在发生变化。早期石材企业少,多分布在资源产地,竞争主要在企业单体之间,随着石材生产聚集化程度的提高,产业集群之间、大企业之间的竞争已成为竞争格局的主导形式。

①集群竞争情况

由于近几年国内外市场需求的拉动,我国石材产业呈现竞相发展的态势。但各地区石材产业发展水平差异较大。根据各产区的资源、生产、经营情况,大致可分三个层面,具体情况如表8.26所示。

表8.26　我国石材各产区的特点及竞争力综合对比

分区	资源开发型产区	资源开发与加工型产区	加工与贸易综合型产区
特点	本地具有优势石材资源,以荒料开采和板材加工为主,产品单一,多个同类企业的简单聚集	有一定生产规模,产品除荒料、板材外还生产部分深加工产品	生产规模较大,产业链完善,产品品种多,加工精细,专业商贸市场活跃,市场占有率高
典型产区	福建安溪、福鼎、罗源;河北平山、灵寿;吉林蛟河;陕西紫阳;广西岑溪、贺州;北京房山等	福建惠安;山东平邑;河北曲阳;新疆哈密;云南大理;四川宝兴等	广东云浮市;福建南安市、厦门市;山东莱州市;上海市
竞争优势	<ul><li>资源优势,荒料成本低</li><li>生产要素成本低</li><li>产品价格低</li></ul>	<ul><li>具备一定的规模优势</li><li>产品档次提高,部分地区开发出特色产品</li><li>初步形成集群效应</li><li>产业基础优势</li></ul>	<ul><li>规模竞争优势明显</li><li>形成较强的产业聚集效应</li><li>技术装备水平较高</li><li>产品齐全,档次高,配套能力强</li><li>专业化商贸市场体系建立,开拓市场能力强</li><li>政府支持力度大</li></ul>

分区	资源开发型产区	资源开发与加工型产区	加工与贸易综合型产区
*竞争劣势 (*不同产区有差异)	• 技术装备水平差 • 产品品种单一 • 企业发展后劲不足 • 市场开拓能力差	• 企业数量多,能力小 • 企业实力有限 • 市场开拓能力相对较弱	• 部分资源缺乏,荒料供应成本越来越高 • 生产要素成本越来越高 • 生态环境要求高,压力较大
竞争力	相对处于较为低层次生产与经营,竞争力较差	以其特色产品和生产经验,有一定市场竞争力,但市场占有率不高	在国内处于竞争的优势地位。占领国内 60%—70% 市场份额

② 石材产业竞争趋势分析

A. 大企业大集团在市场竞争中的优势作用越来越明显

我国建筑装饰装修业发展迅速,工程设计与施工逐渐向专业化发展,大型装修工程及其所用装饰材料采购基本上采用招标形式。施工及材料的投标公司需要相应的资质和实力,因此大工程基本被大公司承接。另外近年我国出口石材增长较快的原因之一是国内一些大企业在国外承包工程,设计中采用

大企业大集团在市场竞争中的优势

• 技术装备水平	— 引进国外先进的石材加工设备,大量采用专用设备加工特色化产品。设备规模大型化,自动化
• 产品品种档次	— 国内几家大企业 / 集团,利用国内外两种资源,购买国内国际名贵石材荒料。产品加工质量高,档次高,配套能力强
• 营销手段	— 采用多种营销方式,建立广泛的销售网络
• 人才优势	— 高级管理人才、高级营销人才、技术人才代表国内最高水平
• 市场占有率高	— 国内高档、大型石材装修工程基本为大公司所垄断

的是国内产品。一些大型石材生产企业为获得更大的利润,便延伸产业链,除生产石材产品,还涉足工程装修业。装修公司对材料的采购很关注石材企业的规模实力,总体看大公司技术装备水平高,产品货源充足,加工质量高。企业力争做强做大也是行业发展的必然趋势。

B. 政府扶持作用在提高产业竞争力方面的作用不可小视

政府扶持作用体现在以下几个方面

政策环境	– 作为支柱产业来引导健康快速发展
	– 优惠税收、用地等政策
	– 资金筹集、贷款等协调
	– 进出口政策
市场监管	– 规范市场,建立公平公正竞争环境
	– 提高本地产品信誉
市场开拓	– 政策组织协调对内对外商贸交流
	– 举办专业展会
	– 举办或组织大型推介活动
	– 对外开拓方面资金扶持
	– 为企业协调各方面关系
配套设施	– 政府筹资建设基础设施
	– 政府协调市场化运作

发展地方经济,富裕一方百姓是各地各级政府部门的历史责任。抓好经济建设,创造产业发展环境,振兴当地经济已成为各级政府的重要工作。环境的改善,为产业发展增添活力,为企业在生产中降低成本、提高竞争力创造条件。目前我国还不是完全市场化经济,政府通过政策扶持,对企业市场竞争力的提高作用还很大。

C. 培育专业市场对促进石材产业的发展有重要作用

产业集群形成,催生专业化集散市场,而集散市场又对产业发展起到极大促进作用,它是产业持续发展的关键所在。尤其在买方市场已经形成,市场供大于求的情况下,大型专业交易市场更能聚集人气,传递供求信息,降低交易成本,从而引导产业健康、持续发展。

促进销售手段	–	促进当地产品销售
	–	开拓更广泛的市场渠道
	–	技术、资本等更广泛合作
对外窗口	–	宣传推介本地企业
	–	宣传推介本地产品
	–	宣传推介本地技术装备
	–	宣传推介本地经济、产业政策
	–	提高消费者对其认知度，培育区域品牌
交流信息平台	–	技术信息
	–	产品信息
	–	市场需求信息
	–	资本信息
	–	人才咨信

D. 细分市场、延伸服务、特色产品对开拓和扩大市场份额关键

细分市场	–	在总体市场供过于求的情况下，寻求局部短缺
延伸服务	–	售前售中售后服务
	–	针对装饰装修的需求，引导本产品消费，如设计方面延伸
	–	应用方面的配套服务，如安装、辅助材料、养护、修理
	–	根据消费者需求提供专业化服务
特色产品	–	满足当代个性化需求的特色产品
	–	延伸服务 中提供特色化产品
	–	突出文化特色的产品
	–	目标市场的特色化产品

市场竞争越来越激烈，总量供大于求，调整产品结构，满足个性化需求，研究细分市场，开发特色产品，延伸服务是市场开拓的必然选择。

（2）通山石材资源特色

通山石材资源是通山石材发展的根本优势，其优势主要体现在：

①具备大量待开发资源,具有资源后发优势

石材是不可再生资源,随着大量的使用,石材资源将不断减少。大理石因其硬度较花岗石低,开采、加工难度相对较小,因此很早就得到了大量应用。我国大多数主要大理石产区,开发均较早,很多都有数百年的开发历史,由于开发时间长,大多存量较少,加之落后开采手段成荒率低,浪费了大量的资源。如北京的汉白玉,由于资源宝贵,只限量开采专供文物古迹的修缮只用,浙江的杭灰,由于大规模开发较早,资源也已出现萎缩。随着金刚石工具的发展以及先进开采工艺的广泛应用,花岗石产品得到了极大的发展。

我国石材资源丰富、品种繁多。其中大理石资源总量约为 200 亿立方米。我国大理石矿山主要有:北京的房山、昌平、顺义,天津的蓟县,河北曲阳、易县、平山、涞水、阜平、怀来,辽宁丹东、铁岭、大连,山东莱州、平度、莱阳,河南淅川,江苏宜兴,浙江杭州,安徽灵璧,湖北通山、大冶、铁杉、下陆,云南大理,贵州安顺、关岭,广西桂林,湖南双峰,四川宝兴,甘肃武山、成县、和政、漳县,山西广灵、五台,内蒙古察右后旗及乌拉特前旗等。

目前我国大理石资源存在的问题有四个方面:

- 花色品种上乘者少,大部分花色品种的块度小。
- 微粒及纯白大理石(汉白玉)资源紧缺。
- 作为石材的生物灰岩虽有发现,但规模小或规格小,或生物化石分布不均匀,或开采运输困难,尚不能大规模开发。
- 缺乏花色雅致又易于拼接且受市场普遍欢迎的高档品种。

总体来说大理石产品因不断地开采,资源存量越来越少,开采难度逐渐加大,资源呈萎缩之势。而通山则因为开发相对较晚,直到进入 21 世纪才开始进行成规模的开采,其资源大部分没有被开采,在未来的竞争中占有很大的资源优势(见表 8.27)。

表 8.27　我国各主要大理石产区资源及开发情况

主要产区	主要品种	资源现状、特点	未来开发前景
北京房山	汉白玉	开发历史悠久 目前限制开采,只供古迹维修	很少
河北曲阳	汉白玉	开发历悠久,资源存量很少 石刻艺术发达,石刻为拳头产品	少量

主要产区	主要品种	资源现状、特点	未来开发前景
河南	松香黄等	开发较早 品种较多,无法规模开采	少量
山东	雪花白 莱阳绿	花岗石储量远大于大理石储量 大理石储量少相对较少,非主要产品	少量
江苏宜兴	红奶油 白奶油	开发较早 产品以奶油系列为主	
浙江杭州	杭灰	规模化开发较早 已被列入保护区范围	少量
四川宝兴	宝兴白	开采条件不好,交通运输不便利 现在大批开发用于制作重质碳酸钙	少量
广西贺州	广西白	开发较晚 品种单一,以白色为主,硬度低	可采储量较大
湖北通山	啡网、黑白根等	开发较晚 品种丰富,结构合理,高中低档均有 多处资源储量尚未探明	已探明储量大 多种资源有规模化 开采条件

②主要品种已经市场检验,具备知名石材品牌、石材产品

通山石材从20世纪六七十年代的荷花绿开始,已相继推出数十个花色品种的石材产品,其中高中低档产品均有。主要的拳头产品,如"啡网"、"黑白根"、"荷花绿"、"彩灰"、"米玉"等产品在我国主要石材市场上均有很好的销路,早已名声在外,深得国内外石材消费者青睐,不但在北京、上海、广州等国内大中城市的大型标志性工程中得到应用,而且出口新加坡、日本、韩国等国家和地区。

除知名石材品种之外,通山石材在20世纪80年代注册了"九宫山牌"商标,并已使其成为我国的著名石材品牌。此后更是出现了"东荣"超薄板、复合板等知名产品,进入新千年,通山石材通过引进和培育,造就了一批加工板石艺术品的企业,生产的办事艺术品大量出口,成为通山石材又一个特色产品。

通山石材不但具备知名的石材资源,还具备知名商标和知名产品,这些都是通山石材经过40年不懈努力而实现的。在激烈的市场竞争中,通山石材可

以以优势的资源、品牌、产品作为支点,树立通山石材的区域品牌,进一步将通山石材推向全国。

③通山石材具备丰富的花色品种

石材资源浑然天成,其花色、图案具备独特性和唯一性,极具装饰效果,自古便深得人们的喜爱,被建筑师、工匠、设计师广为应用。又因此资源的不可再生性,宝贵的石材资源始终是装饰材料中的名贵品种。

石材作为装饰材料主要是以天然的色彩、独特的花纹和自然的质感为主要装饰效果的体现,加之不同建筑物对装饰效果的个性、建筑物不同部位对装饰材料的花色及装饰效果的要求不同,因此,大理石产品通常是以多花色产品围绕一主题、风格组合使用。

在全国众多石材产区中,大多主要出产某几种石材资源,像通山这样拥有众多名优花色品种且,储量均较为可观的资源产地在全国并不多见。通山石材种类丰富,花色品种多,不但可以适应各种不同风格装饰的需求,还可以进行组合搭配,实现配套销售,为石材装饰工程提供一站式的选购。

④通山石材具备较好的开发条件

通山石材具备较好的开发条件,这也是通山石材早在20世纪六七十年代就开始开发石材资源的原因之一。目前的通山县具备较好的水、电、交通、矿山地质条件,不但能够满足石材矿山的开采,石材产品的加工生产,还能够较为方便的通过水运及公路运输将产品运往全国各大石材集散地。此外,历届通山县县政府对石材资源的开发利用均寄予厚望,并辅以诸多优惠政策,从最早的公有制企业到后来的民营企业成为主角,都体现了通山县政府对促进石材发展所做的工作。

良好的开发条件,是通山县石材产品成本低、市场销售畅通的有力保障,也是通山成为中部地区的石材生产、贸易中心的重要条件。

(3)产品区域市场竞争力分析

通山石材经过四十多年的发展,大理石产品在全国有了一定的知名度,复合板产品和板石产品在国内同业处于领先地位。根据通山石材特点,确定其未来主要市场为:

区域市场:以湖北为核心的中部地区、以北京、上海为主的东部发达地区(见表8.28)。

表 8.28 通山石材主要产品门类及应用领域

	产品	应用	应用部位
大理石	板材、异型材、马赛克	建筑装饰	墙面、地面、门套、台面等
板石	艺术品 板材、条石、广场砖	建筑装饰 市政工程	室内墙面、地面、文化墙、 广场地面、园林造景
复合板	板材	建筑装饰	内外墙装修

东部地区：

东部地区由于发展较早，一直是我国经济的主要增长极，其经济总量占全国一半。东部地区拥有北京、天津上海等大中型城市，是政治、经济、文化、体育的个性事业均比较发达，拥有较高的消费水平。拥有数量庞大写字楼、公共设施（地铁、交通枢纽、体育场馆、图书馆、博物馆、美术馆、高校、影剧院等）、政府机构、宾馆饭店等建筑，是未来城市建设和城市公共功能提升的主要带头区域。随着装饰装修风格的国际化、高档化，东部地区将对天然石材，尤其是大理石这种高档、豪华的装修产品有较大需求。

东部地区大量的高档公共建筑的大厅地面、内墙、卫生间、走廊、电梯间等部位需要大量的优质石材产品，在这个细分市场中，有独特装饰效果的大理石和复合板是最主要的高端装饰材料，中高档住宅中的厨卫台面增长也很迅速。除此之外，板石艺术品、文化石、大理石艺雕刻，在环境营造及空间艺术的表现中都有极好的装饰效果，随着人们对建筑艺术性、营造自然环境的要求不断加深，石艺产品的需求将逐渐增加，其中，板石、泥质板石、砂岩、洞石等产品有很好的市场前景。主要竞争力：

- 具备多种知名的石材品种。
- 板石产品成熟的产品设计、生产、国内销售业绩。

中部地区：

中部地区相对于东部地区经济发展起步较晚，但仍有较好的经济基础。在国家提出中部崛起的形势下，中部地区的综合实力得到了很大提升，发展速度迅猛，"武汉城市圈"、河南"中原城市群"和湖南"长株潭为中心的 3＋5 城市群"的建立，为中部崛起打造新引擎。

中部地区发展迅速，城市规模不断扩大，城市建设日新月异，逐渐构筑起数个城市群，商业建筑迅速增加、公共设施不断完善，为石材产品带来了巨大的现实需求和潜在需求。

湖北通山是中部地区最大的大理石产区,储量大,品种丰富,有很强的供应能力,加之石材产品的运输费用和损耗较高,因此位于中部地区中心的湖北通山,较其他产区有辐射中部地区的良好区位优势。此外,通山境内大量的板石资源,在中部城市大规模建设中,可以为广场、市政等提供大量美观耐用的板石产品。

主要竞争力:

- 辐射中部多省的地理位置及交通运输能力。
- 中部地区最大的主要石材产区,具备未来可持续开发的石材资源。
- 满足装饰装修、市政建设需求的产品结构。

(4)通山石材竞争优劣势分析

通山石材竞争优势劣势及发展机遇挑战分析(见表8.29):

表8.29 通山石材竞争优势劣势及发展机遇挑战分析

	特点	具有优势石材资源,以荒料开采和板材加工为主	• 通山县具有储量大、品种丰富的石材资源,具备数个已被市场认可的优势品种 • 产品以荒料、板材、板石制品为主
优势		拥有优质石材资源荒料成本低	• 品种丰富,多个品种具备较高知名度,多品种产品可配套开发 • 大理石、板石资源储量大、可持续开发前景好
		生产要素成本低	• 劳动力、土地、资本、技术、信息等成本相对较低,随着集群进一步发展,各要素的成本进一步降低,功效发挥进一步提高
		产品价格低	• 资源综合成本较低,产品的价格有一定的竞争力
		具备一定的规模,在中部地区具有规模优势	• 通山石材生产能力占湖北省70%以上,是中部地区最大的大理石产区
		具备较好的区位、交通条件,辐射中部地区	• 地处湖北南部、紧邻江西、湖南两省,交通较为便利,具备较好的水、陆运输条件
		具备特色产品	• 通山具备在国内市场有一定竞争力的特色产品:复合板,板石艺术品
		初步形成产业集群	• 通山石材产业集群初步形成,相关配套企业、服务体系初步建立,政府专门机构、石材分会已经开始运作

劣势	技术装备水平差	• 大部分企业技术装备均较落后,个别企业拥有较先进的生产加工设备
	企业发展后劲不足	• 大多数企业规模较小,缺少资金、技术、人才、装备、工业设计的支撑,在产品、服务趋于多元化、产品加工现代化的现代石材业发展之路上,动力不足,后劲不足
	企业规模小,实力有限	• 企业平均规模小,大多为小作坊式企业,能力小,质量不稳定,综合实力弱,无法为大、中型工程配套产品
	相对处于较低层次生产与经营,竞争力较差	• 大多企业的产品为荒料、毛板或普通规格板材等初级加工产品为主
	特色产品有一定市场竞争力,但市场占有率不高	• 复合板、板石艺术品等特色产品的市场空间尚待继续开发拓展,生产配套能力需要继续完善
	市场开拓能力差	• 企业市场开拓手段普遍比较单一,对产品的推广能力较弱
机遇	经济快速发展和需求结构的升级将促进石材产业的繁荣	• 未来经济将持续高速发展,我国"十一五"期间 GDP 平均增速超过 7.5% • 住宅、公共建筑竣工量稳定在较高水平,为石材产品带来大量需求 • 消费不断升级,装饰装修档次、品位普遍提高,石材作为高档装饰材料其需求增长将保持较高的增长速度
	区域经济的发展为通山石材发展创造良好的条件	• 中部地区高速崛起拉动中部地区石材产品的需求,为通山石材产业发展创造了良好的条件 • 武汉城市圈的发展,城市功能的升级,直接带动地区内各类城市建筑的建设,装饰装修材料需求大幅度提高
	石材产业发展的不平衡,资源的萎缩为通山石材发展创造机遇	• 石材资源分布的不均匀,为通山石材在地域上取得较大优势,成为中部地区重要的石材产业基地 • 石材资源的不可再生性决定了资源在竞争中的重要地位,全国其他大理石产区资源出现不同程度的萎缩,是通山抓住资源优势加速发展的良好机遇
挑战	竞争对手的发展实力强大,通山石材起步较晚	• 通山石材发展较晚,规模和能力尚待提高,需要在现有市场中与其他知名石材集群竞争,不断树立通山石材品牌,获得更多的市场
	市场竞争格局变化的挑战	• 在未来市场竞争中:具有品牌、资金实力雄厚、技术先进的企业将具有竞争优势 • 拥有优势龙头企业、产业链分工合作完善的产业集群是竞争优势产业的主导形式之一 • 技术含量高、附加值高的高端产品市场发展空间十分广阔。通山石材需要不断提升集群及企业的竞争力
	开拓国际市场的挑战	• 企业的实力,包括资金、技术、人才和国际市场开拓的能力 • 资源性产品出口受到国家政策的限制,必须开发高附加值的石材制品

(二)通山石材产业发展规划情况

1. 规划指导思想、发展目标

研究石材产业发展必须充分认识石材行业自身的特点。首先,石材产业是一个资源依赖型、环境敏感型产业。石材矿产资源储量、花色、地质条件是基础,开采、加工过程中不可避免地要产生一定的环境影响。其次,独特的装饰性能使其在人类历史上保持经久不衰。从古至今,从平民百姓到皇家贵族,石材传承和记录了人类建筑史全过程。现在,装饰石材已成为高级建筑装饰材料,无论国际、国内石材消费市场,近几十年来蓬勃发展,经久不衰。改革开放的中国建筑业发展快,建筑装饰更新快,装饰石材、石刻艺术品市场需求大。此外,道路广场建设、园林建设、今古建筑翻修均需要大量装饰石材。再次,石材已发展成为地域化特色明显的国际化产业。以印度红、挪威红、大花绿等地域花色品种为特色的石材产品,全球配置资源,国际市场上贸易活跃。最后,装饰石材消费持续性,技术创新,尤其设计创新引领潮流。

本研究立足于国内国际石材产业发展的大环境和产业发展趋势,遵循我国国民经济发展的方针政策,充分利用中国石材产业已取得的经验与成就,在综合研究通山石材产业特点的基础上,对通山石材产业发展进行全面科学规划。

(1)发展指导思想

以科学发展观,走新型工业化道路,创建资源节约、环境友好、可持续发展为产业发展的前提。抓通山石材花色品种全、质量好的特色,突出"大理石之乡"特色,立足本地资源,整合省内外周边资源,甚至国外资源,利用好内外(通山及其他地区)两种资源,打好资源牌。发挥通山石材人才优势,开拓国内国外两个市场,打好市场导向牌。依托大型企业,以园区为核心,辐射各乡镇矿区,实现开采、加工、物流、展贸、科技、环境协调发展,打好现代石材业示范牌。以技术创新、人才创新为核心,发展石材创意产业,打好竞争力牌。

①市场是导向,资源是基础,面向国内外两个市场、充分利用国内外两种石材资源。加速建设在中国"以大理石为特色"、产品品种全、质量好、可大批量供货,服务完善,国际知名的通山大理石产业集群。推动通山石材业走向全国、走向世界,促使石材产业发展成通山县最有发展前景的支柱产业,华中地

区的石材中心,全国石材产业的新亮点。

通山大理石产业定位是国内一流的大理石开采、加工、贸易中心,其产品技术、艺术、文化含量高,服务完善的大理石产业集群。

②贯彻"科学发展观"的重要思想,走可持续发展的道路;面向21世纪,面向现代化,高起点、高标准发展通山石材产业。走"科技兴石"发展之路,高效利用石材资源,大力提高产品的技术含量、艺术含量,提高产品的附加经济价值。

③走资源节约型、环境友好型的发展路线,增强可持续发展能力。在通山县石材产业发展规划中,充分体现对石材资源的保护性开发、综合利用;要求对石材采矿场、加工厂的生态环境保护同步进行。加强环境绿化,营造完善优美的投资环境、工作环境和生产环境。

(2)发展目标

从现在起,用5—10年的时间,将通山石材产业打造成为以先进科学技术为支撑的现代石材资源开采业、石材加工业、现代石材商贸物流业、产品创意设计业、现代石材会展业在内的新型石材示范基地;华中地区以大理石为特色的最具影响的石材集散中心;湖北省的产业结构合理、经济效益好、生态环境友好的重点产业集群之一。

到2010年,石材产业年销售额达到10亿元以上,利税达1亿元。

石材荒料开采量达到15万—20万立方米。

板加工生产能力达到1000万平方米。

石材工艺品200万件。

产值过亿元大型企业2—3家。

由于石材开采与加工造成的污染和生态环境恶化趋势得到有效控制,石材加工固体废弃物综合利用率80%,工业用水循环利用率85%,废水排放达标率95%,其中城区内石材园区企业污水全部处理后达标排放,矿山土地复垦率达到50%,重点矿山生态环境恢复治理率达到60%。加大矿山和加工区固体废物综合利用力度,暂时无法资源化利用的统一排放到指定地点,避免二次污染。

到2015年,石材产业销售收入将达到25亿—30亿元,利税3亿—5亿元,拉动相关产业产值3亿—5亿元。

石材荒料开采量达到25万—30万立方米。

板加工生产能力达到 2000 万平方米。

石材工艺品 500 万件。

产值过亿元大型企业 5—10 家。

通山县内所有石材园区推行清洁化生产,工业废水全部循环利用,生活污水全部处理后达标排放,加强固体废物的综合利用,综合利用率达到 85% 以上,工业用水循环利用率 90%,废水排放达标率 95%,矿山土地复垦率达到 60%,重点矿山生态环境恢复治理率达到 70%。

(3)产业发展定位

①特色定位:建设"以大理石为特色"、产品品种全、质量好、可大批量供货、服务完善、国内国际知名的通山大理石产业集群。树立"中国大理石之乡"国内国际新形象,打造通山大理石品牌。

②产品定位:重点发展技术含量高,文化艺术特色突出的创意型高附加值产品。一是利用通山企业具有的复合板专利技术,大力发展名优大理石复合板。二是具有文化特色的大理石拼花板、大理石马赛克、大理石拼花马赛克、大理石异型材、各种大理石线材、园林类产品等装饰板材。三是石材工艺品、石刻品。包括板岩、大理石艺术石刻、石艺家具(西式壁炉、中西式桌椅茶几、高级厨卫大理石台具等)、大理石文化用品(文具、茶具、烟具、灯具、花瓶摆设、音像影视设备配套用品等)等。四是配套性辅助产品,包括花岗石、金属、木材等各种相关配套产品。

严格要求产品质量,全面达到国际、国内相关大理石产品标准。产品档次要全面提高,逐步达到一流创意水平,满足客户各种需求。

③市场定位:石材产业集群的市场定位应该在室内装饰工程和园林、公园等公共工程。直接面向工程投资项目、出口市场以及国内家居市场消费(突出对家居工程和家居石材用品消费的关注),使通山石材产业适应新形势的要求,获得更广阔的发展空间。

应注意大理石抗风化能力较差、一般情况不适宜室外装饰(特别是经过抛光的大理石产品)。大理石装饰板材、大理石艺术石刻适用于室内装饰、陈设。发展大理石产业,应重点针对室内装饰业。

要让每一座高级公共设施(剧院、博物馆、体育场馆、星级宾馆饭店等)以及名人客厅都能摆上一件"通山石艺",让园林、公园装上通山特有的板岩、板岩艺术品,给人回归大自然的怡悦之感。要提高通山石材在消费者中的认知度、认可度和美誉度,树立品牌,让高档宾馆、酒店以拥有"通山石艺"为荣,"通山石艺"是档次和星级的标志。

④技术定位:矿山开采要有正规的规划设计,实现大型机械化开采,建议推广大理石串珠锯开采、大型吊装设备等生产工艺,提高资源利用率和荒料的质量。新建加工企业推广使用现代化石材专用设备,包括金刚石大锯、自动磨机、薄板加工机械、计算机自动控制的加工中心等先进设备。技术创新上突出薄型化复合技术、以板岩为主的石材装饰艺术品加工技术。

⑤产业集群定位:继水头、莱州、云浮之后全国最大的大理石产业集群。

集群拥有完善的产业链:从荒料开采、进出口业务、产品设计、加工制作、包装、储运、装饰设计、装饰装修工程承包,大理石装饰的维护翻新等业务均有专业队伍服务,并不断延伸产业链,努力做到一条龙服务。

产业结构上:扶植一批各有特色的石材企业,尤其是核心大型企业,通过企业间的分工合作,总体上使通山大理石市场能够供应各种大理石产品,做到品种最全、花色最多、质量最好、价格合理、批量大、交货最迅速、服务最周到。避免企业间产品雷同,低价倾销,恶性竞争。

同时,大力发展现代化的展贸物流业,建立通山大理石信息网络,充分发挥通山石材企业驻全国各地销售网点或销售人员的作用,收集新产品、新设备、新技术信息及石材市场商务信息,形成中部地区最为活跃的石材市场。

技术创新体系上:以工业设计为龙头的产品设计,引领石材装饰的潮流。培育与建设以企业为主体、政府扶持的研发设计服务机构,持续地为当地石材企业提供产品开发的技术支撑,增强核心竞争力。

2. 发展规划具体方案

(1)石材产业规划布局及功能划分

①总体布局

根据通山石材资源及产业分布现状,考虑未来发展,本次规划布局采用以点带面、"极核"辐射周边的布局形式。具体如下:

规划建设县城东部的城区石材产业开发区,以其交易市场、技术研发、配套产品、展贸与物流、信息等功能形成通山石材业发展中心,作为通山县石材产业集群的增长"极核",聚集能量,是通山石材对外的窗口和品牌形象。

根据不同石材品种、储量、开采条件等,规划建设上规模的矿山开采企业,发挥资源的基础作用,各矿山生产区成为城区石材的支撑点。

依托原有的产业基础,在杨林、郭源等乡级规划建设石材加工分区,部分产品就地加工。

城区石材加工与各乡镇资源开发相互支撑,相互依存,有机联系的产业体系。

②功能划分

县城石材综合中心区:石材加工制造、国内外荒料、板材集散、产品设计与研发、商品展贸中心、信息和结算中心、仓储与现代物流中心、政府服务中心等。

杨林、洪港、燕厦石材分区:初级产品加工、废物综合利用。

郭源石材分区:板石产品加工为主,开发配套产品。

矿山开采区:开采石材荒料、整形,以及大板加工。

(2)县城区石材产业规划——通山石材增长"极核"

①规划范围:县城石材加工区位于通山县城东部,从原大理石总厂园区,沿厦铺河—华乐—永亮—向东南。以华乐、永亮园区为核心区,形成现代化石材产业集中带,培育通山石材产业集群的"增长极核"。

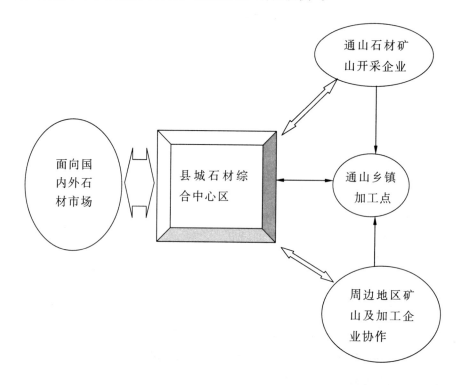

②华乐石材工业园

目前在建的"湖北通山·国际石材工业城"——华乐石材工业园是一个综合性现代化园区。根据其总体规划,该园区不但具有当代最先进的石材加工技术装备生产线,还兼具有石材产品技术研发、出口贸易、展览交易、全球信息服务等功能。

华乐工业园的规划面积43.6万平方米。南北流向的厦铺河从东西两个地块间穿过,其中西部地块约为11公顷,东部地块约为29公顷。园区总体结构大致可归纳为"两轴、一带、一核、两片"。两轴为南北交通功能轴以及东西的视觉景观轴,一带为沿河的绿化景观带,一核为东片中心的功能核心,两片为西边综合配套片以及东边的生产办公片。

东边地块基本上分为两大功能区块:核心服务区及生产区。将管理、交易展示、服务配套、科技研发等沿绕城公路两侧布置,生产用房分布在中央主干道两侧,生产功能与其他职能分开,互不干扰。园区周边布置景观绿化,充分利用原有不规则的小块用地。针对石材加工的需要,厂房配有货场、沉淀池等辅助设施。

规划目标定位为现代化的产业园区,功能设置比较完善,包括交易展示功能,做到生产与市场的一体化互动,在核心功能区设有科技研发部分。园区绿化和废水处理系统布置,体现对环保生态环境的重视。

华乐石材工业园应作为通山石材产业发展中的重点环节,通过华乐国际石材城建设,实现通山县石材产品制造、技术研发、会展商贸、信息物流等产供销市场一体化的综合功能;其次是树立现代化石材业新形象;再次是引导通山石材产业可持续发展。

③永亮石材园建设

在建的"永亮石材工业园",坐落于通羊镇湄港焦岩,占地294亩,建筑面积5万平方米,建成后,年可新增石材加工能力120万平方米。该企业为一家大型合资企业,技术装备先进,除石材加工外,还具有展览交易、全球信息服务等功能,有较强的国内外市场开拓能力,是体现通山石材企业竞争力的代表,是通山石材产业未来发展的中坚力量。

④原大理石厂园区的改造

2004年通山县在原大理石总厂基础上建立了500亩石材工业园,园区在原有厂房、工业基础设施的基础上,"因地制宜"划分地块,引入企业进驻园区。该园区内基本为石材加工企业,以中小企业为主。

经过几年的运营,该园区存在的诸多问题开始显现,并已经制约到该处石材产业发展。目前园区石材企业过于密集,场地狭小,致使道路运输不畅;园区建设之初既没有公共废水处理等环保设施,又没有考虑企业自建环保设施,石材加工中大量废水排放,造成河水严重污染。尽管政府出台政策和治理方案,并要求企业建设相应污染处理设施,但由于场地限制,无法统一行动而效果甚微;园区布局杂乱,企业间纠纷较多,整体改造势在必行。

对该园区重新规划,一是在园区内按合理经济规模兼并整合部分小企业,最终保留 3—5 家大型优势企业。对保留企业的厂区、厂房按现代化要求,进行设计改造。二是改善交通运输条件,道路扩宽。三是规划建设环保设施,加强环境保护。建立园区及企业二级污水处理系统,建设固体废物处理设施,对工业污水、废渣排放等统一进行彻底改造治理,并在园区内进行改造绿化。

园区内现有部分企业搬迁可以结合华乐园区的建设,以土地置换等方式迁入华乐园区,按准入制度,规范化生产。

在园区内规划建立大理石专业技术院校。原大理石总厂地处城区,大理石加工生产历史较长,在此建立石材专业技术学校,为当地石材企业培养技术工人、专业技术人才以及营销管理型人才。

⑤石材荒料交易市场及物流仓储区

石材产品规模化生产需要各地大量不同品种的石材荒料储备(包括进口荒料)。为满足不同客户的要求,使石材采购商在通山实现一站式采购,必须配套不同花色品种的大理石、花岗石荒料与毛板,保证对市场石材产品的批量供货。

通山石材产业以当地大理石荒料为主,同时还要整合周边地区的荒料资源,同时进口国内名优品种荒料,另外除了大理石外,还要补充部分花岗石荒料产品,因此必须规划具有一定规模的石材荒料集散、交易市场,除满足本地石材加工企业需求外,还可以满足其他地区石材企业的需要。通山不但是石材产品制造基地,还应是以大理石荒料为主,辅助花岗石荒料,以及相关板材(毛板)的石材原料集散地,成为华中地区最大的石材原料交易市场。

物流仓储是石材产业集群中最为重要的配套设施之一,物流仓储由石材产业集群管委会归口指导与管理,公司化运营。物流公司以引进专业公司或扶持当地有实力公司来建设,运输车辆以整合社会资源为主,少量自备。

物流仓储区与荒料交易市场的占地及布局统一考虑。初步规划荒料/毛板交易市场与物流仓储布置在华乐园区与大理石园区之间地带,占地300亩,区内设置石材物流配送、仓储系统,包括荒料堆场、专业吊装、水路联运服务、进口石材海关监管(保税区)仓库等。

为便于荒料交易、产品运输及对外展示,将荒料贸易及集散区分为两个小区,即国际石材荒料区、国内荒料区。

荒料区内吊装采用32吨或40吨门式起重机,跨度28—30米,可容纳荒料10万—20万立方米。

⑥优势企业加工区

作为"中国大理石之乡",需要考虑长远发展,应当为通山石材产业集群留有规划发展用地。今后发展方向考虑沿厦铺河向东南发展。

把石材产业集群的发展与园区化建设、城镇化建设相结合,使通山石材产业成为园区化石材产业集群的典型,与生态环境、旅游景观有机结合,把产业集群的发展提高到一个新的水平。挖掘大理石产业的旅游潜力,带动当地以及周边区域经济的发展。

建成技术先进、功能完备、生态良好的现代化园区,提高通山石材产业整体形象。

⑦展示展销区、科研及人才培训区

结合华乐园区规划设置该区。利用华乐园区相应功能区发展通山石材的展贸、研发及培训产业。包括大理石加工工艺研究所、石材装饰创意设计公司、建筑工程装饰施工公司;建大理石工艺院校(包括大专、中专、技校、短训班等不同层次教育;包括管理、技术、艺术、设计、加工工艺等多种专业设置),建设校舍、石材专业实习场馆、石刻艺术家工作室。石刻艺术设计人才、培养石刻技术工人,不断提高大理石制品的竞争能力,使石刻艺术产品成为通山石材一个新的经济增长点。

建设石材产品展贸中心、大理石艺术展览馆(展示包括通山、中国和国际著名石刻艺术品)、建立石雕艺术园地、通山大理石文化长廊。

举办通山国际大理石艺术博览会,举办国际石雕艺术节,为中外艺术家提供石刻原料、场地,提供创作、展示、休闲和生活的舒适环境。与专业美术院校、美术团体建立紧密关系,帮助石刻艺术家将艺术作品商品化,请石刻艺术家、家具设计师不断地为园区提供新样板,开拓新市场。

通过与国外石材供应商的合作或国内代理公司的合作,在通山建立国际名贵大理石荒料或板材交易市场,以加工和销售国际名贵大理石,适应国际国内市场需求,提高通山石材的市场竞争力和与国际市场的接轨能力,打造国际化石材展示展销园地。

⑧生产技术配套区

包括磨具磨料备品备件生产供应公司,石材设备制造维修供应公司,石材黏接、上光、改色等化工用品公司。

⑨综合服务区

管理服务包括通山县石材集群管理中心、湖北省石材协会大理石分会、石材质检仲裁中心、全球大理石科技商务信息服务中心(技术信息、产品信息、市场需求信息、资本信息、人才咨信等服务),在管理服务区采用国际先进的专业管理模式。及时滚动发布市场信息、技术信息,建立企业与市场间的密切联系。

行政服务及三产服务:银行、保险、税务、外贸、招商、中介、食宿、休闲旅游等服务机构等。

(3)石材矿产资源规划方案

①资源总体配置方案

坚持充分利用国内、国际两种石材资源,保护性开采、开发中保护的原则,实施"立足自身,整合周边,广纳名优"的资源配置战略。具体是:首先,资源是石材产业发展的基础,通山县石材业最大的优势就在于具有丰富而优质的大理石及板岩资源,立足本地资源开发是根本。其次,考虑到品种搭配、资源的保护性开发,还要加强对通山县周边地区(包括省内外的)资源的整合,互惠互利,双赢开发,扩大资源采购范围。再次,结合复合板等先进技术产品开发,大力引进国内外名优品种,一方面满足通山石材企业加工的需要;另一方面满足周边地区石材企业对名优荒料的需求,发展石材荒料及产品集散市场。

国际上装饰石材主要分为大理石和花岗石两大类。在中国装饰石材产业中,大理石开发一直是薄弱的环节,其发展速度及成果大大落后于花岗石业。中国大理石产品无论是产量、品种、档次、技术含量、价值等方面,均落后于意大利,在产品品种、档次、技术含量、价值等方面也落后于西班牙、法国等国家。

大理石颜色丰富、花纹多姿多彩、硬度适中、易于加工、艺术表现力极强,无论在古希腊、古罗马,还是在古代中国,大理石都曾是文化艺术的重要载体,至今世界上仍有大量的古代大理石石雕艺术遗存。在意大利大理石被誉为"大艺术家米开朗琪罗为我们选择的理想材料"。大理石在建筑装饰中是历久不衰的、重要的、不可忽视的一种重要材料。

装饰石材主要用于各类高级建筑物的不同部位,因此对石材的颜色、花纹、光泽、造型、档次要求,随建筑师艺术理念的不同,需求是多元化的。高档名贵石材产地稀少,大多只产在一国一矿,很难找到替代品。如印度红、巴西蓝、米易绿、西班牙米黄、黑金沙、意大利大花白等。建筑装饰需要优质名牌石材,国内没有的品种只能靠进口。

装饰石材就如同流行的时装面料,不同风格、不同时期的建筑需要多品种、多花色,需要较大的选择范围和宽泛的搭配余地。一地、一国所产石材很难满足装饰设计者的要求。因此,装饰石材资源国际化、产品国际化,各地产品互通有无,早已是一种必然的发展趋势。

通山县大理石资源丰富、分布广、花色品种多,实属国内罕见,无愧"大理石之乡"的美誉。

因此,推动通山石材业走向世界,打造具有全国及国际影响力的石材产业集群,必须利用两种资源。实施资源带动战略,在科学开发本地石材资源的同时,大力加强对湖北省、周边省区乃至全国、国际大理石资源的整合。从而形成以国内与国外互补、以本地大理石资源为基础和后盾的资源保障体系。

②本地资源开发

A. 根据资源分布情况以及目前开发基础条件,建立三个石材开发经济带。

北部石材资源开发带:南林上坳—蓝田—黄沙铺中通—烽火—大畈大坑一带,重点开发红色、黑白根等大理石品种。

中部石材资源开发带:以燕厦雨山、畅周、柯家、富有、下泉、洪港贾家源,以及南林桥镇,重点开发灰色大理石品种——中国啡网。

南部板石资源开发带:集潭—芭蕉湾—船埠—郭源—留咀一带,重点开发各种颜色的板石资源。

对于分布在南部九宫山及沙店一带的花岗石资源,采取限制性适当开发战略。九宫山一带已划为风景区,不适于矿山开采,应作为禁止开采区。沙店、蟠田、高台等地也有大量花岗石资源出露,考虑到九宫山风景区、太平山风景区的保护范围,以及大广高速的视觉范围,可根据全县生态环境规划,在不影响环境的前提下,可适当开发,仅作为通山石材除大理石外的一个品种补充。

B. 矿山建设原则与准入条件

目前通山县石矿山所亟待解决的是做好通山石材资源全面清理与核查工作,从科学开发,合理利用的角度,对矿区全面规划,并规范石材资源开采行为,彻底改变开采中存在的多点开采、大矿小开、土法采石、乱采乱挖、破坏生态环境的落后生产方式。矿山建设必须符合石材矿山开采规范,鼓励大型企业规模化、科学化开采石材资源。

——坚持科学开发,保护中开发、开发中保护的原则,统一规划,正规设计,建立完善的矿山开采系统。

——开采品种应以畅销的中国啡网、黑白根、荷花绿、雨山红、红筋红、橘红、通山红、金镶玉、木纹黄、松香黄、彩灰、灰玉、米玉、珊瑚红、九宫青等储量大、品种优的矿山为主。

——矿产开发要体现生态环境保护,以科学发展观,将生态环境保护方案作为矿产开发的一部分。

——全面贯彻执行国家及地方关于矿产资源开发利用总体规划,尤其要符合通山县政府出台的《矿产资源开发整合总体方案》的要求,将现有矿山整顿与升级发展相结合。

矿山最低开采规模2010年以前应不小于1000立方米/a,鼓励3000立方米/a以上规模矿山的建设;2010年以后矿山规模必须达到3000立方米/a以上,鼓励5000立方米/a以上规模矿山的建设。

矿山规划建设必须有资质单位编制的《资源开发利用方案》、《矿山土地复垦方案》。

C. 矿山建设布局重点在杨林、洪港、燕厦、大畈、集潭、黄沙铺、楠林。坚持淘汰与整合发展原则,对现有石材企业中生产规模过小、资源利用率低、污染环境、经济效益低的小企业进行兼并、淘汰。对资源前景好的矿区,建议在完成一定试采工程的基础上,加强各矿点的地质勘探工作,具体确定开采地段,并以矿权转让、资本/资产重组、联合方式,引进大型企业,实现规模化开采。

③周边地区矿山及加工的战略合作

要充分利用省内(黄石、大冶的白色黄花玉、晶白、灰黄玉等);周边省

（区）的优质大理石资源，如河南、安徽、四川、广西、湖南等地的白色大理石、彩色大理石等以及全国名贵大理石资源，特别是适于石雕的大理石。

具体由石材园区管委会组织，加强调查，掌握详细情况，与当地主管部门、企业共商战略合作事宜。鼓励本地企业到相关地区开发资源，对石材资源进行战略控制。

④进口石材

为丰富通山石材集群高档石材品种，大力发展大理石复合板，需要大量进口世界上各种适于加工大理石复合板的名贵大理石荒料或毛板，如莎安娜米黄、伊朗粉红、黄（白）洞石、土耳其浅啡网、银线米黄、白沙米黄等。

A. 在县城石材园区内规划荒料及毛板集散区。初期按 100 亩考虑。引进国外名优荒料/毛板经销商，发展华中地区最大石材荒料及毛板交易市场。

B. 加强与水头、云浮等产区的合作，通山作为其华中地区中转站。

C. 建立荒料采购联盟，直接从国外进口荒料。当通山荒料市场发展到一定规模，并在国内树立较高知名度后，通山应直接走向国际市场配置荒料资源。可以考虑的大理石荒料来源以意大利、西班牙、葡萄牙、希腊、土耳其、伊朗等地中海周边地区国家为重点，还可以考虑从印度尼西亚、印度等亚洲大理石资源丰富的国家进口。

2007 年中国从 50 多个国家进口各种大理石 448 万吨，用汇 7.20 亿美元，中国石材荒料进口关税不断降低，对一些发展中国家已经实行零关税，有利于石材进口。通过建立可靠的采购联盟，集中财力、人力，以强大竞争力、诚信力在国际市场上获得对名优荒料的控制权，低价高效采购。

进一步可以创造条件走出去，选择国内外名优大理石矿山投资开发。在资源联合开发和具有一定资源控制力上实现突破，保证通山长期有更多世界名优大理石原料的供应。

（4）洪港、杨林、燕厦等村镇级石材加工园区建设方案

杨林、洪港石材加工发展起步相对较早，通山县第一个大理石厂就诞生在杨林。目前该加工区主要为小企业，加工技术装备较为落后，生产毛板、光板等初加工产品。未来的发展主要解决以下几方面问题。

一是统一制定具体的发展规划，包括土地利用方案、空间布局等，尤其加强对现有零乱分布的小企业进行规范。

二是加强环境整顿。根据具体情况,制定环保治理方案,一方面是对现有污染状况的治理。另一方面是对无处理设施的企业协助与指导建立相应的处理设施,并监督其运行。对新建企业必须要与生产设施同时建立环保设施,通过环保评估。

三是引导企业经营理念转变,加强与城区大型企业的专业化协作联合、重组,提高技术装备水平,规模化生产,为大型企业加工初级产品。另一方面,对于小企业,鼓励向做精、做专方向发展,不追求产量多少,更加注重效益好。

(5)推进技术进步,培育技术创新体系

通山石材产业总体技术水平较低,不论是加工装备水平,还是新产品开发水平,与国内先进石材产业的大中型企业相比,都存在较大差距。以中小企业为主,缺少技术人员,产品同质化,主要依靠低价战略来形成竞争优势,因此,加快技术创新步伐,是改变通山石材产业现状,实现跨越式发展最为紧迫的任务之一。

①推动现有企业技术装备水平提高

鼓励和支持企业采用目前国内外先进的石材加工设备进行技术改造。通过技术、装备以及生产工艺的升级换代,降低成本,不断开发新产品。板材加工方面,应注意引进大型高效先进装备,特别是大板自动连续磨光抛光设备、自动化程度高的薄板设备。异型加工方面采用智能化设备或生产线、专用石刻工具等,开发大理石曲面板、大理石柱、拼花产品、厨卫配套石材、石刻品等装饰装修用各种特色产品。

吸引国内外知名石材厂商进驻,通过知名石材厂商的先进技术带动并提高通山石材集群的总体技术水平,建设技术先进、功能完备、生态良好的现代化园区。引进各地高档名优石材,通过精加工、异型加工、艺术加工,最大限度提高产品的附加价值——艺术价值、文化价值、经济价值。

产业集群管委会应就目前国内外先进设备应用情况、性能指标、使用方法、设备价格和供求信息等提供咨询与指导,引导企业走出因陋就简发展模式,采用先进设备规模化生产。政府加强服务,协调银行、其他投资者关系,建立企业诚信机制,帮助企业融资。企业之间加强合作,互惠互利,集中财力,将有限资金用于企业技术改造升级之中。

②大力推广先进适用加工技术

石材装饰板材薄型化复合技术是未来产业发展重要趋势。通山石材在这方面研发中取得了较大成功。该项技术可以大大提高名优荒料的利用率、提高石材产品的装饰性能、降低产品成本、提高产品市场竞争能力。在现有基础上应进一步完善具有自主知识产权的大理石复合板生产技术,在生产工艺、施工技术、加工专用设备、胶黏剂等辅助材料等方面做进一步研发,开发规范化、系列化、标准化技术成果,使该技术在通山石材集群得到推广发展。

大力扶持板石创意产品的开发。欧罗文、大自然等企业在板石装饰艺术品开发方面已经成功打入国内外市场。但目前尚处于较为原始开发阶段,以来样加工为主。鼓励企业引进外脑,聘请相关技术人才和机构,联合开发,并逐渐发展为自主研发,提高创新能力。

矿山开采必须经过正规设计,采用"从上到下"阶梯式开采工艺,实现机械化开采。推广金刚石绳锯技术,采用大型专用吊装、运输设备,生产大规格荒料。进一步总结完善现有的"排孔静态爆破"采石方法,禁止使用常规爆破方法开采,提高资源利用率、成荒率,改善荒料形状。

为满足石材装饰的设计安装需要,提高板材的价值,要尽力提高大理石板材的拼花水平,在采矿过程中对大理石荒料进行严格编号并标明锯切方向,吊运、加工按顺序进行,以保证装饰板材的花纹有序,可以大面积色彩、花纹、图案连续。大理石装饰板的大批量供货、大面积有序拼装将使通山石材产品附加值大大提高,竞争力也大为提升。

③以产品工业设计为核心,实现集成式创新

石材产品用于装饰装修,消费者对材料本身不是太多的关注,最终体会到的是装饰效果,达到感观上的满足。工业设计也被称为"文化创意产业",它是运用自然科学与社会科学,综合技术、文化、艺术、环境以及市场营销等复合性的边缘学科和产业知识,通过设计师的创意性劳动,将石材以及其他材料按系统化、配套化的原则,综合集成为具有特殊装饰效果的部品化精品,使消费者的梦想变化现实,甚至还可能满足消费者自己也未知的愿望和需求。这一过程实际上是结合技术、商业、艺术家等多方面力量,实现从卖产品到卖作品的过程。在这一过程中,可以发觉消费者潜在的需求,这是预见市场、开拓市场的关键。尤其是替代性很强的装饰装修材料,引导消费是企业开拓细分市场的重要途径。另外,这种集成创新蕴涵着设计者独特的智慧和创意,符合装饰装修流行趋势,是其他生产者所无法模仿的。在带给人们独特享受的同时也提高了其认知度、美誉度,树立自己的品牌。

通山石材产业将工业设计作为技术创新的突破口,是实现产业跨越式发展的关键。通过技术人才培养、人才引进,建立与外界广泛合作,开发大理石异型产品、石刻品、拼花产品、文化艺术品、板石艺术品等,并结合建筑装饰艺术、人居文化,通过创意性设计,使大理石与其他石材、金属、石材、陶瓷、化工建材等材料完美结合,创造出新的精品。

④建立研究发中心

建立研究中心,培养研发技术力量,是促进技术进步、创新发展的根本途径。针对目前通山大理石产业现状,政府要大力组织构建产学研横向联合、企业研发、综合性专业研发中心三级技术创新体系。具体做好以下几方面工作。

一是扶持企业研究中心建立。企业是技术创新主体,必须有企业在资金、场地、试验条件等方面的支持,吸引科技人才来些创业。目前突出解决的问题是企业家的观念转变,技术创新必须要落实到实际企业发展与生产经营之中。其次,科技人才,外聘与自身培养相结合,尽快形成研发力量。政府要大力支持企业在科研方面的投入,制定吸引人才、税收、土地使用等系列政策。

二是利用外脑,建立产学研科技研发体制。通山县目前企业绝大部分为小企业,没有自己的科研人员,甚至没有专业技术人员,而企业自身经济实力有限。因此,加强与国内外相关科研单位、高校、专业技术培训机构合作,形成政府协调、企业投入、专家研发、利益共享的研发体系,不断地设计开发大理石产品加工的新技术、新产品。

三是加强对外交流。采取请进来、派出去的方式,提高本地人员技术开发水平。通过各种渠道,聘请包括石材创意、石艺设计、艺术石刻、工艺美术等方面的专业人才到通山进行培训和指导。同时,派出有培养前途的青年赴云浮、曲阳、惠安、大理、北京房山等国内大理石雕刻发达的地区学习;赴意大利、法国、西班牙、德国、日本等国石材艺术发达的国家考察、学习,收集用户需求信息。如石材开采、加工、复合、黏结、染色、改色、保护、翻新等技术方法。在这个过程中还可寻求新的商机。

四是组建专业的大理石研发中心。当通山石材发展到一定阶段时,创新氛围已经形成,政府牵头,市场化运作,成立专业大理石研发中心。研发中心任务是从事大理石产品的创意设计,为区内企业提供技术支撑;逐渐由单一石材产品设计向工程装饰设计发展,参与终端消费市场;不断开发新产品、新技术,使通山大理石及文化石产业始终走在行业前列,保持竞争优势;从事石材专业化培训,培养石材加工技术人才、艺术创作人才、工程设计人才、市场开拓人才、经营管理人才。

通过研发中心的建立,以石材工业设计为核心,推动通山石材向创意产业发展,逐步实现由卖(原材料型)产品向卖石材精品、卖石材艺术品(以石材为主体的建筑装饰部品)过渡;由卖石材产品向承包大理石装饰工程过渡。(石材艺术品原料消耗少,产值高,如福建惠安石刻工艺品产值已占全县工业总产值的1/3)。

(6)推进通山石材区域品牌建设

石材产业集群要实施品牌战略。品牌是一个经济实体向社会提供的产品的质量、市场占有率、售后服务水平以及这个经济实体发展潜力的综合体现,是这个经济实体及其产品走向市场的一张名片,是经济实体宝贵的无形资产。我国石材业在过去的二三十年的发展中,只注意做产品,不注意做品牌,同质化竞争十分严重。虽然,业内的大企业已经注意实施品牌战略,但中小企业还停留在产品竞争阶段。石材业是一个以中小企业为主体的行业,石材产业集群如何组织这些中小企业实施品牌战略,走集群品牌之路,创公共品牌是必由之路。以产业集群的公共品牌建设带动企业品牌建设,使产业集群走上品牌战略之路。

努力争创集群/区域品牌和企业品牌。品牌代表着区域地方化生产体系的竞争力,集群品牌和企业品牌共同构成地区产业竞争力的重要标志。良好形象的集群品牌必须以大量的良好形象的企业品牌为基础。

通山石材要成为支柱产业,产品走向全国乃至全世界就必须创立自己的知名品牌,实施"名牌发展战略",重点培育区域/产业集群和企业两个层面品牌。具体采取措施:一是大力宣传知名企业(如"华南石材"、"天丰石材"、"欧罗文"、"大自然"等有特色的企业);大力推介通山石材精品如"中国啡网"、"黑白根"、"芙蓉玉"、"金镶玉"、"绿宝"等品种,通过名优品种提高通山大理石的知名度。二是统一质量标准,使通山石材产品全部符合国家标准,并取得国家石材绿色认证。三是统一对外价格,以高档次、高品质、高价值取胜,防止恶性竞争。四是通过各种方式(积极参与国际、国内石材博览会,通过互联网大力推介等),宣传"通山石材",迅速提高"通山石材"的知名度。五是活动促销。定期举办各种专业活动,推广通山石材品牌。如举办以大理石雕艺术品、石制家具、异型石材、板石艺术品为重点,以艺术石材为特色的"通山国际大理石艺术博览会"、石材专业研讨会、建筑装饰工程相关研讨会,参与省内外重大活动赞助等,向国际国内石材界、下游产业界,甚至相关政府部门、社会团体、组织等宣传推介"通山石材"。

(7)生态环境保护规划

①环境影响因素

石材产业发展主要环境影响因素表现在:

矿山开采带来的地表植被破坏,对地表水体的污染,边坡、尾矿坝滑坡、泥石流等地质灾害,粉尘,废石堆放造成的二次污染等。

石材加工废水排放、粉尘、固体废弃物、噪声等。

②环境保护方案

A. 规范矿山开采,杜绝乱采滥挖,破坏生态环境行为

目前,通山石材开采中破坏生态环境最根本在于矿山开采处于乱采滥挖、大矿小开、生产落后的生产方式。借助矿产资源秩序整顿机会,通过兼并、重组方式,淘汰关闭小矿山,引进大型企业,正规设计,按程序开采,将环境保护方案作为申请矿产权的一个必备条件。环境方案不通过评审,则无法取得采矿权。对于已有的矿山,检查落实环境方案执行情况,不合格或不达标,停产限期整顿,仍不达标者取消资格。

B. 发展循环经济,构建生态环保型产业示范园

首先,建立园区环保系统,由政府和企业共同出资建设园区公共污水处理设施。其次,每个企业必须建立相应的污水处理装置。生产中的废水经企业一级处理后,统一排放到公共处理设施,经二级处理,达标后排放。

大力推广清洁生产。按清洁生产法的要求,在石材加工全过程中全面控制污染物排放。以先进加工技术,实现废物减量化;以加强管理减少人为因素造成的污染;以废物的资源化利用,最大限度消纳已排放的废物,最终达到污染控制目标。

大力推动资源综合利用,对生产过程中产生的废石、废渣统一排放,资源化处理。废石可用于开发石粉彩墙地砖、彩色路面砖、人造卵石、建筑交通用碎石骨料、彩色石米、粉体填料等,以及用于开发新型建材产品,真正做到"变

废为宝",充分利用资源。

目前国内部分先进石材产区在石材加工废料开发应用方面已取得较为成功的经验,通山县政府组织相关企业、联系科研单位,为投资者做好类似项目的前期研究工作,并以优惠政策、市场保障、资金支持等措施,鼓励利用废产品生产线的建设。

经过几年的发展,使通山石材产区废水处理后循环使用,废物资源化利用,粉尘、噪声得到有效控制,成为全国循环经济发展的示范园区。

C. 加强环境保护监督管理

建立严格的环境保护管理制度,加强宣传贯彻,提高企业自觉环境保护意识。政府拿出专项资金用于环保建设,企业要为环境保护尽到应尽的社会责任。对矿山开采区要明确开采范围和保护范围,在旅游风景保护区、水库、公路景观保护范围之内严禁开采,对越界开采坚决关停;废石尾矿的排放要经过正规设计,排放到指定的尾矿场,防止挤占农田、压矿,防止泥石流,尽量减少对环境的影响。对采空区要恢复植被、覆土造田或绿化、美化,建设矿山公园;露天凹陷开采可以积水成人造湖,发展水产养殖业,改善环境。

建立定期和不定期检查制度,监督环境设施的有效运行。

3. 发展规划的实施措施和建议

(1)统一思想,统一认识,加强战略规划实施与管理

石材产业作为通山县经济发展的重要产业,湖北省重点培育产业集群之一,战略规划一经制定,其落实与管理就成为首要任务。建议政府有关部门做好如下几方面的工作。

①加强产业规划的宣传、贯彻工作

作为引导重点产业发展的指导性文件,一方面报送咸宁市、湖北省经济管理、国土资源管理、商务等有关部门,及时向国家有关政府部门以及石材行业等有关行业组织汇报、宣传通山县石材产业的发展前景、对县域经济贡献、对行业发展促进作用,争取上级主管部门及相关行业组织的认可,并给予大力支持。其次,市政府牵头,组织对市、镇有关各级政府部门,全市石材及产业链上的相关企业进行培训和宣传,明确产业发展思路、发展方向以及目标要求,政企互动,共同努力打造具有国内外影响的现代化石材产业基地。

②制定具体的实施计划,并分阶段总结规划落实情况,及时根据变化形式

对规划进行修编调整

根据规划内容,建议对土地资源配置、环境监控与治理、强势企业培育、区域品牌培育、商贸会展、物流市场建立等,分阶段制定具体的实施计划。

规划的实施将受到国家宏观政策、经济环境、产品市场环境、产业发展趋势等变化的影响。因此,规划在实施一段时间后,要及时总结分析,并根据当时的内外部环境背景,与时俱进地进行调整,使规划发挥更大的指导作用。

③严把市场准入关,加强项目引进与管理

通山县石材产业要发展成为国内知名,国际上具有重要影响的资源开采、加工、现代化展贸基地,必须要具备高标准、高起点、高效益(包括经济效益和社会效益)、环保和可持续性发展的特点,因此对现有企业以及新入园项目要严把准入关。首先,入园项目必须是符合总体发展规划的要求。其次,制定具体的项目准入条件(具体准入条件另行制定),所有进驻项目必须经过具有资质中介单位的评估,符合条件的政府方可批准建设。

(2)发挥技术支撑作用,加快推进以企业为主体的技术进步

在技术研发方面,首先要发挥政府的组织、协调的牵头作用,指导并协助各种研发活动。同时,有针对性地出台推动科技进步的扶持政策,包括用地、资金、税收等各种政策措施。其次,政府在石材产品研发方面要加大资金投入,同时,协助研发企业积极争取各种渠道的研发基金,支持重点项目的研究。再次,建立科技创新奖励机制,设立创新基金,对科研方面有重大贡献的专业人员、单位给予奖励,并积极推进其产业化实施。

(3)鼓励和支持企业做强做大

做大做强通山县石材产业,培育龙头企业是关键。在龙头企业的带动下,与当地中小型企业形成专业协作,互有分工,竞争与合作,整合产业链,使通山县自发形成的初级产业集群得到全面提升。一是通山县经过多年的发展,形成一批市场开拓能力强,具备一定生产规模,产品特色突出的企业。政府对此给予重点跟踪,加强引导,协助企业解决发展中遇到的重大问题,为企业向更高层次发展创造良好氛围。二是企业家必须以战略眼光审视企业的发展。通山县石材经营企业经过市场的磨炼,部分企业已完成资本原始积累,具备向大型企业发展的基础条件。面对日新月异的技术进步,产品更新,需求结构的升级,市场竞争愈加激烈等新形势,要求企业家要站在全行业的高度,转变经营

模式,必须加强企业战略管理,做好中长期发展规划,不但要考虑5年后的发展,还要考虑10年甚至更长期的发展,对公司发展目标、发展战略、发展方向、组织结构、管理模式、营销策划、品牌策划等做深入的研究,制定适合自己特点的发展方案。

（4）引进和培养人才是通山县石材产业和企业发展的根本

在激烈的市场竞争中,归根到底是人才的竞争,企业必须要树立新的人才观念,加大人才引进和培养力度,建立高效的用人机制。当前通山县石材企业专业技术人员缺乏的问题已逐渐显现,绝大部分企业不具备技术开发能力,人才问题已成为制约行业发展的重要因素。

①通山县石材基本上是民营企业,在当前经济以及石材行业大背景下,要逐步走出家族式和作坊式的经营管理模式,聘请有专业管理经验和管理能力的职业经理人经营管理。尤其要注重引进高级专业技术人才,提高自主技术开发能力。

②建议政府组织建立石材基地的人才交流中心,形成人才使用与合理流动的管理机制,通过人才备案、合同管理、人才流动的规章制度等,保护知识,保护人才,维护企业合法权益。

③建立人才培训中心,加强与专业院校的合作,为本地企业职工进行专业技术培训。培养技术工人、技术开发人才、经营管理人才等,满足不同层次的需求。

（5）强化质量意识,增强品牌意识,努力打造通山区域品牌

企业加强质量管理,政府加强市场监管。

①采用先进的质量管理方法,建立健全质量管理制度,为顾客提供优质的产品和完善的售前、售中、售后服务。同时加强市场监管,维护公平市场秩序,建立良好的客户关系。

②政府加强区域品牌的培育。通过举办各种活动向国内国外消费者推荐通山县石材产业。近期做好如下工作:利用"中国大理石之乡"授牌、湖北省石材分协会大理石分会之机,在网络、报刊媒体上大力推介通山石材;与市政工程建设结合,在通山县城主干道两旁全部铺装上通山有代表性石材(如通山绿宝),安装石材雕刻景观小品,美化市容;在县城入口处建立"中国大理石之乡"景观园,形成通山石材标志性建筑。组织当地企业集体参加各种展会、洽谈会、重大事件促销等。宣传通山县石材,推出通山县优势企业,提高知名

度、美誉度,打造区域品牌。

③高度重视企业文化建设,铸就企业先进的发展文化、管理文化、品牌文化和服务文化,构建起企业与社会、企业与顾客、企业与员工间的和谐、良性互动关系,提高企业竞争力。

(6)建立规模化的工程公司,进一步开拓终端市场

现代建筑业对规模化、配套化要求越来越高,同时材料的采购基本上都采用招投标的形式,而通山多数企业规模小,承接大规模订单的机会少,建立规模化的工程公司将有助于实现大订单的突破,将使通山石材产品大规模进入石材主流市场。同时,产业链延伸至工程领域,将使通山石材直接进入消费市场。

通山石材工程公司应该是依托核心企业,以资本为纽带,产权清晰,风险利益共享的现代化股份制企业。业务包括石材工艺装饰设计、工程安装施工、石材维护翻新等,可以一条龙式装修服务。工程公司在国内外市场上代表通山石材产业集群承揽对外的招投标,成为某些大型工程的材料总包商,对内将订单分包给集群内各专业企业,按标准进行加工。

工程公司组建可以是本地企业联合建立,也可引进区外的大型工程装饰装修工程公司落户通山,或者与通山的企业合作。

(7)加快推进石材资源地质勘探工作

大理石资源丰富是通山石材最大优势所在。石材产业要规模化、产业化发展,资源前期工作必须及时跟上。从目前看,资源不清的问题是制约产业发展的重要因素。

建议政府前期做一定的投入,组织地质部门,对本县主要矿点进行勘探,摸清资源储量、矿体形态、地质构造、品种颜色变化规律、水文地质条件、矿山开采条件等一系列影响到投资者投资决策的基本资料。矿山建设投资大,周期长,矿体内部特征变化较大,因此给投资者带来较大的投资风险。要实现矿山科学开发,机械化开采,必须有详细的地质资料做基础。

积极争取省市各级地矿部门以及经济主管部门的政策性支持,申请专项基金,做好公共性资源地质勘察工作。

其次,大力发展商业化勘察工作。充分利用矿权有偿使用的相关政策,采用招拍挂形式,转让矿产勘探权、采矿权,以市场化运作,解决勘探经费问题,谁投资,谁受益,谁承担风险。

（8）充分发挥石材产业集群管委会、湖北省大理石分会等行业管理与民间组织的作用

石材管委会一方面代表政府，宣传贯彻有关政策、规定，监督、检查落实，维护市场秩序。另一方面加强对通山石材情况的统计与分析，及时掌握行业发展动态，为政府决策提供真实、全面的行业情况。建议对通山所有设立的企业，必须在管委会备案后工商部门才能注册，地矿部门才能发放采矿权证，以保证掌握全面行业状况。同时，管委会还要及时了解国内外行业发展动态，为企业提供信息、技术、市场等服务，加强与国内外行业之间、政府与会员、会员与会员之间交流。还要积极维护企业利益，反映企业呼声，协助解决行业、企业存在的共性问题，以全面周到的服务成为可依赖的"企业之家"。

第四节　产业集群风险的研究结论与展望

一、研究结论

没有完美的风险管理，"即使政府和中央银行也无法改变泡沫生成之路"（Alan Greenspan，2007）。产业集群升级是一个系统工程，也需要加强产业集群风险管理。本书就是从产业集群风险传导扩散原理的角度对产业集群风险问题进行探讨的。为便于分析，本书对产业集群风险因素重新加以梳理，对产业集群风险传导原理、扩散原理进行了探讨，为解释产业集群如何在风险因素的作用下走向消亡或继续发展的过程，为产业集群风险提供了一个新的分析框架和思路，为实际的风险管理提供了一个新的视角，在防范产业集群风险形成、控制集群风险传导扩散以及促进产业集群升级发展的理论研究方面做出了一定的创新性研究。

要充分发挥产业集群升级对经济增长的贡献，就要充分分析和应对产业集群风险。首先，在分析了几个国家地方产业集群升级及所存在的产业集群风险的基础上，本书进一步将产业集群风险因素分为内源性因素、外源性因素、复合性因素，然后总结了产业集群风险所具有的特征及其对企业、集群、产业、政府、区域经济的影响。其次，主要分析了产业集群风险传导机制和扩散机制。在分析产业集群风险传导机制时，提出应该从风险源、风险传导节点、风险传导途径、风险接受者四个方面加以考虑产业集群风险的产生，然后对产

业集群风险传导的特征加以分析研究,认为产业集群风险是个动态的传导的过程,"就风险谈风险"的静态思维仅仅能解决一个方面的问题,而不能解决风险的动态传导问题。在分析产业集群风险扩散机制时,认为风险扩散系统具有固有的小世界网络拓扑结构,提出应该从网络的角度来系统地研究产业集群风险扩散问题。因此本书从传导节点的风险敏感性、传导途径的风险敏感性、风险扩散路径三个方面对风险扩散的网络性特征加以分析,研究了从风险扩散的路径控制风险具有一定的可行性。另外,为了系统地、全面地了解产业集群风险扩散过程、运动规律,本书还从四个方面研究了产业集群风险的扩散方式。

总的来看,本书为在产业集群升级背景下研究产业集群风险的动态控制问题提供了一个新的框架。同时,由于产业集群升级中的许多风险具有隐蔽性,本书也指出,必须要继续深入研究浙江产业集群风险的现状和趋势、风险传导与扩散原理,在遵循客观规律的前提下,积极采取有效的预防、规避和控制措施,保障浙江产业集群的发展升级。

二、研究展望

本书已经探索了产业集群风险传导原理与扩散原理,研究了浙江省产业集群升级过程中的产业集群风险问题,但是还有许多方面值得继续完善和深入探讨。本书认为以下两个方面还有待后来的研究者进一步探讨。

(1)风险传导原理和扩散原理的完善方面。产业集群本身就是一个复杂的开放的系统,产业集群升级也是一个系统的工程,这就注定了产业集群风险传导原理与扩散原理需要不断地加以完善和发展。例如,传导节点之间的关系、能量的转移方式;风险扩散路径的模型求解;风险能量的量化;风险扩散网络的崩溃问题;关键节点的判断;基于风险传导扩散的风险系统化控制一般思路、风险预警机制等。

(2)实际案例的研究与应用。通过典型案例分析,研究产业集群升级过程中风险的传导与扩散,完善产业集群风险传导扩散理论等;制定产业集群发展升级规划等。

附　录

附录一　温州打火机产业集群升级与
风险传导扩散的案例研究

一、以温州打火机产业集群为案例分析对象的原因

根据浙江省经贸委调研资料显示,2005 年年底,全省 90 个县(市、区)中,共有 82 个形成了"块状经济"。其中"块状经济"产值占工业总产值比重超过 50% 的有 45 个县(市、区),50%—70% 的有 16 个县(市、区),70%—90% 的有 24 个县(市、区),90% 以上的有 5 个县(市、区)。在全省 11 个市中,"块状经济"的总量规模(按工业总产值计)排在前 3 位的是宁波(5395 亿元、占全省的 29.3%)、绍兴(2835.9 亿元、占全省的 15.4%)和温州(2387 亿元、占全省的 13%);以下依次是台州、嘉兴、杭州、湖州、金华、衢州、丽水和舟山。

选择温州打火机产业集群为案例分析对象,主要出于以下几方面原因的考虑:

1. 网络化生产体系较完善,区块规模变动较明显

从 2005 年全省的情况来看,网络化生产体系比较完善的有十大区块:绍兴纺织、义乌小商品、萧山汽配、永康五金、大唐袜业、慈溪家电、温岭摩托及配件、海宁皮革、温州皮鞋(鹿城区)、嵊州领带,温州有两大区块赫然在列。全省工业总产值超过 300 亿元的区块有 14 个:宁波电气机械、宁波金属制品、宁波塑料制品、宁波通用设备、宁波服装、温州鞋革、绍兴织造、宁波纺织、宁波工艺品、温州服装、温州乐清电器、温州塑料、嘉兴纺织、绍兴印染。与 2003 年相比,曾名列"块状经济"产业规模前 5 名的温州鞋革、温州服装和温州乐清电器,两年来工业总产值的增长率分别为 14.1%、8.5% 和 39.4%,在排位上均向后移,发展缓慢的现象比较明显,值得深入研究。

2. 区域百强企业变动较大,产业集群的衰退明显

由浙江省企业联合会、浙江省企业家协会公布的"2008 年度浙江省百强企业"名单中可以看出,宁波企业数量有所增加,绍兴企业数量基本保持不变,而温州仅有 8 家企业入围(见表1)。

表1　近三年宁波、绍兴、温州三个地区的百强企业数量对比

单位:家

年份	宁波	绍兴	温州
2006	21	20	11
2007	24	19	7
2008	23	20	8

资料来源:近三年浙江省企业联合会、浙江省企业家协会公布的"浙江省百强企业"名单。

根据表1,可以看出,与2006 年相比,温州百强企业数量下降明显。关键企业的退出决策往往会导致原有的地方网络趋于解体,还会引发地方主导产业的变动,从另一方面反映出产业集群衰退问题比较值得研究。例如,曾为温州十大专业市场之一的桥头纽扣市场,纽扣大户的迁出行为,就反映了产业集群的衰退趋势。

3. 温州许多企业陷入困境,引起了社会普遍关注

从2008 年5 月至今,多部委到温州展开实地调研。6 月中旬国家税务总局进出口司司长马林率领该局 3 位工作人员、浙江省国税局 3 位处长到温州展开过调研。6 月25—27 日,全国工商联主席黄孟复、全国工商联调研组一行18 人,到温州考察调研民营企业"走出去"的发展情况。7 月2 日,由商务部部长陈德铭率领的商务部调研组抵达温州,开始为期2 天的调研。7 月4 日,由银监会银行监管一部主任杨家才带领的银监会调研组也抵达温州,并召集有关部门、银行举行"小企业金融服务调研座谈会"。7 月,中共中央政治局常委、国务院副总理李克强到浙江温州,就经济运行情况进行调查研究。

4. 所面临的风险种类繁多,具有一定的代表意义

温州企业所面临的困境,又以打火机行业的萎缩最为严重。曾几何时,数千家温州企业在打火机领域努力奋斗,共同打造了温州打火机基地。但现在,大部分公司已经退出了这个曾经辉煌过的领域,只有互联网上还留着它们的企业名称和信息。温州打火机产业集群所受风险影响因素具有一定的代表意

义,风险传导与扩散所带来的影响比其他地区更明显:一是外部环境受次贷危机影响及美元的贬值影响,美国及欧美地区的消费市场日渐疲软,国际贸易摩擦都对集群的影响甚深。二是国内环境面临着原材料的不断上涨、劳动力成本的上升、人民币的升值、出口退税的调整,集群内企业生存压力沉重,集群内自主创新体系、创新人才培养体系氛围、市场环境等方面亟须完善。三是能够作为典型集群,反映出浙江省出口加工产业集群的风险现状。

5. 行业协会发育比较完善,具有一定的借鉴意义

温州打火机行业协会发展表现出起步早,在政府授权下,具有较强的民间性、中介性、自律性、服务性特点,在温州地方网络的重要非正式机构中属于典型代表。它们在规范地方市场、协调企业之间的关系、维护地方企业的利益等方面,起到的作用比较明显。尤其是在欧美国家对温州打火机产品采取反倾销、CR 法案的时候,温州民间商会作为集体利益的代表,通过组织本地会员捐资,动用法律手段,征求政府有关部门同意,游说欧美诸国等方面,起到了积极作用。对浙江其他地区避免恶性竞争起到了良好示范作用,具有借鉴意义。

综合考虑以上因素,温州的产业集群能够较为全面地反映浙江省的产业集群风险类型,考虑到其风险传导与扩散所带来的影响要比其他集群略有显著,因此本书主要选择温州的打火机产业集群作为产业集群升级与风险传导扩散的研究对象。

二、温州打火机产业集群发展升级情况介绍

温州打火机产业集群在形成和发展中共遭遇了三次危机。首先,要了解一下温州打火机产业集群形成和发展的历史。

1. 第一只打火机和四大家族的诞生

20 世纪 80 年代中期,金朝奎担任鹿城五金厂厂长。1985 年左右,一位旅居海外的温州人带了一些小礼品回到温州,这些礼品中就有日本打火机。一只小小的打火机,高达三五百元(相当于当时一个工人一年的收入)。1986 年前后,以修手表为生的包伟光开始钻研打火机,但屡试屡败。于是金朝奎带领大女婿朱寿涛、二女婿包成进、三女婿林振彪、四女婿包伟光、哥哥金朝松、金朝松的两个儿子金寿银和金寿康,组成"金家军",东进上海、南下广州、潜心学艺。1987 年,他们终于以全部积蓄与精力为代价,用手工做出了第一只打火机——猫眼。

1988 年,金朝松的女婿徐勇水结束了在哈尔滨的生意,加入金朝松的打

火机工厂。同年,朱寿涛的哥哥朱寿南、包成进的哥哥包成华也转向做打火机。至此,温州打火机四大家族格局初成,即金朝奎与四个女婿为一家,徐勇水与两位内弟为一家,朱寿南为一家,包成华为一家,四大家族以"猫眼"起家。到如今,四大家族多转做剃须刀等其他行业。继续做打火机的,也多是勉强经营,难成气候。能与后起的东方、大虎等抗衡,分天下而治的,只剩下个徐勇水。

2. 产业集群成长时期

这种手工打制的温州打火机,一只卖二三十元。在全国各地,它很快成为畅销品。许多人开始试探性地进入这一行业。

1988年年底,徐勇水在广州友谊宾馆租下房间,成立了直接面对批发商的办事处——他也因此成为温州打火机企业第一个直接跑市场的人。做打火机的都知道,每只打火机都有个点火的电子装置——学名叫高压陶瓷电子,温州人俗称"电子"。20世纪80年代末,世界上只有日本的TDK公司能生产电子,而代理内地销售的,是香港德辉公司。1988年年底,德辉公司为了控制市场,提高价格,突然停止了对内地的电子供应,市场一下紧张起来。春节过后,市面上已买不到"电子"了,温州打火机企业全面陷入瘫痪。当时,很多小企业都是借高利贷做打火机,企业停上两个月,利息足以压垮这些小企业。产业集群的星星之火面临被吹灭的危机。1989年4月,徐勇水联系到德辉家族的四公子施德发,以2.8元/个的价格,用140万元购买到50万个"电子"。5月2日,第一批25万个"电子"空运至杭州,再用面包车连夜运往温州。温州打火机产业逃过了第一次灭顶之灾。到80年代末,温州已有了五六百家专业生产打火机的小作坊,温州幸河街也成为有名的"打火机配件一条街"。

这一危机,使得大家认识到打火机关键零部件供给的重要性。1989年6月,在广州友谊宾馆,徐勇水、日本TDK以及德辉公司的代表签订协议,徐勇水成为日本TDK在中国的大陆的总代理。如今,通过专业化生产,温州已经能大规模生产这个小小的不起眼的但在当时却影响至深的产品了,"电子"的售价也从2.8元/个降至0.2元/个。

1990年左右,定居香港的温州人李中方频频往返于香港与内地之间。他在做生意期间,突然发现了温州打火机,将几千只打火机运回到香港,一家一家的铺货,结果温州打火机大受欢迎。李中方由此一发不可收。在20世纪90年代初的头两年中,温州打火机几乎都是从李中方及其弟弟李中坚手中流出去的。那时,李氏兄弟每天要批 10 多万只出口,温州打火机很快通过香港这个贸易自由港流向世界各地。巨大的需求吸引了越来越多的家庭式小作坊进入这一行业。

与此同时,日本打火机也在不断升级换代,他们研制出了防风打火机。1990 年春节,温州人李坚对手上一款"王中王"的日本防风打火机进行了研究。他认为这款日本打火机的外壳与以前不一样,以前的是用冲床冲出来的,但"王中王"的外壳根本没办法用冲床冲。他又找来两位朋友一起研究,最终发现这种打火机的外壳是"锌合金"通过压铸而成的。于是,李坚他们几个人买来相关设备、材料,于 5 月 16 日这一天,锌合金压铸一次成型,新工艺的打火机外壳研制成功。防风打火机开始在温州得到规模化生产,企业开始大量进入。

1988—1991 年,温州打火机行业出现了粗制滥造、仿冒成风、竞相压价等严重的无序竞争现象,整个行业处于崩溃边缘。为挽救市场,1990—1991 年,温州市鹿城区政府成立了打火机行业整顿办公室,打击假冒伪劣和无证经营。1992 年,打火机生产企业减到 500 多家,市场形势好转,出现了几个注重质量、规模化经营的企业。一个是李中方、李中坚两兄弟投资 291 万美元,在温州创办的东方打火机有限公司和东方轻工实业有限公司,开始温州打火机"大王"的历程,公司当年出口创汇就达 3000 万元人民币。另一个是在美国创业的温州人林光,正式开始经营打火机的批发兼零售,所经营的打火机全部在中国内地制造。而现在的浙江大虎打火机有限公司,也在当年靠着 5000 元开始起家。

这个时候,随着成品的需求旺盛,打火机生产分工逐渐朝着细密化发展,形成了一大批专门从事造型设计、模具制作、外壳铸造以及零部件配套队伍的发展。依靠着低廉的劳动成本、合理的生产组织及因此带来的规模经济,温州打火机为占领国际市场积累了初步的低成本优势。比如,一只电子点火器,从海外引进要 4—5 元,温州人攻克难关自己生产后,只要 1—2 元;密封圈,每只打火机需要 5—8 只,1992 年进口要 0.2 元一只,温州人研制出来后,只要 0.05 元一只。为提高规模效益,一些厂家专门从事一些零配件的拼装组合生产。

在越来越旺盛的需求刺激下,加上零部件产品的供给稳定,免除了企业的后顾之忧,新企业开始大规模进入这一行业。从 1992 年下半年到 1993 年,不到一年时间,仅成品厂就从 500 家增加到 3000 多家,打火机集群急剧扩张。在利润丰厚、大量创新的同时,产品同质化竞争严重,企业间相互模仿、相互压价、偷工减料等行为越来越多,产品质量下降、无序竞争导致企业利润降低甚至亏本,产品无稳定的市场且产品周期较短,同时,低利润又抑制了企业进一步创新的动力,从而加剧了企业的低质竞争。新进企业还高薪聘请熟练工,老企业的工人、技术人员的人才流失现象十分严重。在白热化的竞争中,有的企业主往往是一觉醒来,作坊里就少了十几个工人,到最后甚至都没有人了,不得不在激烈的竞争中关门;也有的企业抱着"多捞一把、快捞一把"的念头,在市场消亡之前大量生产劣质打火机。当年,就有上亿只温州打火机"涌"出国门。周大虎的企业,在当时也面临破产,除几个骨干外,100 多个工人跑了个精光。在这个时期内,也有的企业抓紧培训新手,在质量、服务上大做文章,注重质量,以获得海外客户的信赖,逐渐塑造成名牌产品,在竞争的夹缝中求生存。由于温州打火机质量问题没有得到根本解决,加上大量的生产和无序竞争,终于在一年后,引发了温州打火机企业的第一次大洗牌。

1993 年,温州市政府意识到烟具行业千变万化,开始将部分行业管理权(产品质量检测、新产品维权、制定最低保护价等)移交给了烟具协会。烟具协会很快推出了《烟具行业维权公约》,其中规定:"要求维权的产品,必须是国内外市场上未曾出现过,属自行设计制造的;维权产品经审核符合条件,予以登报承认,发给维权证书,'行业专利'立即生效;凡经协会维权的产品(有效期内),如发现他人有侵权行为,一经查实,将对侵权产品的模具和专用夹具予以就地销毁,仿冒的产品和专用零配件予以没收;情节严重者,提请工商部门吊销营业执照。"并专门建立了打火机质量检测站,赋予其检测报告高度的权威性,作为整顿企业侵权行为的有效凭证。在政府有关部门的协助下,协会开展行业治理,有效遏制了恶性竞争,假冒现象几乎绝迹,许多劣质产品企业纷纷倒闭,只有少数管理有方和产品质量较高的打火机生产企业得以继续发展,烟具行业再次走向了健康发展。

1993 年下半年,原先 3000 多家打火机成品企业整顿后,仅剩下 500 家企业。虽然企业数量减少了,但是企业素质提高了,集群规模效益和产品竞争力增强了。通过更加专业化、正规化、规模化的生产,进一步降低了产品的成本,如电子点火器从 1—2 元/只进一步降低到 0.2— 0.3 元/只,密封圈从 0.05 元/只进一步降低到 0.005 元/只。同时,从事零配件拼装组合生产的企业的规模效益也大大提高,例如,过去防风打火机中的微孔片要 5—6 元/只,规模效率提高后,包括微孔片在内的 3 个配件组合也才只要 0.2 元。企业之间的分工协作明确,联系紧密,例如,有一家大虎打火机公司,与之配套的有 15 家企业,大虎的 1000 名员工只管装配生产,配套企业的 1.5 万名员工负责供应零部件。它们之间没有直接的资产联系,却成了紧密的合作伙伴。在集群规模效益大幅提高的同时,产品的竞争力也进一步增强,剩下的 500 家企业,很快占据国内 80% 的市场和 99% 的出口市场。

3. 产业集群成熟时期

1993 年年末,德国人 Intergel 在美国看到了价廉物美的"虎"牌打火机,一路从北京、杭州、温州寻到大虎厂。周大虎正愁技术上不去,欣然与 Intergel 签下协议,为 Intergel 创牌 SOLO,生产点雪茄烟的打火机。Intergel 还花高价从韩国请来打火机高级工程师,直接指导大虎企业的创牌生产,使大虎打火机的生产技术与管理水平有了很大的提高。1994 年,大虎打火机在全国同行中首家通过 ISO 9001 国际质量体系认证。

1994 年 4 月,广田株式会社(日本最大的打火机公司之一)社长广田良平和广田香港公司总经理水谷到温州考察,找到威力作为他们定牌生产的企业。5 月初,广田的两位技术工程师广田实和黑珍到达温州。5 月中旬,装了两集装箱的模具和设备也运到温州。5—11 月,威力为了调试设备,处于完全停产状态,整整半年没出过一只打火机。11 月底,威力终于用广田的设备造出第一只打火机。12 月,威力开始大批量出货。由于有了订单、设备和技术,1995年,威力年产值从 400 万元跃升到 1700 万元。徐勇水认为,温州打火机业必须感谢广田,因为正是依靠广田提供的技术、设备还有订单,温州打火机才用20 年时间走过了欧美打火机业一个世纪才走完的路。在温州不可思议的低成本面前,广田于 1996 年正式停止自己生产打火机,只留下二三十名工人,将在温州定牌生产的打火机打上广田商标,再发到广田遍布全球的销售网点。1997 年,广田的订单、定牌的单子骤增,日丰、胜利、大虎、日田等 5 家企业先后成为广田的合作伙伴。而威力也由 1999 年接下德国一个品牌的订单开始,从专事广田转向多家定牌。

在国际市场上,当时日本和韩国产的金属外壳打火机的市场售价为 30—40 美元,而温州的同类产品售价仅为 1 美元。广田的做法促使日本、韩国、欧美的大批老牌打火机企业涌向温州,寻找定牌生产的厂家;而温州的打火机企业也迅速发展到上千家,并积极向外寻找订单。温州的金属打火机以惊人的低价,迅速打入国际市场。

4. 产业集群动荡时期

温州打火机占据了70%的国际市场份额,但整个营销网络主要还是控制在外商手中,整个市场依赖的是订单、来样和定牌。由于缺乏自己的营销网络,温州打火机无从控制国际市场。在日本、韩国的打火机占据一定市场份额的时候,他们开始控制、继而垄断国际市场。已经成为世界生产和出口基地的温州打火机行业,已经准备好要在国际市场大展抱负。

但就在1994年,发生了两件大事,原来的大好形势突然急转而下。一件是1994年5月19日,美国BIC公司代表美国一次性打火机制造业向美国商务部和国际贸易委员会提出,对向美国出口一次性打火机的中国57家公司征收反倾销税。中国海外贸易总公司等3家公司积极应诉。诉讼的结果是,这三家的关税比初裁的关税大幅度下降,而其他没有应诉的52家公司被征收197.85%的关税。另一事件是,BIC公司寻求利用技术法规来建立贸易性壁垒。当时BIC公司与美国的消费品安全委员会(CPSC)合作,通过了保护儿童的CR法案,对打火机的质量提出强制性要求,规定价格在1美元左右的打火机必须安装安全锁,并于1994年7月13日正式实施。而BIC公司已经预先申请了许多防止儿童开启装置的专利。而我国的打火机生产企业缺乏相应技术方面的知识产权,仍然在生产拟向美国出口的打火机,结果造成大批产品积压,损失惨重,不少企业破产倒闭。

1995年和1999年,欧盟就两次对来自中国的打火机进行反倾销立案。由于没有企业积极应诉,两次立案都导致出口到欧盟的打火机被加收反倾销关税。

1999年11月,威力打火机厂老板徐勇水去韩国考察,在汉城一家精品店,发现自己8块钱的打火机贴上PINE的商标后,就卖到280元人民币。2000年,美国克里伯锐公司的代表坐在徐勇水厂里,对徐勇水说:"你的打火机卖给我,一个23.25元人民币。我打上克里伯锐的商标,在中国精品店里就卖170美元。"徐勇水意识到了品牌的重要性。由于顺德那家生产洗衣机的"威力"1997年已经把打火机注册了,2000年4月,威力公司创建了"威众"这一品牌。无独有偶,大虎打火机公司也全力以赴打造"大虎"的品牌,洪达打火机厂也为创建"狮吼"的牌子而努力。迄今为止,已有40多家打火机厂注册了自己的品牌。周大虎将定牌与自牌的比例定为3∶7。制定这一比例的目的是，以30%的定牌产品，提升产品的质量，70%的自牌产品不断扩大"虎"牌的影响。大虎假设了一下：如果当初100%为日本定牌生产，品牌还在日本人手上，主动权就是别人的。"打火机市场一有风吹草动，别人想什么时候停牌就什么时候停牌，我们只能被别人任意宰割。前些年我国的服装业在这方面吃了不少亏。现在，是我想什么时候停牌就什么时候停牌，这要看我怎么想。"

到2001年，温州拥有上规模的打火机生产企业（户）约500余家。温州市年生产打火机5.5亿只，年销售量4亿只，占国内市场份额的95%，占世界市场份额的80%，其中用于出口的打火机占总产量的60%。出现了300余家正规化科技型生产企业，如大虎、天羽、东方、洪达、正大等。韩国80%以上的打火机企业或关门歇业，或转向温州购买打火机。温州打火机在短短的14年里，改写了"日本是打火机的王国，韩国是制造打火机第一大国"的历史。2001年11月，中国轻工业联合会、中国五金制品协会授予温州"中国金属外壳打火机生产基地"称号。

2001年10月，温州烟具协会副会长黄发静收到欧盟打火机进口商协会会长克劳斯·邱博的传真，通知他欧盟即将正式通过CR法规，核心内容有：售价在2欧元以下的打火机被要求安装防止儿童开启装置、禁售新奇打火机等法规。据了解，早在此次打火机事件发生之前的1998年，欧盟就开始制定CR法规草案。换句话说，我国企业获悉此信息已整整晚了4年。欧盟官员在会晤温州烟具企业赴欧交涉团时指出，早在一年之前欧盟就已向我国个别部门通报了CR法案的有关内容。欧方甚至认为，中国其他部门会积极主动地了解其内容。但实际上，由于信息意识淡薄、信息传递不及时，以致连外经贸部都不知道有此事，因此也没有就这个草案的通过可能对我国产业造成的影响进行评估。

根据CR法规，温州打火机均需安装安全锁。温州打火机的外贸出厂价基本上是1欧元左右。安全锁的工艺、结构并不复杂，且万变不离其宗。但国外对它的技术及专利已领先一步。根据打火机协会的调查，全世界现在公认的有防止儿童开启装置的打火机安全锁约有9种，常用的有5种，这些技术全部已获专利。如此一来，温州打火机业就面临着两难选择：一是花大价钱购买他人专利，如此一来产品成本势必大幅提高，进而失去竞争优势；二是温州企业自行研制安全技术,但研制出的成果可能无法绕过国外企业拥有的专利技术。受到欧盟即将通过 CR 法案的影响,2001 年下半年,温州打火机企业接到的出口订单大为减少,如温州威力打火机有限公司 2001 年下半年基本上没有收到欧洲方面的订单。虽然该法案要到 2004 年才全面实施,但在过渡期中,进口商不愿意再进口即将被禁止销售的产品。

2002 年 3 月,温州烟具协会代表及外经贸部有关官员组成交涉团远赴欧盟,针对 CR 法规进行了长达 17 天的游说活动。2002 年 4 月 30 日,欧盟标准化委员会主持表决 CR 法规,表决结果:13 国赞成,1 国反对,2 国弃权,法规获得通过。5 月,欧盟通过了一项旨在抵制中国打火机的贸易技术壁垒——CR 法规。

由于 CR 法规正式实施还需时日,欧洲打火机制造商联合会又正式向欧盟对来自中国的打火机提出反倾销申诉。2002 年 6 月 28 日,欧盟在欧共体的《官方公报》上发出公告,决定对中国出口欧盟的打火机(包括一次性打火机、金属外壳打火机和汽油打火机)进行反倾销立案调查。温州烟具协会在得到国务院经贸委公平贸易局的支持后,积极应诉。2003 年 7 月 14 日,起诉方要求撤回反倾销申诉。7 月 17 日,欧盟决定终止反倾销调查程序。

受此影响,温州打火机企业一方面寻找新的出口市场;另一方面也开始千方百计地提高产品的技术含量。他们开始利用原始的资金积累,招兵买马,上规模、抓工艺、打品牌,以过硬的产品整体出击国际市场,并逐步占领了由日本广田株式会社、韩国和仁集团等控制的国际低端打火机市场。截至 2002 年,温州金属外壳打火机生产企业已达到 500 多家,年产金属外壳打火机 5 亿多只,年产值为 25 亿元人民币,出口数量占总产量的 80%,占有世界市场份额的 80%,占有国内市场份额的 95%,温州已成为世界金属外壳打火机的生产中心。而与此同时,日本和韩国原来的打火机企业 90% 以上已经停止生产。

欧盟 2004 年 1 月宣布:从春季开始对所有进入欧盟市场的打火机、点火枪等危险品执行 ISO 9994:2002 标准。这项国际标准涉及压力测试、温度试验、燃烧高度、压力试验、循环燃烧试验等 10 多项指标,与我国现行的行业标准 SN/T 0761—1997 最大的不同是,"温度试验"规定打火机必须在 65℃的烘箱里置放 4 个小时后,检验打火机里的气体有无全部泄漏,这就比 SN/T 0761—1997 中的耐受温度高了约 10℃,此外"燃烧高度"标准中火焰的最高点控制标准也从 15 毫米降低为 12 毫米。紧接着美国也相应制定了类似 ISO

9994:2002 的技术标准。2006 年年初关于 CR 法案即欧盟的《打火机安全标准法案》的新决议草案最终于当地时间 2 月 9 日以投票方式得以通过。3 月 11 日,欧盟 CR 法案正式实施。从当日起,中国出口欧盟市场的一次性打火机必须加装防止儿童开启装置,不符合 CR 标准的打火机及新奇打火机被禁止进入欧盟市场。欧盟规定,打火机要通过 CR 标准,必须由欧盟认可的实验室检测,而且每种打火机检测费用高达 2 万美元,检测周期为 3—6 个月,何况我国的实验室还没有获得欧盟认可。同时,CR 专利大多掌握在欧美生产商手里,我国企业开发新的安全锁存在专利障碍,加上欧盟不加区分地禁止所有新奇打火机进入欧盟市场,使得众多打火机企业再次陷入了困境。

而在当时还没有一家温州打火机企业拿到欧盟认可的检测认证。受 CR 法案影响,温州打火机出口量直线下降,除少数行业龙头企业能勉强维持局面外,大部分中小型打火机生产企业基本处于停产或半停产状态。CR 法案正式实施的 3 月份,温州打火机出口批次下降了 67.3%,从高峰时的平均每月 240 余批下降到了 52 批,下降幅度近 80%。加上原材料及劳动力成本大幅提升、人民币不断升值等因素,在此后的几个月里温州打火机出口数量持续下滑,温州打火机出口企业进入了"严冬期"。与此同时,国际市场也陷入萧条,美国、俄罗斯和日本等温州打火机的几个主要出口市场同时陷入萧条,国内原材料价格累计上涨幅度达到数倍,但打火机价格基本上没有上涨,人工成本越来越高,人民币升值,这些都加剧了温州打火机产业集群的危机。

从 2005 年年初开始,温州检验检疫局通过各种渠道与欧盟接触,并作为我国检验检疫系统的唯一代表于 2006 年派员参加了在比利时布鲁塞尔欧盟总部召开的中欧双方打火机磋商工作会议。温州市出入境检验检疫局同时还给温州烟具协会下达了 2005 版 ISO 9994 标准。2007 年 5 月 14 日,温州检验检疫局打火机实验室出具的检测报告正式获得欧盟成员国承认,温州打火机出口严峻形势才有所缓解。从 2007 年 6—9 月的统计数据看,打火机出口批次分别是 273 批、311 批、330 批和 369 批,平均每月以 10% 左右的速度回升;对欧盟出口从 3 月份的 52 批逐渐回升到 9 月份的 150 批,基本恢复到 2006 年的同期水平。尽管在出口批次上有所恢复,可出口的数量、金额与上年同期仍有较大差距。据温州检验检疫局统计,2007 年 1—9 月,温州打火机出口共计 2624 批,1.05 亿只,6796 万美元,尽管批次、数量、金额同比分别下降了 4.6%、25.2% 和 15.5%,但是 9 月份出口批次达到了 369 批,基本与 2006 年持平,特别是出口到欧盟(欧盟是温州打火机最大的出口市场)的批次已基本恢复到 2006 年同期水平。温州打火机出口正"破冰前行"逐渐"回暖"。不管是国内的生产企业还是欧盟的进口商都对欧盟出台 CR 法案的具体实施过程、对打火机的市场监管等相关情况持观望态度,不敢轻易下订单。这也是影响温州打火机出口的一个主要原因。

2008 年 1 月份,温州打火机出口货值达 890.76 万美元,同比增长10.91%,比前一个月增长 42.99%,其中出口欧盟 340.49 万美元。这表明温州打火机正从 CR 法案不利影响中"突围",开始大量重返欧盟市场。浙江大虎打火机有限公司是全国金属外壳打火机生产的龙头企业,2008 年 1 月这家企业出口欧盟货值达 200 多万美元。董事长周大虎介绍说,要突破 CR 法案限制,温州打火机必然要加快新产品的研发,提高出口能力。

"337 调查"进一步加剧了打火机产业集群的动荡。在 2006 年 5 月 16日,国际知名打火机制造商美国芝宝制造有限公司(Zippo-manufacturing Co.)和芝宝商标公司(Zippomark)向美国国际贸易委员会指控,温州恒星烟具有限公司、温州泰利尔烟具公司等四家中国企业生产、进口和销售的部分打火机未经其许可或授权,假冒其注册商标,要求启动"337 调查",并发布永久性普遍排除禁令,终止该类打火机进口美国。北京时间 2006 年 6 月 16 日凌晨,美国国际贸易委员会正式立案调查。美国《1930 年关税法》第 337 条规定:在进口货物贸易中,侵犯知识产权和不公平竞争的做法是违法的,美国国际贸易委员会将对违法行为展开调查并予以处罚和制裁。依据这一条款进行的调查便是"美国 337 条款调查"。与反倾销相比,"337 调查"对中国产业的影响更为严重和深远。"337 调查"的制裁结果不仅局限于特定行业的产品,而且可以延伸到其上下游产品,被诉产品将永远禁止进入美国市场。"337 调查"的诉讼费用也比反倾销高昂,动辄要花费上百万美元。

有关方面的数据显示,2007 年温州有超过 20% 的打火机企业没有销售记录。烟具协会会长黄发静说,温州打火机企业最高峰时(1993 年左右)有3000 多家,2003 年温州的打火机企业数量减少至 1000 余家,2006 年降至 600家左右,当前开工的不到 100 家;自 2003 年以来,打火机成本最起码上涨了15% 以上,而原先利润也没有 15%;最关键的是,整个温州打火机行业的信心在丧失,连一点维持的信心都没有。一名《钱江晚报》的记者随机抽取了 10家打火机公司的电话号码,有 2 家继续运营,4 家电话为空号,其他 4 家已经关闭,其中有一家转行做配件。记者说,2007年至今,温州打火机企业已经不到100家,预计2008年极有可能下降至三四十家。

在这一次的危机面前,各个企业也有各自的对策。

詹先生是温州一家打火机企业的厂长。自2008年5月以来,受义乌小商品市场进入淡季的影响,该企业订单已经减少了2/3。为维持正常运营,企业便加大裁员和缩小企业规模来解决亏损。工人从60个减少到20多人,管理人员从8名减少至2名,租用的厂房规模也从原先的1000多平方米缩小到不足500平方米。詹先生说,如果成本还将继续上涨,用不了多久企业就倒闭了。

另一位温州骨干打火机企业的老板,由于打火机生意不景气,几年前就在经营打火机之余,开始向房地产业发展。如今,他干脆把厂房租出去,一年租金收入上百万元。

还有一家公司从100多人慢慢减少到20多人,有一段时间没订单,也一直留着20多名工人,希望等到形势好起来,但是等了好几个月也没转机,他只好关闭了公司,目前赋闲在家。

潘老板的打火机生意,90%左右是做内贸的。他从1995年开始,基本就抱定自己的原则,踏踏实实占领内贸市场。1999年,他发现了实现打火机销售的新门路:把打火机作为促销礼物,跟白酒捆绑销售。这一策略被持续执行到现在,成为他90%内贸收入的来源。但是他也有忧虑,"近年来原材料涨价很厉害,成本增加了,利润少了;还有,许多企业从外贸逐渐转内贸,成了我们的竞争对手;搭着别的产业发展,存在'靠天吃饭'的隐忧,万一哪天酒类行业出现问题,我们的产品肯定也要受影响……"

黄发静的日丰打火机公司,是温州大型的打火机企业之一。虽然也受成本高涨煎熬,但与中小企业不同的是,经过技术创新、市场拓展后,公司业务比较稳定。目前,公司正在大量生产比较难做的、要求烦琐的、款式新颖的打火机。

2007年,与ZIPPO打官司而一举成名的温州市恒星烟具有限公司,推出他们的多个系列STAR产品,产品设计、风格明显突出了中国特色,其零售价从不足20元提高到了100元左右。

浙江大虎打火机有限公司于2007年研发了一款高原打火机,成功地实现了高原防风打火,从而进入墨西哥、哥伦比亚等一些海拔在2500米以上的南美市场。这款新产品给大虎打火机带来了新的商机,拓展了市场空间。

虽然大企业能够在危机来临时保障业务稳定,但是,黄发静认为,如果中小企业相继倒闭的话,将面临区域集群内企业势必减少,数量不足的话根本形不成行业规模效应,这最终将会减弱大企业的竞争力。

据了解,在最近的部委调研中,温州市企业代表纷纷发言:面对人民币升值,出口退税连续降低,原材料价格持续上涨,劳动用工成本增加等众多不利因素,中小企业承受着巨大的压力。该市 30 多万家中小企业中,已有 20% 处于停产或半停产状态。温州中小企业发展促进会会长周德文呼吁国家尽快放开设立小额贷款公司,允许开展设立民间资本、设立社区银行与民间银行的试点;金融机构要努力增加对小企业的有效信贷投入;逐步开放中小企业集合债券。

而调研组领导也回应,决策层可能在不改变基本方向的前提下,对宏观政策做出一些"微调";国家对一些不污染、低污染的劳动密集型产业,今后的政策导向将会以鼓励、支持为主;国家应该会在 2007 年下半年或是 2008 年上半年,出台一些政策缓解中小企业的生存压力。打火机产业集群可能会再一次地崛起。

三、温州打火机产业集群风险传导与扩散

(一)温州打火机产业集群的风险因素

1. 从形成到发展面临的风险因素

(1)集群的形成阶段

这一阶段包括第一款打火机"猫眼"的产生和防风打火机的开发阶段。在当时,打火机已经是一个比较成熟的产品,温州企业家通过模仿创新,研制出质量稍差但是价格比日本打火机要便宜 200 多元的打火机。正是这一打火机,引起了当地企业家、潜在创业者的兴趣,他们相信这一产品具有广阔的市场,并积极投入到该产品以及零部件的生产中来。在这一阶段,从事打火机成品装配的企业还比较少,以"四大家族"为主要基础力量,基本上具备了产业集群的雏形,但是由于技术上还比较落后,其优势条件还不显著。从案例中可以看出,这个时候主要面临的风险有:一是相对于日本、韩国,温州打火机的生产制造技术还不成熟,产品比较单一。但是那些有着亲戚关系的企业家们,凭着对市场的敏感和商机的锲而不舍,在研制、复制他人产品的同时,积极进行产品的模仿创新,从"猫眼"到防风打火机正是这一过程的真实写照。二是抗

风险能力弱。大多数企业这个时候还处于家庭工业、小作坊阶段,企业较小,对市场波动不熟悉,应对风险经验不足,企业之间的信任不足、联系不多,造成抗风险能力弱。例如,在产业集群初期,个别零部件的供给不足就足以使企业停工停产。但是其实在零部件刚刚停止供应时,企业就应该联合起来,共同出资,积极通过中介或者直接去联系供货商。三是融资渠道不畅。许多小企业主的启动资金源自民间借贷或者高利贷,企业一旦停工停产的时间长了,利息就足以使企业破产。四是企业之间的专业化分工尚未形成。上下游产业链不完整,许多企业走全能型的道路,企业间联系少,关键资源只能依赖外部企业,信息网络、分工协作以及资源共享所产生的外部经济还很小。五是因产品质量、技术创新、知识溢出等风险虽然存在,但是由于企业的市场占有率比较低,市场也没有饱和,因此,这些风险也不会导致产业集群危机的产生。但是外源性风险,尤其是大范围的经济周期风险对产业集群的发展影响较大。例如经济危机可以导致投资趋缓,中小企业的资金缺乏、融资无门问题突出,集群内的中小企业财务风险加剧,而萧条往往伴随着原材料输入型通胀和投资性通胀,这足以压垮那些实力薄弱的以新兴加工贸易为主的产业集群,逼它们走向崩溃。

(2)第二阶段是成长阶段

在成长的初期,也就是进入 20 世纪 80 年代末,打火机这种加工简单、价格低廉、利润高、市场大的产品引起了广泛的关注。温州打火机通过越来越多的来自香港的订单迅速走向海外市场,这就吸引更多的新企业大量涌入这一行业。这个时候,集群内企业之间的分工逐渐明确、细化起来,企业数量有一定的增长,市场占有率增长较快,产品质量也有所提高。这个时期,由于集群产品市场占有率的提高,产品的地域性因素在供应商的心里已经形成,但是由于企业数量还较少,竞争没有太激烈,基本上每个企业都有订单,因此产品很少出质量问题,产业集群处于平稳发展阶段。但是,到了 90 年代初期,由于市场的膨胀快于新企业的涌入以及打火机供应商的口碑相传,因此,产品的市场占有率迅速提高,专业化企业的数量和规模较快增长,有大企业进入或形成,企业之间的协作频繁,交流密切起来。技术创新支撑体系以贴牌合作的形式出现。但是由于发展过快,容易造成产业集群的"消化不良"。一是过多的机会主义者的进入,使得集群内企业数量增长,造成畸形的快速发展。这一点从3500 家企业最终只剩下 500 家就可以看出。二是集群内企业创新动力开始弱化。一方面是由于企业的产量相对市场规模来说仍然很小,产品处于供不应求的阶段;另一方面是缺乏自己的销售网络,相比之下贴牌生产比品牌创新带来的利润要高,大多数规模小的企业力图趋利避害,不愿意冒这么大的风险。三是企业之间机会主义者的败德行为,为追求高利润,一方面通过提高工人工资来吸引工人;另一方面降低产品质量。这就使得集群内较为诚信的企业失去了工人,高质量的产品变少,低质量的产品逐渐增多。这个时候产业集群的市场占有率越高,低质量产品就会在更加广阔的销售范围内驱逐高质量的产品,对产业集群造成的危机就越大。如果没有监督机制的话,产业集群可能因此而衰亡。

(3)产业集群的成熟阶段

在这个阶段,市场进一步扩大,专业化分工进一步发展,企业联系逐渐正常化,集群的规模化生产优势开始体现出来,组织学习、协同溢出的效应开始显现,许多企业具备了一定的实力,开始逐步走向自创品牌、自主研发的道路。同时,各类风险因素也逐渐暴露出来。一是集群快速发展以及产品所具有的无可比拟的价格优势,引起了竞争对手和当地大公司的注意,隐蔽性的风险也已经埋下了。例如,在日本、韩国市场占有量大幅度提高,使得日本、韩国类似的加工企业或者倒闭,或者转为专门经营销售网络的供应商,而这一现象在美国吸引了 BIC 公司的注意,后来美国出台了 CR 法案,欧盟出台了 CR 法案,这些事件的背后都能隐约地看到这家公司的影子。二是资产专用性大大提高、专用性资产逐渐增多,抑制了企业对环境的应变能力,一旦产业链出现问题,风险就会迅速传导扩散,危及整个集群的发展。三是企业家能力、生产能力、技术水平、市场范围等许多因素都基本相同,因此当面临相同的机会与威胁时,往往会做出相似甚至相同的战略决策,降低了成功的机会。例如,1995 年和 1999 年,欧盟两次对来自中国的打火机进行反倾销立案,但是没有一家企业积极应诉,最终导致出口到欧盟的打火机被加收反倾销关税。四是集群内企业逐渐与其他企业产生隔阂,形成一个封闭系统,整个集群从外部获取知识、技术的能力逐渐下降。

(4)动荡阶段(应对危机阶段)

这一阶段企业大量退出,只有少量新进入者。这时所面临的风险主要有:一是技术创新不足的风险。由于温州打火机的市场主要是海外市场,因此国际上的贸易壁垒对集群的发展影响很大。相应的,市场对企业的灵活反应、产品创新、市场策略等许多方面提出了越来越高的要求。在这个阶段，群内企业数量减少，网络规模减小，集群的学习能力、创新能力减弱，产品创新和产品更新缓慢。二是经济环境的波动带来的风险。在世界产业转移的大背景下，如同打火机产业当时从日本、韩国转移到温州一样，现在，打火机产业也正随着其他发展中国家的兴起而转移到墨西哥、印度、南非等国家，集群的竞争优势正在弱化。由于集群竞争优势的丧失，网络成本也在上升。这时候，企业对所在区域的经济波动更加敏感，经济萧条、物价上涨、劳动力成本上升等因素极易引起内部网络的破坏甚至崩溃，导致集群彻底走向衰退。三是集群的灵活性不足的风险。由于温州打火机以往主要是瞄准海外市场，在欧美市场大受打压的同时，许多企业缺乏灵活性。虽然有部分企业或者积极开发国内市场，或者努力打开发展中国家市场，但是更多的企业在市场面前表现得手足无措。

2. 风险因素的特征

（1）自发性

以产业集群初期的恶性竞争为例，恶性竞争离不开技术含量低和产品的同质化。在初期，打火机天然具有技术含量低的特点。根据哈耶克的自发秩序的分析框架来看，对于企业家个体而言，无法确切知道自己将打火机的生产技术告诉自己的亲戚熟人，会产生什么样的结果，无法预测到产品的同质化会影响到产品价格的下降；可能会知道有人生产劣质产品，以次充好，但无法预测到劣质产品会通过市场反馈对打火机产业形成什么样的危机；无法确切地知悉其所依存的整个打火机产业的运动规律。恶性竞争的风险正是这种自发秩序的结果，不是这一自发秩序中的任一成员所造成的，而是由于各个企业家的行动与互动所造成的一个非有意的结果。

（2）不确定性

打火机的企业活动是在一种不确定的环境中进行的，也不存在绝对的正确的企业决策方式。因此在集群繁荣时，企业家无法预测到欧美市场 CR 法案的出台，也无法预测到 CR 法案对集群的影响范围、危害程度、损失大小。在不确定面前，多数企业只能根据当前的环境趋利避害，这也是为什么多数企业选择做国外市场，少数选择开拓国内市场或者发展中国家的市场。

（3）扩散性

机会主义者的行为和偷懒者的行为都具有扩散性，引起了产业集群内机会主义者的增多，偷工减料行为的增加。相对于日益增多的企业而言，创新动力明显不足。产业集群环境的恶化,工人跳槽等行为也具有明显的扩散性。

（4）可控性

温州市鹿城区政府在产业集群形成初期专门成立了打火机行业整顿办公室,打击假冒伪劣和无证经营,后来又将部分行业管理权（产品质量检测、新产品维权、制定最低保护价等）移交给了烟具协会。这就抑制了集群内企业的恶性竞争,促进企业的规范化生产,使集群内企业之间的联系从自发的、随意的联系走向制度的、有约束的联系,规范企业行为,这表明一些风险具有可控性。

（5）隐蔽性

在温州产业集群准备大举向国际市场进军的时候,许多隐蔽性风险因素显现出来。以知识产权为例,在美国实施 CR 法案之前,温州打火机并没有意识到防止儿童开启装置的专利对打火机的重要性,而 BIC 公司在美国通过 CR 法案之前就已经预先申请了许多防止儿童开启装置的专利。现在世界上公认的防止儿童开启装置的打火机安全锁约有 9 种,全部都是专利项目。如果由我国在打火机这么小的产品上自行研制同样效果的装置,而又不能侵犯别人的专利,十分困难。而且,安全锁有效性的确认机构不是中国某一个部门,而必须是递交进口国相关机构认可。这样,一只打火机的认可费可高达 3000 美元以上。因此 CR 法案实施后,温州打火机产业受到重创,在美国市场销量日益萎缩。

（二）温州打火机产业集群风险的传导

1. 风险因素转化成风险源后,在达到一定条件下开始传导

（1）内源性风险

其一,产业集群初期网络性风险比较明显。

社会资本引发恶性竞争。温州打火机产业集群内企业之间的联系大多数是建立在亲熟关系的信任基础之上,这一点从最初的"四大家族"之间的关系就可以看出:金朝奎和四个女婿一家,徐勇水与两位内弟为一家,朱寿南为一家,包成华为一家,四大家族之间的关系是:徐勇水是金朝奎的弟弟的女婿,朱寿南是金朝奎的大女婿朱寿涛的哥哥,包成华是金朝奎的二女婿包成进的哥哥。但是这种信任基础是建立在亲熟关系之上的,由于在情感上具有共同的信任基础,因此在初期容易凝结成一个利益共同体,并加快了知识溢出的迅速。这一点从四大家族的兴起就可以知道。最初拥有"猫眼"技术的是金朝

奎一家,但这一技术很快就传到他的弟弟手上,他大女婿的哥哥、二女婿的哥哥手上,很快四家企业兴起。在产业集群初期,这种信任关系表现为产业集群的进入门槛低,企业进入快,有利于规模经济的形成。但是许多企业为了争夺有限的订单,也开始竞相压价,引发了集群内的恶性竞争。

偷懒者和机会主义者的行为破坏了网络的稳定性。一方面,个别偷懒者不愿意研发新技术,通过亲熟关系掌握别人的技术进行生产,造成集群内的产品同质化问题严重。另一方面,"林子大了,什么鸟都有",在利益面前,道德往往表现出一定的脆弱性。打火机企业在半年时间从500家增加到3500多家,大批的机会主义者开始涌入,造成集聚度过高,有的企业苦苦挣扎,有的则偷工减料,更有甚者,则大批量地生产劣质产品,赚一把就走。这些行为,不仅扰乱了正常的市场秩序,限制了产业集群的可持续发展,更破坏了产业集群网络的稳定性,企业之间的信任下降,网络成本上升。

其二,在成长阶段"自稳性"风险较为明显。

市场战略、技术战略上存在着战略趋同风险。对温州打火机行业来说,其兴起是由于来自中国香港、德国的订单,其繁荣是由于占据了日本、韩国市场,并逐步向欧美扩张,其衰退则在向欧美扩张的过程中遇到重重障碍。这么多新企业进入打火机行业,是由于海外订单的供不应求,因此许多新企业都集中向海外市场发展,个别企业比较重视国内市场。这是由于海外市场基本都是贴牌生产,生产企业不用进行销售投入、广告投入等,而国内市场则需要在品牌、营销等许多方面投入大量资金。因此,集群内大部分企业的市场战略都选择"海外市场 + 贴牌生产"的方式,战略上的趋同,大大增加了这一行业的市场风险,使得打火机产业集群面临欧美的贸易壁垒时,元气大伤。

其三,在成熟阶段,结构性风险比较明显。

在打火机产业集群的形成阶段,企业聚集在一起进行产品生产,这时产品处于产生和开发阶段,在日本广田企业的帮助下,生产过程逐渐标准化,产品质量得到质的飞跃,集群内企业基于分工协作、劳动力价格低以及资源共享等所产生的外部经济获得较强的竞争优势。在集群的成长阶段,集群发展迅速,增长率高,企业集中资源用于生产打火机,适当地投入打火机的研发创新中。但这个时候,日本、韩国的同类企业基本已经走出生产网络,专攻贴牌和维持营销网络。到了成熟阶段,由于在成长期市场扩展迅速,企业逐渐走向大规模生产,本地同类产品企业间竞争加剧,利润下降。当面对国际贸易壁垒时,集群存在着产品过剩的危机,产品的结构性、市场的结构性风险凸显。一是温州打火机的外贸出厂价基本上是 1 欧元左右,中高端产品较少,产品结构单一,受反倾销制裁和 CR 法案影响,产品利润大受压榨。二是过于倚重欧美市场,因此面对欧美国家的贸易壁垒,市场缩小严重,产品大量积压。如果集群仍然集中于同一类产品的生产,仍然不改变市场策略,那么集群将走向最后的衰退阶段。

(2)外源性风险

其一,在形成和成长阶段,社会性风险比较明显。

温州打火机产业的形成和成长阶段,正处于改革开放初期,我国的法律制度还不健全,集群内的制度尚不完善,集群内企业的社会关系缺乏约束,商业习惯、信用等只能依靠企业家的自我约束。违法成本过低,造成许多企业家敢于大批量地生产假冒伪劣产品。另一方面,温州人习惯于"借鸡生蛋",民间融资缺乏监管,高利贷应时而生,制度上的缺失给集群的发展带来了隐蔽风险。当企业的资金链断裂的时候,这一类风险就会集中爆发。

其二,在成熟阶段,受到经济周期风险的沉重打击。

由美国次贷危机引发的世界性经济危机,给温州打火机产业造成了沉重打击。一是在经济危机面前,各国为了保护自己的市场,必然会在打火机进口上不断设置贸易壁垒,这对于生产能力过剩的温州打火机来说,意味着消费者进一步减少。二是经济危机带动原材料价格普遍上涨,提高了企业的生产成本,降低了企业利润。三是打火机市场大幅萎缩,企业之间的竞争更加激烈。四是在危机面前,许多中小企业相继倒闭,剩下的停工停产,出租厂房,或者转向房地产等其他行业,而社会整体投资趋缓,造成集群内企业大量减少,行业规模效应不断降低,终将影响到大企业的竞争力。

(3)复合性风险

温州打火机产业集群也存在着内源性风险与外源性风险相互作用的情况。其本身的发展历程就反映了产业链在全球范围内的分配和转移。从 1996 年日本打火机之父"广田"正式停止自己生产打火机开始,标志着日本、韩国已经开始将竞争力变弱的产业集群逐渐向中国内地、中国香港、新加坡等地梯度转移,仅仅保留上游利润最大的一块蛋糕。根据国际经验可以推知,随着我国要素成本的快速上升,打火机产业集群也从温州向其他地区转移。依照日本、韩国的经验,国际产业转移将推动温州打火机产业集群向上游产品转移或者消亡。而目前,温州打火机产业在产品、市场等方面遇到的阻力,将加快产业链在全球范围内的转移。这就需要根据国际产业转移的规律,确定产业集群的发展方向,避免产业集群的结构性风险。

2. 风险的传导节点

（1）信任节点

在产业集群形成初期,企业之间的联系是基于亲熟关系之上的信任。因此,信任在这个时期,对于产业集群网络体系形成来说,起到了积极作用。但是,信任对于机会主义者的大量涌入、偷懒者行为的增加也起到了催化作用。这个时候对亲熟关系呈开放状态的信任节点,在推动产业集群迅速扩大的同时,也增加了产业集群的潜在风险。

（2）融资节点

在形成初期,融资节点大多是与高利贷相关联的,为许多小作坊解决了融资困难的问题,增加了进入打火机行业的便利性,有利于产业集群迅速扩大产量,满足市场的需求。但是当零部件供给不足,导致产业链断裂的时候,许多企业的资金链断裂,这个时候,融资节点的潜在风险便被释放出来,开始在产业集群内传导,导致许多企业的破产。

（3）管理人员节点

产业集群分工虽然逐渐趋向高度专业化,但是协作领域并没有深入,这主要表现在管理人员的素质上。在产业集群面对反倾销制裁时,在应诉时候表现出的不知所措和不作为,一而再地错过了抗辩时间,导致出口到欧盟的打火机被加收反倾销关税,使产业集群品牌形象受损,利润被盘剥。或者在应诉时候不够团结,如1994年美国商务部和国际贸易委员会向出口一次性打火机的中国57家公司征收反倾销税时,只有3家公司积极应诉。

（4）共性技术节点

在温州打火机产业集群成长阶段,广田公司为温州打火机产业集群解决了技术发展和技术升级的关键技术问题,为技术发展、竞争技术开发解决了测量、测试、标准等支撑技术问题,这一系列共性技术问题的解决使温州打火机用短短10年的时间走完了其他国家50年的路。但是在向高端产品进发的过程中,由于缺乏外部支撑力,单个公司不愿意或很少投资于共性技术研发,导致对共性技术的研发投入不足,企业也无法根据自己生产或产品的需要进行后续的商业化研究开发,使得企业间的技术或产品只能徘徊在当前的发展阶段,无法实现突破性发展。

(5)信息节点

从第一只打火机"猫眼"到防风打火机的诞生,是源自企业家对商机的敏感,商机就是信息的一种;低价竞争的风险传向价格信息;"电子"断货的发生与解决,是因为和供应商之间的信息不畅引起的;CR 法案在欧盟的通过,是因为政府对此类信息缺乏敏感性,以及政府与企业之间的信息沟通不畅引起的。

(6)战略节点

战略是基于对特定历史时期特有经济规律的深刻把握、对宏观环境和行业动态的透彻理解、竞争对手和自身竞争能力的深入了解等而采取的经营方略,并要随着企业运行环境、行业、竞争对手和自身情况的变化而不断调整。对打火机产业集群来说,市场战略趋同风险、产品战略趋同风险都在企业的战略节点上累积风险,每一个新企业的市场战略、产品战略表现出趋同性时,都将增加那些具有战略趋同性的企业的战略风险。

3. 风险的传导途径

(1)物流

德辉公司代理的日本 TDK 公司生产的电子,作为打火机生产中必不可少的零部件,其引发的风险就是通过物流来实现风险的传导。即风险沿着物流(即电子的供货渠道)进行扩散。

(2)资金流

在企业处于停工停产的时候,风险也沿着资金流传导。在打火机产业集群形成阶段而言,随着高利贷利息的日益增加,风险从贷款人流向各个生产企业的融资节点上。

(3)技术流

打火机的生产技术通过亲熟关系从一个企业传导向另一个企业,形成了技术流。而产业集群的同质化风险正是沿着技术流从一家企业传导向另一家企业。

(4)信息流

产品的价格形成了价格信息流,当企业存在低价竞争时,企业会积极通过价格的信息流得知其他企业的价格,并将产品的价格进一步压低,因此说低价竞争的风险是通过价格的信息流进行传导;与外界打火机行业发展的信息沟通缺乏,与日本广田公司相比,在世界产业链的定位缺乏灵活性,导致产业集群面临着故步自封的封闭性风险、结构性风险。

4. 风险的传导特征

(1)聚集性

产业集群风险沿着一定的途径传导,表现出风险的聚集性。在企业面临资金不足的风险时,资金链断裂的风险沿着资金流管道向与之有借贷关系的其他企业的相关节点传导。对于某一企业的融资节点而言,与之相关的资金流越多,风险就越密集,该企业倒闭时所影响的企业就越多。在同质化风险传导的过程中,一个企业家的亲熟关系越多,打火机生产技术所传导的对象就越多,产品同质化风险也就越密集。

(2)累积性

产品同质化风险在传导过程中表现出明显的累积性。生产同类产品的企业越多,产业越高,产品的同质化问题就越严重。对于传导节点而言,亲熟关系越接近,对产品的生产技术就越了解,就越容易生产出同质化的产品,同质化问题就越严重,同质化风险的能量就越高。企业之间的亲熟关系越多越复杂,同质化风险在产业集群内累积的速度就越快。

(3)时延性

"冰冻三尺,非一日之寒。"产业集群风险也不是一朝一夕所能形成的。仍然以产品同质化风险在亲熟关系中的传导为例,亲熟关系越亲近,相互间的走动越多,地理位置越接近,风险传导的特征路径就越短,生产技术传导的速度就越快,产品同质化风险传导的时间就越短。

(4)强度性

以资金链风险为例。每一个融资节点上的每一笔融资都要付一定的利息。贷款有多有少,利息率有高有低,期限有长有短,企业的还款能力有强有弱。因此,资金风险传导的强度不仅与融资节点上的贷款本息的多少成正比,与还款时间有关,也与企业的还款能力有关。在企业还款能力一定的前提下,企业的融资额度越高,期限越短,风险就越大,对企业的冲击性就越强。这样的企业越多,对产业集群的危害就越大。例如,在1988年年底的电子风波中,很多小企业都是借高利贷做打火机。到1989年4月恢复正常生产时,一半多的小企业已经被利息压垮了。

（三）温州打火机产业集群风险的扩散路径

1. 内源性风险

（1）网络性风险的扩散路径

根据以上的分析，我们可以大概初步建立打火机产业集群形成初期所存在的网络性风险的扩散路径。以"猫眼"为例，这一产品的制造技术比较简单，很容易通过亲熟关系沿着信息流进行扩散，如图 1 所示。因此，可以说，产品同质化的风险，自从四大家族形成那一天开始就存在了，只是当产业集群形成后，企业数量增多后，表现得更加明显而已。

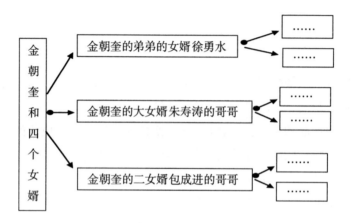

图 1　产品同质化风险扩散路径片段

1988 年，温州打火机行业已经仿冒成风，加上机会主义者的败德行为，粗制滥造行为也增多了，因此，以次充好的产品具有成本优势，必然会首先压低价格（见图 2），于是劣质产品之间开始竞相压价。根据"柠檬市场"的原理，当市场缺乏相应的质量检测标准时，价格高的高质量产品会逐渐被价格低的劣质产品驱逐出市场，表现为生产优质产品的企业数量减少，劣质产品数量充斥市场，市场出现无序竞争现象，整个行业处于崩溃边缘。

从模仿到自主创新的转型升级，对从模仿起步的企业而言是必须经过的阶段。日本的半导体产业、印度的班加罗尔都是从模仿起步的，但是立志于自主创新，从而走出了低技术产品的产品同质化、低价竞争，其半导体、软件也在国际市场上占据了一席之地。反观浙江的产业集群，盛行拿来主义，立志于搞研发的企业很少，创品牌的也不多，拥有自主知识产权的更少，这种发展模式必然导致企业自主创新能力弱化，在国际市场竞争中被其他国家和地区迎头

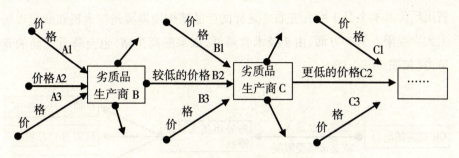

图2 低价竞争风险扩散路径片段

赶上,错失了产业集群升级的时机。

(2)"自稔性"风险的扩散路径

以 CR 法案引起的市场趋同战略风险的扩散为例,由于开拓国内市场需要大量的广告投入、销售投入,相对而言,海外订单量大而且似乎永远可以做下去,因此,打火机集群内大多数企业不愿意开拓国内市场,加上技术上的不成熟,他们放弃了自有品牌战略。只有极少数企业看重品牌战略,积极进行技术创新,个别企业则选择开拓国内市场。但总的来看,打火机产业的市场战略趋同现象比较严重,逐渐发展成为出口加工型的产业集群。当集群的市场战略趋同于出口加工时,战略趋同的"自稔性"风险也已经形成了。在 CR 法案出台后,进口商不愿意再进口即将被禁止销售的产品,持观望态度,导致海外订单的大幅度缩减。在产品结构单一化、市场战略趋同的影响下,如温州威力打火机有限公司 2001 年下半年基本上没有收到欧洲方面的订单,这对于以出口加工型的产业集群打击沉重,根据有关资料显示,2003 年温州打火机企业数量已经减少到 1000 余家,2006 年降至 600 家左右,当前开工的不到 100 家(见图3)。

图3 战略趋同风险扩散路径片段

(3)结构性风险的扩散路径

产品结构单一也是 CR 法案对温州打火机造成重创的原因之一。一方面,由于欧盟的 CR 法案主要是针对 2 欧元以下的打火机,而温州打火机的外贸出厂价基本上是1欧元左右。这样的产品结构使得温州打火机在欧美市场上大大受限。另一方面,由于技术含量低,如果提高价格,也会降低产品的竞争力(见图4)。

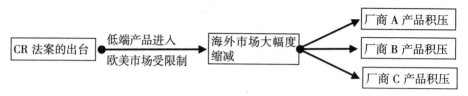

图4　产品结构单一风险扩散路径片段

2. 外源性风险

(1)社会性风险的扩散路径

在订单一定、价格相同、质量相同的情况,企业的产量越高,企业的利润越高,企业为了增加产量纷纷进行扩大再生产。由于民间借贷相对于银行贷款相对容易,民间借贷成为企业的第一选择。这个时候民间借贷的社会性风险就进入产业集群内潜伏下来。当订单减少的时候,企业可能就会出现产品积压的情况,民间借贷的社会性风险就会以企业资金链断裂、企业信誉受损的形式表现出来(见图5)。

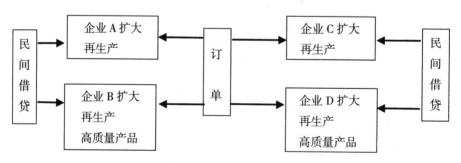

图5　社会性风险扩散路径片段

(2)经济周期风险的扩散路径

温州打火机产业集群目前也正承受着经济周期风险的煎熬。这一轮的经济危机,带动生产成本上升,造成消费者市场萎缩,订单减少,这直接降低了生产企业的产量和利润,造成产品积压严重。如果企业不能及时开拓新的市场,最终会导致产业集群整体性走向衰退(见图6)。

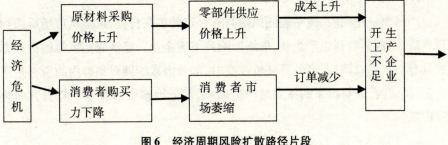

图 6   经济周期风险扩散路径片段

（3）复合性风险

从温州打火机产业集群来看，经济周期风险和结构性风险存在着一定的复合性，都通过订单减少作用于产业集群，使温州打火机产业集群走向衰退。

此外，世界产业转移的潜在风险和温州要素资源的上升，以及产品单一化之间也存在着一定的复合性，要求温州打火机加快产业升级，向产业链的高端转移。

（四）扩散方式

1. 稳态扩散与非稳态扩散

目前，温州打火机产业集群风险的扩散呈现非稳态扩散，各类风险在扩散过程中相互干扰，相互影响。例如市场战略风险和市场结构性风险在扩散过程中，其市场战略会影响产品的市场结构，其市场结构风险对市场战略风险起到强化作用。

2. 渐弱式扩散与渐强式扩散

资金链断裂、市场结构、产品结构、趋同战略等风险以渐弱式扩散的方式在产业集群内扩散。这些风险在扩散初期，对相关联的企业影响大，但是随着时间的推移，资金链断裂的企业退出集群，企业积极开拓欧美以外的其他海外市场，加快高端产品的技术研发，市场战略改变等，使得这些风险的破坏力逐渐削弱。

恶性竞争、低价竞争、道德败坏、"搭便车"、产品同质化等风险在小范围内传导的时候，对产业集群的危害并不大，但是随着这类风险在产业集群内扩散开来以后，风险的能量被逐级放大，就会影响到高质量产品企业在新产品上的技术创新，打火机市场充斥着假冒伪劣产品并逐渐萎缩、集群品牌受到侵害等等，对产业集群的可持续发展造成极大的威胁。

3. 串联式扩散与并联式扩散

产品单一化风险、战略趋同风险具有一定的串联特征,风险从市场反馈到订货商,继而影响到生产企业,最终影响到下游企业。经济周期风险的扩散方式具有一定混联特征,当外界环境改变时,部分因素能够对集群内的所有生产企业、供应商、原材料采购商同时产生影响,部分因素则沿着生产流程方向进行扩散。

4. 正向型扩散、反向型扩散与辐射型扩散

经济周期风险引起原材料价格上涨时,风险沿着生产流程方向进行扩散,因此具有正向型扩散特点。而产品单一化风险、战略趋同风险发生时,风险是从制造企业向原材料采购商扩散,因此具有反向型扩散的特点。

(五)产业集群危机

就温州打火机产业集群而言,网络性风险、社会性风险没有演变成产业集群危机。而当前,"自稔性"风险、结构性风险、经济周期风险则相互加强,对产业集群发展构成较大的威胁。

网络性风险、社会性风险之所以没有演变成较大的产业集群危机,一是从风险源头上避免了产品的同质化。例如,1990 年 5 月 16 日,温州人李坚利用新工艺研制出的防风打火机外壳。二是切断了机会主义者的风险扩散路径。由于买卖双方的信息不对称,机会主义者生产的次品得以和高质量的产品以同样的价格信息沿着同样的信息流传递给卖家。而在次品生产商中,次品的价格也通过信息流扩散到更多的企业,于是企业之间开始竞相压价,由于缺乏相关的惩罚机制和质量检测标准,次品生产企业越来越多,更多的企业选择粗制滥造,以次充好,这就造成了"劣币驱逐良币"的柠檬市场现象。1990 年,温州市鹿城区政府成立了打火机行业整顿办公室,打击假冒伪劣和无证经营,明确最低保护价格。这就明确了产品的价格信息,通过打击次品生产厂商,切断非正常价格的扩散路径;同时也传递正确的质量信息,消弭了柠檬市场中买卖双方的"信息不对称"。

相比而言,在产业集群动荡期内,"自稔性"风险、结构性风险与经济周期风险相互加强,尤其是经济周期风险进一步加剧了产业集群发展危机。总的来看,一是自主创新能力弱,风险预警能力差。自主创新能力不足,对市场风险的预警能力弱。始终受到跨国公司的技术遏制;欧盟打算出台 CR 法案之前,美国已经出台了 CR 法案。二是风险源防范不及时。主要表现为信息渠

道不畅和应对乏力。在欧盟出台 CR 法案之前已经提前通知有关部门,但是对产业的关注度不够,忽视 CR 法案对产业发展的影响,使得企业面对 CR 法案有点措手不及。在应对欧盟的反倾销诉讼时,企业也表现得应诉不积极,连续两次错过了应诉时间而被征收反倾销税。三是传导节点风险积聚。尤其是在战略节点、共性技术节点上表现极为明显。企业不能及时分散战略风险,导致战略节点上风险大量积聚,既有战略趋同风险,也有市场战略风险等。企业也不愿意进行共性技术研发,集中表现在集群在应对 CR 法案的防止儿童开启装置的技术研发上。对于一个企业来说,3000 美元的认可费可能有点高,但是平均分配到1000 家企业(以 2003 年为标准),也才 3 美元/家。四是忽视风险的传导途径。以信息流为例,政府、企业之间的信息化建设程度不够,对信息流中的风险传导控制不够重视,因此这也导致企业比政府机构晚了一年才知道欧盟的 CR 法案。五是控制风险扩散的能力不足。一个重要佐证就是在行业协会游说欧盟之际,仍然有企业还不知道 CR 法案对企业的影响,导致许多企业的产品积压情况严重。

附录二　台州缝制设备产业集群风险对产业集群升级的影响

产业集群风险本身制约着产业集群升级的顺利实现,不利于充分发挥产业集群升级的优势,并从多个方面束缚了产业集群进一步升级发展。

在台州五大主导行业中,行业龙头企业总产值规模较大、市场影响较强的是汽车、摩托车及配件行业和医药化工行业。五大主导行业的龙头企业中,以缝制设备行业的龙头企业规模优势明显,行业竞争力较强(见表1)。在当前美国次贷危机影响下,台州作为我国最大的缝制设备生产和出口基地,缝制设备产业集群风险对产业集群升级的影响也表现得比较典型、比较明显,值得深入研究。

表1　2008年台州五大主导行业龙头企业情况

产值规模	行业分类	汽车、摩托车及配件	家用电器	缝制设备	塑料及模具	医药化工
亿元以上企业	企业数	30家	12家	8家	19家	30家
	总产值	157.78亿元	82.01亿元	83.33亿元	75.68亿元	122.71亿元
	平均规模	5.26亿元	6.84亿元	10.42亿元	3.98亿元	4.09亿元
千万元以上企业	企业数	—	20家	20家	20家	—
	总产值	—	86.15亿元	87.76亿元	76.58亿元	—
	平均规模	—	4.31亿元	4.39亿元	3.83亿元	—

资料来源:台州主导行业加快产业升级报告(2008)。

一、台州缝制设备产业集群升级发展概况

缝制设备行业在台州已经有二十多年的发展历史。主要分布在椒江区、路桥区和玉环县。其中椒江区的下陈和三甲街道为主要集聚区。其中,全国缝制机械行业中具有一定规模的缝纫机整机企业约670家,服装机械制造企

业约 180 家,零部件制造企业约 1000 家,行业年总产值约 320 亿元。

20 世纪 80 年代前后,台州开始承接来自日本、韩国和中国台湾地区的缝纫机工业的产业转移,开始整机生产。台州缝纫机工业初始以生产 GN 1—1 型三线包缝机为主,企业规模较小,采用大企业退役的陈旧设备加工和采购廉价零部件组装,简陋的厂房,拼人力增产量,价格低廉,靠苦心经营推销,实现原始积累。

20 世纪 90 年代初产业集群开始形成。90 年代,台州市一批缝制设备行业龙头开始崛起,依靠在自主创新和自主品牌的渐进式扩张,逐渐突破以上海的模仿为主的发展模式,形成了台州缝制设备产业集群。集群内有大中型企业数十家,小企业上千家,以及数以千计的家庭作坊式小工厂,大中型企业由众多的协作企业零配件形成完整而成熟的缝制设备产业链。例如,其中零配件协作企业有 300 多家,可以为缝制设备产业链提供大部分的零配件。分工协作体系的成熟和完善,代表着台州缝制设备产业集群已经开始形成。产业集群的形成不仅大大降低了产品成本,也促使了整机生产企业进一步朝专业化发展,为集群加强新产品、新品种开发提供了基础。

2003 年,缝制设备行业一跃成为台州市工业经济的十大支柱行业之一。2006 年,全市共有缝制设备及零配件生产企业 3000 家,年销售收入 500 万元及以上的企业 200 家,年销售收入 1 亿元以上的企业 10 余家,实现年工业总产值 200 亿元,出口创汇 5 亿多美元,年产缝制设备 500 多万套,从业人员超过 5 万人。

2003 年,台州的众多缝制机械企业涌起新一轮的科技创新热潮,众多行业企业不断在产品研发、技术创新上加大人力、财力的投入。2004 年年末,台州市经济委员会根据产业集群发展情况,在《台州市缝制设备行业发展规划(2004—2010 年)》中适时提出"以科技创新促进产业升级"。

"十五"期间,飞跃集团、新杰克公司、宝石公司等 3 家台州企业的 4 个项目的技术创新奖产品具有自主知识产权、核心技术、高科技含量以及高附加值的机电气一体化设备及系统产品,基本代表了台州缝制机械行业通过技术升级、科技创新走产业集群升级道路的发展趋势。普通的、低档的缝制机械市场空间逐步萎缩,高附加值的特种机和机电一体化的产品呈现出良好的发展势头。

截止到 2006 年年底,台州缝制设备产值约占全国总量的 1/3,出口量占全国总量的 2/5,继续稳居全国缝制设备生产和出口的榜首。2006 年 7 月,台州被中国轻工业联合会正式授予"中国缝制设备制造之都"的称号。

2007 年,台州的缝制设备企业超过 1000 家,年产缝纫机 550 万台,行业总产值达到 240 亿元,出口创汇 5 亿美元。台州成为中国乃至世界缝制设备的制造基地。

台州的缝制设备行业从 2007 年下半年走入下坡,至今仍无较大起色。2008 年 1—6 月,该行业规模上企业的产值比上年同期下降了 30%,整个行业的产值下降 13%,生产企业的效益明显下滑。

从发展历史来看,台州缝制设备产业集群主要是通过引入新技术、新的生产线来推动产业集群升级,走的是工艺流程升级、产品升级的道路。其生产设备主要是从日本、德国引进,自动化程度高,机壳加工、涂装与装配流水线的装备均达到了国际先进水平。

二、产业集群风险对产业集群升级的影响

产业集群风险的存在,对产业集群升级造成了多方面的影响,主要有:

(一)网络性风险

1. 网络性结构风险不利于龙头企业的升级发展

台州缝制设备产业集群围绕飞跃、中捷、宝石形成一个多核式产业集群,所面临的主要是龙头企业与零件配套的分工协作体系结构的不和谐的网络性结构风险。2003 年,台州缝制机械协会意识到零件配套发展相对迟缓的现状不利于产业集群的升级发展,并制定了若干有利于当地零部件产业发展的政策。4 年过去了,上档次、上规模的零件企业仍然很少,不少有一定规模和实力的零件企业还转向了整机生产。龙头企业不得不把零件采购网络辐射至附近的宁波、温州、东阳甚至江苏、河北等地,增加了采购成本,延缓了整机特别是新产品的研发、反馈、改进及上市时间。同时,由于缺乏高精尖的零件配套体系的支撑,一些加工精密度高、科技含量高的零部件必须从国外及中国台湾地区购进。零配体系生产企业规模偏小、品质滞后、技术含量低的状况不仅削弱了整机的质量档次,加大了整机生产成本,还严重束缚了台州缝制设备行业的升级步伐。

2. 网络性资源风险制约了产品档次的提升和基础研究的发展

生产设备和生产技术落后,并受到国外发达国家的技术遏制,制约了产品档次的提升。虽然行业内技术和工艺比前一阶段有了较大的改进,但是缝制设备生产工艺总体上比较落后,某些加工中心的世界先进水平的设备使用率比较低,只有个别大企业的部分车间在使用。而日本、德国等缝制设备生产强国的企业,早在 20 世纪下半叶就开始在产品开发上大量应用,如传感技术、自控技术、激光技术等高新技术,在加工技术上采用柔性、智能和无人化生产方式,新材料、新工艺也得到了广泛的应用,机电一体化产品日臻成熟。而台州缝制设备行业中 80% 以上仍采用传统的加工模式。所以,台州的缝制设备企业只能制造其中的机械部分,机电一体化产品中最关键、最能体现价值的数控部分则完全依赖进口。傅峥弘认为,如果不是引进整条生产线,性能肯定比国外的差;即使引进整条生产线,但是国外不卖技术,没有一流的工人去操作,生产出来的产品还是比国外的差(见表 2)。

表 2 2003 年日本缝制设备最新技术

无油缝纫机	以平缝机为基础,包括包缝、绷缝等均向无油化发展,解决了缝纫机渗油这一大公害
低张力平缝机	根除了缝纫机单个品种无法适应季节性不同面料生产所带给消费者的烦恼,该机器能适应各种面料的生产需求
多功能、专业化的各种缝纫机	只要更换某一零配件或配置某一附件便能生产出另一种功能的缝纫机
应用新材料	在原先镀钛、镀合金、镀硬铬的基础上,开发出无电解液电镀技术、调整含油材料、高耐磨含油塑料等
CAD 服装设计系统	运用该系统,跨国公司可以利用时间差在全球进行加工
无线缝合缝纫机(超声波缝合机)	

资料来源:日本缝制设备最新技术介绍,中国服装网,http://www.efu.com.cn/info/clothesinfo/2003-2-9/15287.htm.

高科技人才资源不足,无法满足提高基础研究的要求,行业的基础研究非常薄弱。第一,有研发能力的高级人才不足。从粗放式的价格竞争走向资本技术性的研发设计竞争,从附加值低的环节走向附加值高的环节,就必须逐渐摆脱廉价劳动力带来的劳动力成本优势,走向基础研发带来的高科技产品竞争优势,这一过程始终离不开高科技人才资源的支撑。第二,人才培训体系不健全。缺乏培训专业人才的机构。大部分企业只能采用以老带新的方式传授,培训周期长,效率差;一小部分企业通过各种途径引进国外专家,但是"洋专家"的优势受到语言、技术支撑等各方面限制。

3. 企业大量涌入,盲目扩张,最终制约企业自主创新投入

从 2003 年开始,许多社会资金涌进,产业规模从 400 多家上升到了 1000 多家。从表 3 可见台州加入缝制设备生产领域的企业数目仍在继续增加。

此外,行业持续多年的高速发展给许多老企业带来了投资冲动,有些企业不顾市场容量和企业的自身情况盲目扩张,导致平缝机、包缝机、绷缝机、刺绣机等一些大宗产品产能过剩。

企业大量涌入、盲目扩张带来的直接后果就是过度竞争。过度竞争的结果使得竞争秩序极不规范,低价倾销、赊账竞销、假冒伪劣、拖欠货款、偷漏税款等不正当竞争行为和不讲诚信现象时有发生。在台州,价格战、偷技术、仿冒、互挖墙脚的事时有发生。例如,2007 年 3 月 10—22 日,台州市工商局经检支队会同椒江分局经检大队、椒东工商所对下陈街道内的缝纫机行业开展了专项检查。此次专项行动,共检查了 7 家企业,却发现有 5 家企业存在违法行为,它们在产品上使用的是自己的品牌,但标注的产地却都是外地的公司,标注地多为上海、日本。此外,大企业的技术升级之路也步履维艰,2001 年中捷的毛利率曾经超过 30%,由于竞争激烈,2004 年的毛利率已经降低至 24.53%。

企业的大量涌入,盲目扩张,不仅造成过度竞争,更重要的是,产品利润下降,资金涌向重复建设投资领域,造成了技术研发资金投入的相对匮乏。

表3 台州市缝制设备及零配件生产企业数量

年 份	2003	2004	2005	2006	2006
缝制设备及零配件生产企业数量(家)	400 多	1000 多	2100	2260	3000

资料来源:台州主导行业加快产业升级报告。

(二)"自稔性"风险

1. 资产专用性风险降低了产业集群的分工协作程度

缝制设备行业正逐渐从传统制造业转变成为高技术含量和高附加值的新型产业,缝制设备产品、技术的淘汰速度日益加快。但多数零部件生产企业依然集中在低端市场,高端零部件则依赖进口。

目前世界上常年生产的缝制设备产品达 4000 种,台州市只有 500 余种,尤其缺乏高端设备、特种设备的品种。零部件生产企业规模普遍偏小,品种和档次都难以与整机企业的发展相匹配,无法满足生产中高档整机产品的需求。因此,在产业集群升级过程中,零部件企业的制造水平明显滞后于整机企业的发展要求。整机企业有 60% 的零件靠集群外采购。

随着产业集群的进一步升级发展,上下游企业的不均衡如果继续加大,将导致企业间合作的难度增加,分工协作的紧密程度降低,大大削弱了产业集群升级的成果。

2. 低价竞争战略趋同风险不利于产品升级

当前,企业价格战略还没有完全走向差异化竞争,大部分企业仍然处于低价竞争,这对集群内企业的有序竞争、稳定发展、风险防范造成一定的影响。

随着日本、中国台湾和内地的技术不断进步,许多特种设备被成功地生产出来,品质虽稍有逊色,但价格仅是欧美产品的 1/3 左右。低价产品迅速占有市场,把同类型的欧美企业高价产品逼到了死角。1990 年,美国於仁公司被日本重机公司并购。德国百福公司于 1993 年被华人企业买下,到了 2003 年又被意大利企业并购,2005 年年底再由德国财团购买。2000 年,意大利利满地公司在中国内地及台湾地区大量的包缝机和绷缝机的低价竞争下破产。2005 年,德国杜克普公司被上工申贝并购。

在这 10 年之中,低价竞争策略又被台州的企业应用得淋漓尽致,一部分民营企业由小作坊一路成长为国际级的企业。对于低价抢占市场的局面,日本及中国台湾的缝制设备制造商,其措施就是顺应市场,快速地在中国建立制造基地,推出具有价格竞争力的产品,在上海、宁波有许多外商投资国内的企业,靠价格及品质两把利剑加入竞争行列。

国内的缝制设备企业采用了比外商更强的价格策略,以大产量赚取相当微薄的销售利润。从低端型到高端型,再到特殊用途的缝制设备,每一轮产品升级都离不开低价竞争的身影,许多产品已没有再降价的空间。在这种情况下,一些企业为了进一步增加销量,继续大打降价促销战。随着价格战的“升级”,只好偷工减料以保住微薄的利润。

而日本、韩国的老牌公司已经看到低价竞争战略趋同的危险,转向研发可以靠技术取胜的产品。如日本三菱电机在 10 多年前就摒弃了普通型缝纫机,专攻计算机控制系统的花样机,韩国日星公司在 IMB 2006 展会上也大力研制伺服电控系统的计算机控制花样机。

由此看来,低价竞争战略的趋同风险冲击了欧美企业,而低价竞争的无限延伸,必然导致新产品单位产品价值的相对减少,这将大大威胁到产业集群的产品升级发展。只有在资金、技术、人才、管理等方面胜出,加快功能升级,提升产业在产业链的位置,才能建立真正的世界一流企业。

二十多年来,低价政策是市场的利器,在国内成就了一些规模较大的缝制设备制造企业,相信这种模式没法再照搬,只会造成血拼而减少利润。今后10年,抢占市场的利器是计算机控制技术的整合,只有以技术取胜才是硬道理,才能真正占领市场。

3. "搭便车"风险增加了产品研发投入的风险

跟随式的行业发展模式,容易产生"搭便车"风险,增加了产品研发投入的风险。台州市经委轻工行业处负责人认为,台州缝制设备行业产品开发仍处于样机测绘阶段,以模仿创新为主,研发创新能力薄弱,研发领域狭窄,拥有自主知识产权的产品少,产品开发缺乏高度和前瞻性。创新能力的不足进一步导致产品升级缓慢。即使投入大量资金进行技术研发,一旦面临经济波动,也会因为产品上的成本过高,丧失了产品竞争力(见表4)。

表4 台州市缝制设备行业规模以上工业总产值及比重

年 份	2002	2003	2004	2005	2006
工业总产值(亿元)	52.28	69.43	71.35	101.35	135.92
研究开发费(亿元)	0.41	0.24	—	0.36	0.64
研究开发费占工业总产值比重(%)	0.78	0.34	—	0.36	0.47

资料来源:台州主导行业加快产业升级报告。

(三)经济周期性风险

受美国次贷危机影响,国内宏观经济环境发生较大波动,集群内一些企业首先在存货周转和应收账款两个环节出现问题。而低价竞争的关键正在于周转率,周转率则取决于存货周转和应收账款。因此,经济周期性风险使得企业财务负担加重。

同时,依靠规模扩散、购买先进设备实现产业升级,需要大量资金投入,在宏观经济紧缩的情况下,如果企业本身还存在经营不善和战略部署面过宽的问题,就会因为超负荷负债最终导致资金链跟不上。如果这个企业求助高利贷以充实流动资金,或者挪用上市公司的资金,就会加剧资金紧张状况,企业因此也会付出更大的代价。如中捷股份大股东挪用资金事件、飞跃集团资金链问题。

原材料和能源价格飞速上涨带来的零配件的价格压力,使得产品利润更低。如根据方正电机在 2007 年招股说明书的披露,公司在家用缝纫机电机产品上的营业利润率只有 1%,这个数字远低于同期 4% 的年存款利率。

在美国次贷危机的间接影响下,中国纺织品、服装的产量大幅萎缩。据国家海关统计,2007 年,中国纺织服装出口增幅仅为 18.9%;2009 年 1—2 月,中国纺织服装出口为 164.4 亿美元,仅增长 5.7%。全国纺织服装出口最大的省份广东省的出口额同比减少了 11.3%,首次出现负增长。不少韩资和台资的服装企业纷纷倒闭或撤资,直接导致了缝制设备行业的内销市场的不景气。

经济周期性风险,使得产业集群的财务负担加重、资金紧张、产品利润下降,纺织服装行业的萧条,进一步加大了产业集群风险,增加了产业集群升级的难度。

(四)社会性风险

纺织服装行业是缝制设备的下游产业,纺织服装行业的政策变化对缝制设备行业的发展带来了较大的影响。2005 年,纺织服装行业纺织品配额取消,欧美特保设限,政府对出口服装加税以及出口纺织品主动配额制等,一系列政策的变动给纺织服装行业带来了较大的影响。2007 年 10 月,在再次下调出口退税率后,纺织服装行业性的周期衰退到来了。随着下游服装行业大批企业停产,缝纫机行业的形势也受到极大影响。

央行目前连续出台一系列措施,对于企业的信贷投放也实施多重审核制度。就此而言,必将对固定资产投资过快产生较大的抑制作用,缝制机械行业的发展速度也会由于大环境的变化而受到一定的影响。

(五)自然性风险

土地政策的严控,使得土地资源越来越稀缺,制约了零部件企业的空间扩张。今后,国土资源部门对于土地审批,特别是用于规模化扩建项目的土地审批实行严控措施。因此,零部件企业只有整合有限的资源,将更多的财力、物力等投入到新产品、新技术的创新上,才能以产品结构的调整实现企业利润的

"量减值增"。在低价竞争的行业环境下,这条道路无疑比规模扩张要困难得多。许多零部件企业纷纷向整机企业靠拢,进一步削弱了零部件企业的发展,不利于产业链的整体升级,弱化了产业集群升级的优势。

从以上分析来看,产业集群风险是产业集群升级调整中所必须要解决的一个重要问题,是切实保障产业集群的市场和行业完成升级过程所必须面对的一个问题。这也充分反映了控制产业集群风险是促进产业集群升级,充分发挥产业集群升级的贡献的重要保障之一。因此,企业、行业协会、政府必须以积极、务实的心态面对产业集群风险,在升级中解决产业集群风险,化风险为优势,才能平稳渡过行业目前的暂时困境,并为下一轮的升级发展奠定良好基础。

升级尚需政府引导。

浙江的"块状经济"是市场经济自发发展的产物,但这并不意味着政府在其发展中无所作为。相反,不少经济学者认为,在"块状经济"向更高的产业集群阶段跃升的过程中,政府的引导与支持将起到关键的作用。

首先,当产业集聚发展到一定程度后,政府需要制定出相应的"产业集群规划"引导整个产业链走向合理布局。目前国内很多地方有这方面的规划。但总体上看,很多规划主要关注点在于制造业的集聚,对于整个产业集群的产业链布局缺乏到位的思考与措施。

其次,政府在产业集群的公共服务方面可以发挥更大的作用。"无论是产业公共服务平台的搭建,还是专业人才、中介组织的培育,当前地方政府的投入与支持力度都是远远不够的。"

在绍兴,尽管纺织行业占据其经济总量的半壁江山,但这个地区仅有 1 家政府扶持的省级轻纺公共服务平台。浙江省现代纺织工业研究院副院长郭丰吉说,公共服务平台、中介组织等是提升产业集群内在产业协同能力的关键要素。针对这方面的不足,加大政府投入与支持,对于促进"块状经济"升级与产业集群的形成有着重大意义。

"每个产业集群都有一个出现、发展、衰退、消亡的历史。"但一个产业集群的衰退消亡,是像欧美一些地区一样被新的更高形态的集群所取代,还是留下一堆残旧的生产设备和几家苟延残喘的企业呢?

受访的有关专家认为:这在很大程度上取决于产业集群的内在构造。中国经济的新一轮发展亟须产业集群内在结构的改善。

魏后凯建议,针对我国一些产业集群面临的衰退风险,下一阶段政府应着力对其进行引导与提升。

实现产业集群升级可在四条路径上迈进。

首先是技术创新能力提高。根据我们的研究,浙江省推进产业集群技术创新的模式主要有两种:一是以西樵为典型的政府投入基础设施,建构市场化运作的公共服务平台,为中小企业提供技术创新服务的模式;二是以枫溪为典型的政府投入少量资金激励、扶持大企业创办工程研究中心。两者各有利弊。

其次是产业组织优化。浙江省一些产业集群虽然产业聚集程度较高,配套也较齐全,但是许多企业"宁做鸡头,不做凤尾",缺乏紧密分工合作,专业化程度不高。如何改变传统的经营理念,营造共赢的分工合作的制度环境,使无机聚集走向有机合作是产业集群升级的必经途径。

再次是相关制度、政策的调整。早年推动产业集群发展的主要是镇政府,由于行政分割,各自为政,重复建设,使产业集群零散化,不利于资源的有效利用和空间布局的合理调整。现在在省政府领导下,成立由省经贸委等10多个部门组成的"省促进产业集群发展联席会议",负责指导和协调全省产业集群发展中遇到的重大问题。这是制度调整的重要举措。

最后是社会资本的积累和提升。产业集群的社会资本积累和提升需要扶持行业协会的发展,充分发挥行业协会服务、沟通、自律的功能。浙江省的产业集群行业协会已有不少成功的经验。例如大涌红木家具协会通过要求运输公司交押金,解决本地企业的运输风险问题。平洲玉石协会通过建立石玉拍卖制度,解决会员的交易成本和风险问题。

参 考 文 献

［1］Alfred. Weber. *Theory of the Location of Industries*. Chicago：The University of Chicago Press, 1929.

［2］Alan Greenspan. The Age of Turbulence：Adventures in a New World ［M］. The Penguin Press. 2007(9).

［3］A. O. Hirschman：《经济发展战略》,经济科学出版社1991年版。

［4］Andrés Rodríguez-Clare . Clusters and Comparative Advantage：Implications for Industrial Policy. Journal of Development Economics, Vol. 82, Issue 1, January 2007.

［5］Bathelt, H. , Malmberg, A. and Maskell, P. (2002), "Clusters and knowledge：local buzz, global pipelines and the process of knowledge creation" ［R］, Danish Research Unit for Industrial Dynamics (DRUID) Working Papers：02 - 12.

［6］Begon M. , Townsend C. R. , Harper J. , L. Ecology：from Individuals to Ecosystems(4th ed.) . Boston：Blackwell Publishing Ltd. , 2006.

［7］BENT D, et al. 2002. Technologic Life Cycles：Regional Clusters Facing Disruptin DRUID Working Paper. 2002(10) .

［8］Clark R G, Hobson KA, Nichols J D, et al. Avian Dispersal and Demography：Scaling up to the landscape and beyond . Condor. 2004, 106.

［9］Claudio Roveda, Riccardo Vecchiato. Foresight and innovation in the context of industrial clusters：The case of some Italian districts ［J］. Technological Forecasting and Social Change, Vol. 75, Issue 6, July 2008.

［10］Cooke, P. ; Boekholt, P. and Tödtling, F. (2000)：The governance of innovation in Europe. Science, Technology and the International Political Economy. Vol. Pinter.

[11] Donald De Pamphilis. Mergers, Acquisitions and other restructuring activities (an integrated approach to process, tools, cases and solutions). 2nd edition. Academic press, 2003.

[12] F. A. Hayek. Individuals and Economic Order[M]. University of Chicago Press. 1994.

[13] Ferriere R., Galliard J. L. Invasion fitness and adaptive dynamics in spatial population models. In: Clobert J, Danchin E, Dhondt A. A., et al., eds. Dispersal. Oxford: Oxford University Press, 2001.

[14] Gereffi, G. International trade and industrial upgrading in the apparel commodity chain [J]. Journal of International Economics, 1999, (48).

[15] Grabher, G. (1993), "The weakness of strong ties: the lock-in of regional development in the Ruhr area"[A]. In: Gernot Grabher (Ed.), The embedded firm--on the socia-economics of industrial networks[C]. London, New York: Routledge.

[16] Harrison, Bennet. The Italian Industrial Districts and the Crisis of the Cooperative form: Part I, Part II [J]. European Planning Studies, 1994, Vol. 2.

[17] Humphrey, J., Schmitz, H. (2000). Governance and upgrading: Linking industrial cluster and global value chain research, IDS Working Paper (120), Institute of Development Studies, University of Sussex, Brighton.

[18] Humphrey, J., Schmitz, H. How does Insertion in Global Value Chains Affect Upgrading in Industrial Clusters? [J]. Regional Studies, 2002, (36).

[19] Jason J. Jung Trustworthy knowledge diffusion model based on risk discovery on peer-to-peer networks Expert Systems with Applications. In Press, Corrected Proof, Available online 14. August 2008.

[20] Jean-Marc Callois. The two sides of proximity in industrial clusters: The trade-off between process and product innovation. Journal of Urban Economics, Vol. 63, Issue 1, January 2008.

[21] John Hunter, Natalia Isachenkova. Aggregate economy risk and company failure: An examination of UK quoted firms in the early 1990s. Journal of Poli-

cy Modeling, Vol. 28, Issue 8, November 2006.

[22]Kathryn Hashimoto. Product life cycle theory: a quantitative application for casino courses in higher education. International Journal of Hospitality Management, Vol. 22, Issue 2, June 2003.

[23]K. G. Myrdal. Economic Theory and Underdeveloped Regions [M]. London: Duckworth Press. 1957.

[24]Landabaso, M. (2000): "EU policy on innovation and regional development" in Knowledge, innovation and economic growth: the theory and practice of learning region. Eds. Boekema, F. et al. Edward Elgar Publishing Ltd.

[25]Luiza Bazan, Lizbeth Navas-Aleman. Comparing Chain Governance and Upgrading Patterns in the Sinos Valley, Brazil[R]. Work Paper in "Local Upgrading in Global Chains" Held by University of Sussex, 2001, (2).

[26]L. Freeman. Centrality in social networks: Conceptual clarifications. Social Networks, 1979 (1).

[27]Marcela Miozzo, Damian Grimshaw. Modularity and innovation in knowledge-intensive business services: IT outsourcing in Germany and the UK [J]. Research Policy, Vol. 34,Issue 9, November 2005.

[28]Markusen, A Sticky Places in Slippery Space :a Typology of Industrial Districts[J], Economic Geography, 1996, 72.

[29]Meyer-Stamer J, 2002, Clustering and the Creation of an innovation-oriented Environment for industrial Competitiveness: Beware of Overly Optimistic Expectations, Revised draft paper.

[30]Mireille Bardos. Detecting the risk of company failure at the Banque de France. Journal of Banking & Finance, Vol. 22, Issues 10 – 11, October 1998.

[31]Mooney, C., & Roddick, J. F. (2002). Mining item sets – An approach to longitudinal and incremental association rule mining. In A. Zanasi, C. Brebbia, N. Ebecken, & P. Melli (Eds.), Data mining Ⅲ – proceedings of third international conference on data mining methods and databases. Bologna, Italy: WIT Press.

[32]Mooney, C. H., de Vries, D., & Roddick, J. F. (2006). A multilevel framework for the analysis of sequential data. In Data mining: Theory, meth-

odology, techniques, and applications. In S. J. Simoff & G. J. Williams (Eds.). Lecture notes in artificial intelligence. Heidelberg, Germany: Springer. Vol. 3755.

[33]O. M. Fritz, H. Vhhringer, M. T. Valderrama; A Risk-Oriented Analysis of Regional Clusters[A] [M];Clusters and Regional Specialization, 1998.

[34]Patrick Francois & Jan Zabojnik, 2005. Trust, Social Capital, and Economic Development, Journal of the European Economic Association, MIT Press, Vol. 3(1).

[35]Patrizio Bianchi, Lee M. Miller, Silvano Bestini. The Italian SME Experience and Possible Lessons for Emerging Countries. NOMISMA UNIDO 1997.

[36]Philbrrick, C. T. et al. Invasion and spread of Callitriche stagnalis (Callitrichaceae) in North America [J]. Rhodora, 1998, 100(901) .

[37]Poter, M. E. , "Clusters and the New Economics of competition" Harvard Business, 1998, 98.

[38]Prouder, Richard, Si. John, Caron H. Hot Spots and Blind Spots : Geographical Clusters of Firms and Innovation[J]. Academy of Management Review, 1996 , Vol. 21, Issue 4.

[39]Tilman Altenburg & JÖRG Meyer-Stamer. How to Promote Clusters: Policy Experiences from Latin America [J]. World Development. 1999(9), Vol. 27.

[40]Richard. D. Macminn. Search and the market for lemons. Information Economics and Policy, Vol. 2, Issue 2, June 1986.

[41]Romano Aldo, Giuseppina Passiante & Valerio Elia. A Model of Connectivity for Regional Development in the Learning Economy[R]. European Regional Science Association, 2000.

[42]Simona Iammarino, Philip McCann. The structure and evolution of industrial clusters: Transactions, technology and knowledge spillovers [J]. Research Policy,Vol. 35, Issue 7,September 2006.

[43]Stavros A. Zenios, David Saunders. Feature Cluster: Operational Research for Risk [J]. European Journal of Operational Research, Vol. 185, Issue 3, 16 March 2008.

参考文献

[44]Tichy. G, Clusters: Less Dispensable and More Risky than Ever [A]. In M. Steiner(ed), Cluster and Regional Specialization [C]. London: Pion, Ltd., 1998.

[45]Todtling, F. and Trippl. M. Like Phoenix from the Ashes? —the Renewal of Clusters in Old Industrial Areas[J]. Urban Studies, 2004, (5).

[46]Tomas Hellstrm. Systemic innovation and risk: technology assessment and the challenge of responsible innovation. Technology in Society, Vol. 25, Issue 3, August 2003.

[47]Thomas I. Palley:《底特律汽车城的崩塌将是历史性和灾难性的错误》,[EB/OL]. 2008 - 11 - 25. http://auto. sina. com. cn/news/2008 - 11 - 25/0838432343. shtml。

[48]Uzzi B. Social Structure and Competition in Interfirm Network: The Paradox of Embeddedness[J]. Administrative Science Quarterly, 1997, (3).

[49]Vlachos, M., Yu, P. S., Castelli, V., & Meek, C. (2006). Structural periodic measures for time-series data. Data Mining and Knowledge Discovery, 12(1).

[50]Yongan Zhang, Yuhua Li. The Analysis of Industry Cluster's Collusion Risk Based on Industrial value Chain[J]. Journal of System s Science and Information. Published by Research Information Ltd(RIL), UK, 2006(1), Vol. 4.

[51]保罗·克鲁格曼:《地理和贸易》,北京大学出版社 2000 年版。

[52]蔡宁:《浙江省区域经济集聚发展风险的研究结论及启示》[EB/OL],[2008 -6 -25]。

http://www. raresd. com/raresdin/brownew. asp? n_ID =4729.

[53]曹丽莉:《产业集群网络结构的比较研究》,《中国工业经济》2008 年第 8 期。

[54]陈金波:《基于生态学的企业集群内在风险与对策研究》,《当代财经》2005 年第 6 期。

[55]仇保兴:《发展小企业集群要避免的陷阱——过度竞争所致的"柠檬市场"》,《北京大学学报》(哲学社会科学版)1999 年第 1 期。

[56]丁耀民、周必健:《浙江"块状经济"发展报告》,《浙江经济》2006 年第 12 期。

[57]马歇尔:《经济学原理》,商务印书馆1997年版。

[58]迈克尔·波特:《簇群与新竞争经济学》,《经济社会体制比较》2000年第2期。

[59]迈克尔·波特:《国家竞争优势》,华夏出版社2002年版。

[60]胡旭辉:《产业集群的风险及防范对策研究》,浙江大学出版社2004年版。

[61]黄汉英:《明年彩电业将全行业亏损?》,[2008-11-03] http://tech.sina.com.cn/e/2006-11-03/10201218859.shtml.

[62]蒋迪娜:《中小企业产业集群面临的风险及其化解》,《统计与决策》2005年第6期。

[63]刘友金、徐尚昆、田银华:《集群中的企业信任机制研究——基于种群互相回报式合作行为博弈模型的分析》,《中国工业经济》2007年第11期。

[64]李卫东:《金融危机对中国影响显现》,《浙江出口企业遭遇"订单荒"》[2008-10-29]。

http://www.wlmqwb.com/2880/200810/t20081029_233109_1.shtml.

[65]刘义成:《陕南黄姜产业发展症结透析》,[2005-05-08] http://www.drcnet.com.cn/DRCnet.common.web/DocViewSummary.aspx? LeafID = 12&DocID = 341845.

[66]刘铮、朱立毅:《稳定物价仍是宏观调控头号目标》,[2008-06-04] http://finance.sina.com.cn/g/20080819/16175215088.shtml.

[67]李永周:《美国硅谷发展与风险投资》,《科技进步与对策》2000年第11期。

[68]李佐军:《向创新型产业集群升级》,"产业集群与品牌城市高峰论坛"演讲稿,2008年6月13日。

[69]孟华兴、赵瑞君:《产业集群中的信任问题研究》,《北京工商大学学报》(社会科学版),第22卷第4期,2007(7)。

[70]匿名:《温州鞋业停工效应放大产业链风险》,[2008-5-23]。

http://www.88088.com/wzpp/jdal/2008/0821/323628.shtml.

[71]孙海鸣、赵晓雷:《2005中国区域经济发展报告——长江三角洲区域规划及统筹发展》,上海财经大学出版社2005年版。

[72]石磊:《主导产业及其区域传导效应分析》,《管理世界》1994年第

2 期。

[73]石友蓉:《风险传导机理与风险能量理论》,《武汉理工大学学报》2006 年第 9 期。

[74]石耀东:《德国纺机业的发展经验对我国装备制造业竞争力提升的意义》,《调查研究报告》2003 年第 152 期。

[75]石元康:《当代自由主义理论》,上海三联书店 2000 年版。

[76]汤黎路、郑一方、兰建平:《关于浙江省工业化发展阶段的分析》,. 郑一方:《2008 浙江工业发展报告》,中国经济出版社 2008 年 9 月第 1 版。

[77]尹虹:《2007 年世界瓷砖生产消费报告》,2008 年 10 月 17 日 G2 版《陶城报》。

[78]殷鸣:《基于全球价值链的发展中国家产业集群风险研究》,浙江大学出版社 2006 年版。

[79]王允贵:《日本产业结构升级受阻与经济萧条》,《国际经济评论》1999(7—8)。

[80]王发明、周颖、周才明:《基于组织生态学理论的产业集群风险研究》,《科学研究》2006 年第 8 期。

[81]王缉慈:《关于地方产业集群研究的几点建议》,《经济经纬》2004 年第 2 期。

[82]文嫒、曾刚:《嵌入全球价值的地方产业集群发展——地方建筑陶瓷产业集群研究》,《中国工业经济》2004 年第 6 期。

[83]王缉慈:《产业空洞化可能瞬间发生——论自由布局型产业的全球化转移》,《成功营销》2004 年第 5 期。

[84]王缉慈、李鹏飞:《中国报道珠三角产业面临"空心化"?》,《中国报道》2008 年第 5 期。

[85]王雷:《我国产业集群的风险防范与控制研究》,《中央财经大学学报》2004 年第 7 期。

[86]吴晓波、耿帅:《区域集群自稳性风险成因分析》,《经济地理》2003 年第 6 期。

[87]新浪网:《江龙控股集团面临破产》,[2008 - 10 - 06]http://finance.sina.com.cn/focus/jlkysd/.

[88]闫星宇、高觉民:《模块化理论的再审视:局限及适用范围》,《中国工

业经济》2007 年第 4 期。

[89]叶建木、邓明然、王洪运:《企业风险传导机理研究》,《理论月刊》2005 年第 3 期。

[90]叶建木、邓明然:《战略风险传导及其效应分析》,《科学学与科学技术管理》2007 年第 2 期。

[91]余荣华、姜明君、于晓飞:《产业集群风险的传导与防范》,《浙江经济》2008 年第 11 期。

[92]张国亭:《集群品牌的"公共地"风险及其规避》,《理论学刊》2006 年第 9 期。

[93]张辉:《全球价值链下西班牙鞋业集群升级研究》,《世界经济研究》2006 年第 1 期。

[94]张辉:《全球价值链动力机制与产业发展策略》,《中国工业经济》2006 年第 1 期。

[95]张建峰:《我国产业集群的风险与化解》,《经济论坛》2004 年第 22 期。

[96]浙江省统计局课题组:《浙江区域经济发展报告(2005)》,中国计划出版社 2005 年版。浙江统计年鉴编委会:《浙江统计年鉴 2005》,《浙江省统计局》2005 年第 12 期。

[97]浙江统计年鉴编委会:《浙江统计年鉴 2006》,《浙江省统计局》2006 年第 12 期。

[98]浙江统计年鉴编委会:《浙江统计年鉴 2007》,《浙江省统计局》2007 年第 12 期。

[99]浙江省区域经济与社会发展研究会:《2007 浙江区域经济发展报告》,中国财政经济出版社 2008 年版。

[100]钟慧丽:《温州打火机:活下来就是胜利》,[2008 - 7 - 08]. http://finance. sina. com. cn/chanjing.

[101]中经网:《温州打火机产业链遍地英雄下夕烟》,[2008 - 6 - 30]

http://ibe. cei. gov. cn/LoadPage. aspx? Page = ShowDoc&CategoryAlias = hangyts & ProductAlias = qinggfz & BlockAlias = SXI0A & filename = /doc/sxi0b/200805231663. xml2.

[102]中经网:《短期出口信用险损失增长近九成 出口信用险助解贸易

困局》，[2008 - 11 - 08] http://www. sinosure. com. cn/sinosure/xwzx/tpxw/80074. html.

[103]周雄飞:《产业集群风险的形成机理及控制研究》,《经济经纬》2008年第3期。

[104]朱瑞博:《模块化抗产业集群内生性风险的机理分析》,《中国工业经济》2004年第5期。

[105]周霖:《区域产业集群的地域依赖与内生机制研究——浙江台州缝纫机产业群的案例研究》,《浙江经济》2004年第8期。

[106]台州市人民政府:《台州市人民政府关于批转台州市缝制设备行业发展规划的通知》,2004年11月4日。

[107]陈铁雄:《台州主导行业加快产业升级报告》,《研究》2008年第3期。

责任编辑:姜　玮

图书在版编目(CIP)数据

产业集群风险传导与扩散理论研究/余荣华 姜明君 于晓飞 著.
-北京:人民出版社,2010.6
ISBN 978 - 7 - 01 - 008967 - 6

Ⅰ.①产…　Ⅱ.①余…　②姜…　③于…　Ⅲ.①产业经济学-风险管理-研究
　Ⅳ.①F062.9

中国版本图书馆 CIP 数据核字(2010)第 094620 号

产业集群风险传导与扩散理论研究
CHANYE JIQUN FENGXIAN CHUANDAO YU KUOSAN LILUN YANJIU

余荣华　姜明君　于晓飞　著

人 民 出 版 社 出版发行
(100706　北京朝阳门内大街166号)

北京龙之冉印务有限公司印刷　新华书店经销

2010 年 6 月第 1 版　2010 年 6 月北京第 1 次印刷
开本:710 毫米×1000 毫米 1/16　印张:18.75
字数:310 千字

ISBN 978 - 7 - 01 - 008967 - 6　定价:40.00 元

邮购地址 100706　北京朝阳门内大街 166 号
人民东方图书销售中心　电话 (010)65250042　65289539